本书是 2021 年度河北省社会科学发展研究课
"基于数据挖掘技术的高校教学质量监控系统的
建与研究"（课题编号：20210201442）的研究成果

基于网络环境的高校课程
混合式教学模式研究

刘　欣 李聪文 姜　鑫◎著

燕山大学出版社

·秦皇岛·

图书在版编目（CIP）数据

基于网络环境的高校课程混合式教学模式研究 / 刘欣，李聪文，姜鑫著. —秦皇岛：燕山大学出版社，2021.11

ISBN 978-7-5761-0246-8

Ⅰ．①基⋯ Ⅱ．①刘⋯ ②李⋯ ③姜⋯ Ⅲ．①高等学校－网络教学－教学模式－教学研究 Ⅳ．①G642.3

中国版本图书馆 CIP 数据核字（2021）第 234754 号

基于网络环境的高校课程混合式教学模式研究

刘　欣 李聪文 姜　鑫 著

出 版 人：陈　玉

责任编辑：孙志强

封面设计：刘韦希

出版发行：燕山大学出版社　YANSHAN UNIVERSITY PRESS

地　　址：河北省秦皇岛市河北大街西段 438 号

邮政编码：066004

电　　话：0335-8387555

印　　刷：英格拉姆印刷(固安)有限公司

经　　销：全国新华书店

开　本：700mm×1000mm　1/16	印　张：14.75　字　数：220 千字
版　次：2021 年 11 月第 1 版	印　次：2021 年 11 月第 1 次印刷
书　号：ISBN 978-7-5761-0246-8	
定　价：59.00 元	

序

互联网的诞生，为传统文化产业人才教育带来新的空间和挑战，同时也提出了许多新的命题。目前，绝大多数同类图书对基于网络环境的高校课程混合式教学模式研究方面的内容还不够全面，多以纯理论为主，缺乏以问题为导向以及对基于网络环境的高校课程混合式教学模式研究的问题与挑战进行分析，不便于工作中实际应用和操作，不利于全面推广学习。

本书作者刘欣等人依托其近年河北省社会科学发展研究课题"普通高校网络化教学质量监控系统的科学构建与实施研究""基于数据挖掘技术的高校教学质量监控系统的构建与研究"等的研究，以及多年从事教学质量监控管理等相关工作的经验，并结合近几年线上线下教学具体情况，通过查阅、整理、研究大量国内外相关信息资料和深入一线教学现场调研等方式，在本书的选题、章节的逻辑布局、具体内容的把控上深入研究、用心谋划，通过言简意赅的语言、丰富全面的知识点以及清晰系统的结构，对基于网络环境的高校课程混合式教学模式进行了深入系统的研究，同时以问题为导向，理论与实践相结合，提出在网络技术与教学深度融合的背景下，高校运用混合教学模式，以学生体验为出发点，实现教学手段、教学内容、教学形式、考核方式等创新，提升学生的主动学习能力，进一步提高教学效率和整体教学质量。

本书通过对混合式教学模式的具体阐述，全面深入地分析与研究，充分体现了科学性、发展性、实用性、针对性等显著特点，是一部较为全面论述基于网络环境的高校课程混合式教学模式研究方面的著作，受到业内同行们的充分肯定和认可，值得推广。

　　本书的出版为高校教学改革尤其是推动线上线下混合式教学工作的深入开展提供了有力的理论支撑，同时从实践上为广大一线教师提供了很好的借鉴，也可作为教材为从事高等教育教学的教师、教学管理人员培训提供有价值的参考。

李佩国

2021 年 8 月 26 日

前　　言

　　当下教育的信息化飞速发展，信息技术正以惊人的速度改变着学生的学习方式。伴随着传统学习方式，网络学习正在兴起。网络学习具有教学资源丰富多样、交流便利、友好互动等独特优势。当前大家共同关注的问题是怎样充分体现在线学习的主动参与性，如何充分发挥教师的引导作用、人格魅力、学习和研究方法渗透的优势。在这个大背景下，混合式学习的概念由此诞生。所谓混合式学习就是要把熟知的学习方法的优势和网络学习的优势相结合，既要充分发挥教师的引导、启发、监控教学过程的主导意义，也要充分重视学生作为学习主体的能动性、积极性和创造性。混合式学习是一种学习理念的提升，此种提升可以使学生的认知方式发生变化，教师的教学模式、策略、角色都会发生相应的改变，充分利用好在线教学和传统教学的优势可以提升学生的认知效果。在网络的大环境下，学生可以根据自己的学习水平和知识的需要，选择网络上的有效信息进行交流，并在虚拟的网络交际中灵活、自主地运用所学的语言，达到学生自主学习能力的快速提升和学习效率的提高。混合式学习是学习理念的一种提升，这种提升改变了学生认知的方式和教师的教学模式、策略和角色，其核心是根据不同问题、要求，采取不同方式解决问题，具体到教学就是采用不同的媒体和信息传递方式解决问题。

　　在我们实际的教学工作实践中，混合式学习通过面对面的传统式课堂教学、网络式的在线学习、实践教学活动应用、协作交流式学习等学习活动逐步展开。教学实践的结果表明：课程实施的效果比较理想，混合式学习能使教学和学习有效地实现，且便于对基础不同的学生展开分层次教学活动；混合式的学习方式体现了学生在学习中的主体地位，有利于其学习能力的提高，得到了多数学生的肯定，学生满意度很高，参与积极性也很高。混合式学习的开展一定要根据实际教学需要，合理设置课程的结构，及时处理学生在学习过程中遇到的各种问题。

本书是 2021 年度河北省社会科学发展研究课题"基于数据挖掘技术的高校教学质量监控系统的构建与研究"（课题编号：20210201442）的研究成果。本书在编写过程中，参阅了相关的文献资料，在此谨向文献资料作者表示衷心的感谢。由于本书作者水平有限，书中内容难免存在不妥、疏漏之处，敬请广大读者批评指正，以便进一步修订和完善。

目　　录

第一章 "互联网+"背景下的教育变革

第一节 "互联网+"教育产生的背景

一、信息化的普及与教育信息化的发展

信息化已经成为当今世界经济和社会发展的大趋势，随着我国现阶段科学技术的发展速度不断加快，信息技术对我国的经济生活、政治生活以及文化生活都产生了一定的影响，因此，现阶段要不断普及信息化教育，以推动社会的发展。首先，要重视高校的信息化发展，将其作为重要的切入点，建立一套现代化的教学体系。其次，要加强建设国家示范性高校的计划，并付诸实践，从而不断提高院校专业能力发展，推动高校发展自身的特色。最后，是完善产教融合、校企合作机制，推进高校的信息化建设发展。推进高校教育适应经济转型升级和学生成长成才需要，强调了信息化技术在高校教育发展中的重要作用。"互联网+"跨界融合的特质必将催生一批新产业、新业态、新商业模式，产生一系列新的用人需求，应主动适应"互联网+"条件下的用人需求，当代，信息技术的发展速度不断加快，已经慢慢地对各个专业都产生了一定的影响。而现阶段职业教育的目标之中也加入了重要的一条，即为社会培养符合"互联网+"产业发展所需的优秀技术人才。普及信息化教育是培养创新型人才的需要。21世纪是信息技术飞速发展的时代，各种创新成果层出不穷，教学目标已不再是纯粹地向学生灌输已有的理论知识，应该更加注重于培养学生不断探索与掌

握新知识的能力，进而增强学生的创新能力[①]。创新是一个民族进步的灵魂，是一个国家兴旺发达的不竭动力。一个民族，如果缺乏创新能力是难以在世界民族之林立足的。只有创新才有出路，面临着当今世界科学与信息技术的飞速发展，为了更好地在竞争激烈的世界潮流中继续生存与发展下去，必须高度认识到增强民族创新能力的重要性，教育在培养创造精神与创新型人才方面就肩负了重要使命，在教育中融入信息技术因素，能够有效激发学生的学习兴趣，诱导学生进行积极思考，同时也为学生提供了更为广阔的发展空间和动手空间，对培养学生的创新意识和创新能力，提高学习效率具有极其重要的作用。

此外，教育的最终目的是培养社会所需要的人才，所以，教育的发展也要随着社会的发展而不断进行变革。在这个信息化时代，教育应该改变传统的教学观、师生观以及学习观。对于学生而言，学习不应该只是片面地、被动地接受知识与信息的过程，而是要主动去构建知识。要以自己的知识背景为依据，在接收外来信息时，不再一味地、不分主次地全盘接受，而应该主动地进行选择、加工及处理，成为学习的主体，在教学活动中成为积极的参与者、知识的主动构建者，传统的教学主要是向学生传授知识，现阶段，教学也变成了对知识的一种处理以及转换的过程。对于教师而言，其在教学中不再占据主导地位，而只是学生学习的引导者和组织者，也不仅仅传递知识，在人格、情感与智力等其他方面也应该进行全面的培养与塑造，最终实现育人的目的。只有全面普及信息技术教育，教育才能在信息化社会中朝着纵深方向发展。

发展至今，教育信息化已经由多个单系统转变成了一个共享的、整合的、统一的系统；经历一个由原来的面向系统、面向技术的建设向现在面向用户、"面向应用"转变的建设过程。

二、教育的信息交换与处理

教育的本质是为社会培养人才，同时完善、健全人的人格，并让人们

① 韩学芹."'互联网＋'教育"背景下混合式教学的策略研究[J].江苏科技信息，2019，36（34）：58-60.

能够有一个更好的人生，从教育的角度来看，"教育过程是教师根据教育目的、任务和学生身心发展的特点，通过指导学生有目的、有计划地掌握系统的文化科学知识和基本技能，发展学生智力和体力，形成科学世界观及培养道德品质、发展个性的过程"[①]。如果不以这种方式来看待教育，那么教育的过程在一定的程度上也可以视为是一种信息交换以及处理的过程，这与互联网的相关功能具有一致性。本书对互联网的信息交换和处理的特点进行概述，主要包括以下几个特点：一是互联网信息交换和处理的速度非常快，主要是由于互联网技术非常先进，能够在短时间之内达到对信息的快速处理；二是对信息处理和交换能够突破时间和空间的限制，现阶段的互联网技术都是不受时间和空间限制的，在不同的时间以及不同的地点也能够做到对同一信息进行处理；三是信息交换和处理的成本比较低，一般而言，处理和交换信息是互联网技术的最基本的功能，因此不需要支付什么额外的费用，成本比较低；四是互联网技术能够处理和交换很大容量的信息，主要是指互联网处理和交换信息不受容量的限制；五是通过互联网进行信息交换的处理的过程中，可以达到多个人倾听、回应或者发言的作用；六是运用互联网技术处理和交换信息的品种比较多，有语音、图像和文本等形式。

总的来说，无论发挥互联网处理和交换信息的哪一种功能，都能对教育的发展产生很大的影响和作用。从互联网能够让很多人有倾听、回应以及发言的功能来看，这一功能就意味着人们也可以通过一对一的网络视频课程来满足自己的要求，从而有利于帮助学校的教师改革自己的教学方法和模式，更多地发挥网络信息处理的作用，让学生进行自主性的探究式的学习，从而让学生养成自主学习的习惯，并为广大学生营造一个交流讨论式、探究式的良好的学习环境。当然，从互联网的其他功能特点来看，其信息交换和处理的效率很高也就意味着给教学带来了更多的便利，节约了教师们的备课时间，也能让学生在课外通过自学学习到更多的知识。

---

① 唐春平."过程方法"在高职系级教学质量管理中的应用 [J]. 人力资源管理，2010（5）：137.

三、传统教育体系无法满足需求

现阶段我国的教育体系还存在一定的不足，不能完全地满足市场对人才发展的需求。同时，现存的教育行业还存在一定的政策监管不到位的问题，教育行业与互联网行业能够很好地融合在一起，因为互联网的发展对教育行业的发展起到了一定的促进作用。总的来说，互联网技术的发展突破了传统教育体系的不足之处，同时给教育的发展提供了良好的环境。在这样的大背景之下，在线教育也得到了很大的发展。

第二节 "互联网＋"作用下的国内外混合式教学

一、何谓混合：混合式教学概念的演变

尽管对混合式教学已有公认的、比较宽泛的定义是"在线学习与面授教学的混合"，然而，自 20 世纪 90 年代末发展至今，混合式教学的概念仍经历了一个越来越清晰化的演变过程。我们认为，针对混合式教学的概念应包括物理特性和教学特性两个维度，为此，我们将其概念的演变划分为三个阶段。

（一）技术应用阶段（20 世纪 90 年代末—2006 年）—— 技术视角

自 2000 年开始，混合式教学已经开始引起国内外学者和实践者的关注。此阶段对混合式教学的定义主要强调其物理特性，最有代表性的为美国斯隆联盟（Sloan Consortium）的界定："混合式教学是面对面教学与在线教学的结合，糅合了两种历史上各自独立的教学模式：传统的面对面教学与在线学习，即在教学内容上结合了一定比例的在线教学及面对面教学。"

在教学特性上，此阶段的混合式教学主要被理解为一种新的学习方式，重点强调技术在教与学中的核心作用。依据信息技术在混合式教学中的应用方式和应用深度，将这一时期的混合式教学划分为四个层次：第一，没有技术支持的纯面授教学；第二，信息技术基本应用；第三，信息技术促进教学；第四，信息技术主导、纯在线。

（二）技术整合阶段（2007—2013 年）——**教师视角**

随着研究与实践的发展，混合式教学定义逐渐清晰化。

一方面，在物理维度开始尝试更加清晰的在线与面授的比例界定，从而把混合式教学真正与纯面授、"纯在线"教学分离开来，将其作为一种独立的教学模式，而不是一种过渡性的教学模式来看待。

另一方面，此阶段对混合式教学在教学特性维度的界定有了重要发展。学者们开始更多地从教学策略、教学方法的角度界定和关注混合式教学，关注在线与面授相结合的混合式学习环境下的教学设计。

（三）"互联网＋"阶段（2013 年至今）——**学生视角**

随着互联网与移动技术的迅猛发展，特别是"互联网＋"时代的到来，2013 年以后，混合式教学的概念也有了新发展。在物理特性维度，移动技术的应用被正式纳入混合式教学的概念中。混合式教学的概念由"在线教学与面授教学的混合"，正式演变为"基于移动通信设备、网络学习环境与课堂讨论相结合的教学情境"。

在教学维度，混合式教学被重新理解为一种新的"学习体验"。在经历了前两个阶段的技术视角、教师视角之后，人们对混合式教学的理解终于落到了学生视角，开始关注混合式学习带给学生的改变、对学生学习的支持上。越来越多的学者指出，混合式教学并不是简单的技术混合，而是为学生创造一种真正高度参与性的、个性化的学习体验。这个阶段的混合式教学概念强调的重点是"以学生为中心"。所谓混合，不仅仅是面对面教学与在线教学的混合，更是在"以学生为中心"的学习环境下教学与辅导方式的混合。

二、为何混合：混合式教学目的及作用的演变

从技术应用的角度看，当前的在线教学与早期的远程教育已经有了很大不同。同样，当前的混合式教学与早期的混合式教学也已经有了很大的差异，其中一个非常大的变化是混合式教学的目的。人们对混合式教学目的／作用的不同理解，直接导致了不同时期混合式教学研究重点的不同。

（一）替代论／辅助论

关于混合式教学的作用或目的，第一种观点是"替代论"或"辅助论"。在线教育与混合式教学发展早期，很多机构和学者倡导在线教学的目的是出于经济性的考量，认为在线教学可以替代课堂教学，从而实现节省成本、提高便利性等作用。在这种观点支持下，混合式教学作为面授教学与在线教学的过渡方式，被视为在线教学的辅助——在难以实现纯在线教学的情况下，通过发挥信息技术的作用以"部分替代"课堂教学。

这种观点在混合式教学发展的前两个阶段较为普遍，近年来，仍有少数国外学者持有这种"替代论／辅助论"的观点。即便在欧美，近年来在政府和高校对混合式教学的大力支持下，仍有部分学者和实践者认为，混合式教学就是用在线的学习来替代部分课堂教学，其主要作用在于帮助解决大班教学的有效性和教室空间不足的问题。

（二）强化论／改进论

随着混合式教学概念的演变，关于混合式教学目的的"强化论"或"改进论"开始出现。混合式教学的目的和作用不再是面授课堂的部分替代抑或是在线教学的辅助，而在于促进、提升、改进课堂教学，提升、改善学习效果：一方面，混合式教学既能够取在线教学与面授教学二者之长，又能避二者之短。另一方面，混合式教学能够推动教学模式的变革，将移动终端、互联网等信息技术有机地整合到学习活动和课程中，创建以学生为中心的学习环境；它能够根据课程、学生、教师的需求，设计、选择恰当的教学模式和学习支持，为学生提供真正个性化的、有针对性的学习体验。

三、混合式教学的设计

（一）混合式教学的模式

混合式教学发展到第二、第三个阶段，围绕有效开展混合式教学的一个关键词是"再设计"——在混合式教学环境下，我们需要对教学模式和教学策略进行再设计。混合式教学的关键是通过对课程进行再设计，为学生创设积极的、协作的学习体验，帮助学生通过主动地参与学习，积极建构自己对知识的理解。

我们从混合式教学的物理特性和教学特性两个维度，对混合式教学模式进行分类。从物理特性维度，依据不同学习方式在混合式教学中所占的比重，我们将混合式教学模式可分为三类：线下主导型、线上主导型、完全融合型。

（1）线下主导型：此类混合式教学模式，以面授的现场教学、交流、讨论为主导，基于在线和移动技术的教学为辅。在此类模式中，在线教学和移动学习方式主要用于呈现、扩展教学资源，例如，教学视频等或者用于延伸课堂讨论。

（2）线上主导型：此类混合式教学模式，以基于在线教学和移动学习的自主学习为主，面授的现场教学和讨论为辅。最典型的是目前常见的一类模块化混合式教学：面授（工作坊）+ 数周的在线学习和讨论 + 面授（工作坊）。

（3）完全融合型：此类混合式教学模式，打破了前两种模式明显的模块式痕迹，将线下现场的面授教学、基于网络的在线教学、移动学习三种方式完全融合、无缝连接。

从教学特性维度，依据所采用的教学法，我们也可以将混合式教学模式分为三类：讲授式、自主式、交互 / 协作式。

（1）讲授式：在此类混合式教学模式下，教师主要采用讲授式为主的教学法。教师主要通过讲授、讲座的形式传递知识，无论通过面授现场讲授，还是通过在线的讲座视频，或是移动终端的微课视频。学生通过聆听教师讲座（视频）的方式、完成作业的方式，被动地参与学习。

（2）自主式：在此类混合式教学模式下，学生主要通过自主学习的形式，学习在线或移动终端的学习资源，参与面授现场的教学和交流，参与在线论坛或移动终端的交流讨论等。学生根据自己的学习步调、基于混合式的学习环境，进行主动的自主学习。

（3）交互 / 协作式：在此类混合式教学模式下，教师为学生设定一定的学习活动和任务，创设恰当的学习情境，支持学生在与同伴的交流与协作过程中，共同形成对问题的理解或是形成对任务的解决方案。在此过程中，教师根据需要选择恰当的学习方式（如面授、在线教学、移动学习）来支持学生的交互与协同知识建构。

（二）混合式教学的策略

国内外一些学者尝试通过案例研究来探讨、构建混合式教学策略。已有的研究发现：其一，以匿名的方式进行在线讨论和协作是一种有效的混合式教学策略，能够减少学生的压力和恐惧感，提升学生的参与度；其二，协作问题解决（PBL）的混合式教学策略，可以促使学生更有效地完成学习活动和意义建构；其三，同伴互评策略，也有助于提高混合式教学中学生的学习兴趣、提升学习效果。

第三节 "互联网 +"给教育带来的机遇和挑战

教育对人类社会的发展具有重要意义，伴随着人类的发展而不断发展，随着社会的进步，教育也在进一步发展。在古代奴隶制社会，学校教育诞生，人类早在发展的过程中发现教育的重要性，随着社会的发展，教育不断地被继承和发扬下来。虽然教育的发展与人类社会的政治经济发展情况并不是完全一致的，教育的发展具有其独立性，但是总的来说，人类社会经济的发展也必定会带动教育的发展。从逻辑上的意义来看，教育的发展程度应该超过人类社会的政治经济发展，这是由于教育的重要性和周期比较长的特性所决定的[①]。但是，从现实的发展情况来看，现阶段教育的发展是落后于社会经济的发展程度的，这种问题的主要原因在于，教育的发展会受到社会经济发展的制约，并不能完全实现其发展需求，尤其现阶段科学技术在不断发展的背景下，科学技术在促进教育发展的过程中，在特殊情况下也会制约教育的发展。

---

① 余莎."互联网 +"时代远程教育的机遇和挑战 [J].信息记录材料，2020，21（2）：43-44.

一、"互联网＋"给教育带来的机遇

"互联网＋"是一种社会发展的新形态，给我国教育事业的发展带来了便利以及很大的机遇，是我们过去的生产力水平无法提供的。从微观的角度来看，"互联网＋"让学生学习课程的方式、教师的教学、教学评价等都发生了很大的改变，同时，在"互联网＋"时代背景下，教育更加公平，学生能进行自主学习，并且学生的学习不再受到时间和空间的限制。此外，从教育学的角度来看，"互联网＋"技术发展同样地给我国教育事业的发展带来了很多机遇，其主要体现在以下几个方面：

（一）教育更进一步实现了个性化

"互联网＋"的技术首先给我国的教育事业带来的机遇就是教育的个性化程度不断加深，由于现阶段大数据技术以及学习分析技术的发展速度不断加快，"互联网＋"时代之下，教育能够发挥互联网大数据的作用，促进互联网教育事业的个性化发展。另外，随着这些技术的发展，教育发展获得了更多的发展机会和发展空间。当今有一些教育技术公司就针对学生个别化的发展需求，制定了满足学生需要的一些网络系统以及网络电子学习产品。这种发展也是互联网发展给教育事业的发展带来机遇的表现，在未来市场发展的过程中，将"互联网＋"与教育事业的发展相结合还将有更多的创新和发展。

现阶段，我们生活在"互联网＋"的时代下，一方面来看，我们能够通过在线教育课程快速及时地收集到很多有用的信息，能够改善学生的学习方法，提高学生的学习能力。同时，还可以通过搜集学生学习的相关数据，掌握学生的学习特点，并通过了解学生看视频的时间长度或者看视频跨度等，以及做题的正确率等来了解学生的具体学习情况。此外，"互联网＋"给我国的学校教育也带来了个性化的机遇，能让学生更好地适应学习，提高自己适应学习的能力，因为互联网技术给学生提供了很好的学习环境或者相对应的场景，能够让学生有机会进行自主学习，最终提高自己的自主学习、解决问题的能力。从另一方面来看，在"互联网＋"的时代下，通过大数据分析能够更好地了解学生的学习特点，分析学习的整个过程并了解学习的结果，从而可以促使教师改革教学设计，开展一些促进他们自主学习的教学活动。

（二）教育能突破时间和空间的限制

在上文中提到过互联网的一个最重要的功能就是能让学生的学习突破时间和空间。这同时也是"互联网+"给我们的教育事业带来的重大机遇，让学生能够有随时进行学习的机会，并能够在一定程度上促进社会公平，缩小现阶段由于贫富差距所造成的教学和学习差距，且能够进一步有时间广泛学习，让学生随时随地都能够学习。

（三）教育模式变得更多元

"互联网+"带给我国教育的第三个重大机遇是让教育大大突破了传统模式的有形限制，从而使教育模式更多元以及教育产业链更加延伸、完整与细化。众所周知，传统的教育模式是基于实体学校的。但在"互联网+"时代，云端学校、移动学校等虚拟学校如雨后春笋般出现，尤其是MOOC的蓬勃发展对传统的教育模式构成强大冲击，一批教育教学质量差的高等教育实体学校迟早会面临严峻的生存危机，甚至倒闭。

"虚拟大学"是近年来高等教育界的流行词，是指运用虚拟技术，创办在互联网络上的、不消耗现实教育资源和能量的，并且有现实大学特征和功能的一个办学实体。随着今天"互联网+"时代局域网、区域网和信息通信技术（ICT）等的日益发达，国际互联网的使用已相当普及，虚拟图书馆、虚拟实验室和虚拟校园也取得非常显著的进展。借助于"互联网+"，虚拟大学的教学硬件是虚拟的、教学过程是网络的、教材是多媒体的、教学管理是遥控的、学生成才是个性化的。

（四）加快教育的实现和学习化社会的建构

在"互联网+"时代，由于网络技术的发展，使用网络不再受时间地点的限制，人们只要手机在身，随时随地可以做任何事情。传统的网络发展由于大型化、固定化，使用时受到一定的条件和地点的限制，人们总是围着网络转；今天的"互联网+"时代，平板电脑等通信工具的微型化，使得人们与互联网形影相随，出现了"网络围着人转"的现象。人们随时可以学习，可以接受教育，在学习化社会里，教学就变成了教育，而且越来越变成了学习。

（五）教育生态变革更多样

同样，"互联网 +"对教育生态也会产生一定的影响，在不断影响的过程中可能促使教育生态进行重构。从一般意义上来讲，教育生态的含义主要是指教育的主要形式已经制度性地变化。随着互联网技术的快速发展，现阶段的教育形式也在不断地发生改变，越来越多样化的教育形式让教育的制度体系灵活度也不断提高。从教育的形式来看，互联网技术发展下的教育形式包括实体学校、虚拟学校，还有一种就是实体和虚拟学校的集合。同时学生的学习方式也包括了在学校上学、在家上学以及在任何地方进行自主学习。就目前的情况来说，很多世界名校的课程都可以通过网络进行上课，但是网络课程肯定没有实体课程那么灵活以及生动，因此，实体学校并不会消失①。

同时，"互联网 +"给人们的教育带来的机遇是很多的，给教育生态也带来了一定的变革，而教育生态变革的内容也包括了教育制度改革。这种改革的内容是指，学生能够在互联网之下不再受到一些传统教学制度的限制，能够通过网上学习来积累学分，满足学校对学生的要求。采取这样的方式，也能够促使学生进行自主学习。

二、"互联网 +"给教育带来的挑战

事物的发展是具有双面性的，一个事物的发展能够给人们带来一定的利益，同时也会给人们的生活带来一定的弊端，这是马克思辩证唯物主义所告诉我们的道理。而互联网对教育行业的作用也是一样的，"互联网 +"给教育事业在带来一定的机遇的同时，也会带来一定的挑战，因为"互联网 +"也是一把双刃剑，如果处理不好也不利于我国的教育事业的发展，有相关学者认为，"互联网 +"的教育模式，会完全地取代旧的教育模式，促使教育的封闭性减少甚至没有，慢慢走向开放性，教育的改革和重组以及

---

① 郭辰越.浅谈"互联网 +"给我国教育带来的机遇与挑战 [J]. 祖国，2019（1）：58-59.

自我更新的能力会不断加快。另外，随着"互联网+"的发展，也会导致教育最基础的功能也就是育人的功能弱化，学生通过网上自学就会减少教师的授课，同时互联网的信息是比较大的，巨大的信息量之下也会让学生面临很大的挑战①。面对互联网发挥的作用，我们要做到扬长避短，趋利避害，尽可能地发挥互联网的优势作用，同时减少其对教育不利的一面，本书概括起来，总结"互联网+"对我国的教育的挑战表现在以下几个方面。

（一）师生关系、同学关系变得疏远

首先，"互联网+"对我国教育的影响体现在它其使得师生、同学之间关系变得很淡漠疏离。教育中，师生之间、同学之间的关系是非常重要的，随着互联网技术的发展，导致学生的学习不再受到时间和空间的限制，因此主要以独立学习为主，这样一来就会导致其不能像传统的教育一样，同学们都坐在教室里面听老师进行讲课，并且下课的时候，同学之间也能进行一定的情感沟通。因为，在互联网的发展下，未来极有可能导致学生的学习都不在同一时间和空间，因此与老师以及学生的关系会变得淡薄和疏远。

（二）教育变得"肤浅化"和"快餐化"

在"互联网+"的影响之下会使得现在的教育不再像以前意义上的正规化，而是使得教育变得肤浅，且变成一种谁都可以学习的"快餐"。一般来说，教育具备了传承、传递和传播知识的功能，因此具有一定的育人作用。通过师生之间的面对面的交流和沟通，学生能够获得知识的启发，并且更进一步地了解和认识世界，形成正确的价值观。在高等教育中，理想的状态即是教师带领学生一起成长、一起学习知识。然而，显而易见的是，在"互联网+"的影响之下，教育变成了一种经济产业，传统的教育理念以及内涵正在丧失，教育变得非常的非正式化，学生在学习上也更加粗心，只是单纯地为了某个目标，而不是细致地研究。

（三）高等教育被技术控制甚至奴役

现阶段，不管我们是否愿意或者是否知情，都在无形之中受到了互联

① 林敏澈."互联网+"时代中国远程教育的机遇和挑战[J].当代教育实践与教学研究，2017（10）：1.

网的影响，现在对于年轻一代来说，如果离开了电脑和手机，人们就会感觉到无所适从，这主要是因为我们习惯了生活中有网络存在。现阶段高等教育也有一种被互联网的影响程度太深，而产生严重依赖并且受到互联网控制的征兆。在高等教育加入"互联网＋"之后，资料的搜集变得简单，而且论文以及作业的写作也变得非常容易，学生在课堂上也可以使用电脑，边听课边学习，他们变得不太爱做笔记，而是更多地通过手机录像拍照的方式来记录教师所讲述的重点内容，下课的时候一些根本没有听课的学生就会拷贝教师的PPT，为了以后的考试做准备，有时候，学生回家了也并不一定会进行复习。互联网也会导致教师的备课不再像以前那样细致，一些教师完全拷贝网上的资源进行授课，或者一节课的时间都进行视频教学，这样的话也不利于学生的发展。传统教育中有很多的东西值得我们继承，而不能完全地弃掉，比如学生做课堂笔记这种学习方式应该长期保留。

（四）传统的教育目的、教育方式受到挑战

新中国成立以来，我国对于教育目标的表述经历多次变化，但是唯一不变的是教育的精神。我国教育的目的就是培养德智体美劳全面发展的社会主义接班人，同时，我国在实现这一目标的过程中，也始终坚持教育要与生产力发展水平相结合的原则，同时，我国在开展教育的时候也非常注重培养学生的创新精神以及实践能力，只有这样才能培养出适应时代的进步和发展的学生。但是随着互联网技术的发展，一些传统的产业无法适应社会的发展，正面临着一定的改革和升级，新的产业不断地涌现出来，人们的价值观也受到了一定的冲击，面对社会日新月异的变化，人们今天所确信的东西，明天就有可能完全改变，社会的发展也存在着很多不确定的事物。网络上的信息也具有一定的复杂性，并不能够完全相信。因此要尽可能地保障学生获得正确的信息，这是所有将互联网与教育事业结合在一起发展的相关企业以及学校需要注意的事情，要让学生获得准确的信息，不断提高学生辨别错误信息的能力。让学生在通过互联网进行学习的过程中不仅能做到获得信息，也能提高其分享信息的能力，只有这样才能真正发挥互联网的作用，达成社会教育的目标，为社会培养出具有选择判断能力以及收集、分析、表达和分享信息能力的学生，适应社会发展的需要。

同时，随着互联网的不断发展，知识的更新换代的速度也在不断加快，这也促使学生的学习方式变得更加自由以及多样化。要改变学校教育中"课本＋黑板＋粉笔＋灌输"的教学程序，充分利用"互联网＋"技术，建设数字化校园、数字化课堂、数字化师生交流方式、数字化教师与家长沟通网络，真正实现学生是意义建构的主动者和主体，积极建构教师指导下以学习者为中心，强调学习者的主体作用的教学模式与教学方式，充分利用各种信息技术手段，实现"互联网为用、教育为本"，实现学生的最大发展。

（五）社会主义核心价值观面临挑战

"互联网＋"具有开放性的特点，同时也具有虚拟性和即时性的特点，通过互联网储存的信息一般量比较大，且呈现碎片化的状态。互联网具有很大的融合性，能够将全球范围内的各种文化等信息完美地融合在一起。通过互联网，可以扩大青少年的视野和眼光，让其不再局限在一件事情上面，而有更高的眼光和视角。同时，能够在互联网上获得正确的科学知识和信息，也能促进青少年的健康成长。但是，我们都知道，互联网上的信息并不完全都是健康的，因为网络信息传播渠道的不断增多，也直接地造成信息的复杂性和多样性，因此我们也要看到一些不健康的信息的负面作用。要正确地发现和寻找有用的信息以满足自己的需求，面对互联网的这种信息大染缸，我国教育还要培养具备辨别能力以及选择能力，拥有正确价值观的学生，使其适应社会多元文化共存的环境，同时也要帮助学生在利用网络查询信息的时候，提高其明辨是非的能力。在平常的教育教学中，教师要开展社会主义核心价值观的教育，帮助学生树立正确的价值观，学生应该具备一定的人生理想，只有具备了人生理想，才能有机会实现自己的目标。一开始，我们可能并不具备任何实现人生理想的条件，但是我们可以通过不断的学习，搜集更多的信息为自己所用，从而不断地提升自己的能力，完善自己的人格，培养正确的价值观。所以我们要立足本土，应对"互联网＋"的挑战，创造出一条中国的核心价值观教育之路。

（六）国家、政府和社会各部门急需提高"互联网＋"服务能力与监管能力

在互联网技术急速发展的时代，很多设备的更新换代以及设备维护都需要更多的资金支持，从这方面来看，需要政府加大政策支持以及资金投入。因此，在"互联网＋"时代的发展背景下，对政府的一些服务能力以及监管能力都提出了挑战，因为网络的安全也需要相关部门进行严格的监管和控制，网络上的一些信息应该由相关部门首先进行审查。为了防止青少年沉迷于网络游戏而耽误学习，相关的部门应该严格执行网吧禁止未成年人进入的相关规定。同时要不断完善规范互联网的相关法律条文，加强管理，促使互联网变成健康的网络，让人们能够从中获得健康的信息，并且能够安心上网。同时，剔除一些不利的信息，促进青少年的健康成长。

第二章 混合式学习概述

第一节 混合式学习概念界定

一、混合式学习的定义

目前，关于"混合式学习"的定义，仁者见仁智者见智，无论是国内还是国外都或多或少有些纷争，目前学术界仍然没有一个明确而权威的定义。专家学者们经过长期的理论研究和教学实践分别从不同角度对此进行了界定，但就其研究的背景和侧重点不同，对混合式学习的认识和理解主要有以下几种：从学习的方式和方法出发，认为是全新的学习方式；从媒体的角度来看，认为是媒体要素的融合；从活动设计而言，认为是多元活动的结合。通过总结研究，简要介绍国内外对混合式学习定义的认识。

（一）国内混合式学习的定义

北京师范大学将"混合式学习"理解为："把传统学习方式的优势和E-Learning（即数字化学习或网络化学习）的优势相结合。"更深入的理解就是发挥"以学生为主体，以教师为主导"的模式，教师和学生的角色发生变化，教师可以起到引导、支持、监督、控制的作用，学生可以充分利用教师创建的环境，自由、自主地开展学习。

上海师范大学认为"混合式学习"即"融合性学习"，关注的重点是教学媒体、教学方法、教学策略等的优化组合，通过教师和学生在教学实践过程中的合理运用，最终达到优化教学、促进学生学习的目的。

华南师范大学认为："混合学习可以看作面对面的课堂学习（Face-to-Face）和在线学习（Online Learning）两种学习方式的有机整合。"其核心的理念是由问题出发去寻求解决问题的思路和途径，在教学过程中，采用恰当的教学媒体和知识传授方式，可以保证投入最小，同时收获的效益最大。

（二）国外混合式学习的定义

在国外，印度 NIIT 公司在发表的《混合式学习白皮书》中提出"混合式学习"是一种全新的学习方式，这种学习方式包括面对面实体教室学习、数字化在线学习和自定步调学习等。

Jennifer Hofmann（詹妮弗·霍夫曼）在 *B-Learning Case Study* 中这样描述："混合式学习是由一种全新思想作为支撑，指导教师或者方案设计人员根据教学过程的特点，分成几个阶段，对每一个阶段进行优化教学，最终实现学习者对整体的理解掌握。"

混合式学习应该从学习者、教师或教学设计者以及教学管理者三者的角度进行定义。根据他的理解，混合式学习要考虑学习者的初始能力、教学方案设计人员的信息素养以及现实的实体教学环境等。

虽然国内外学者对混合式学习的定义有所不同，但是本质上并没有太大的差异，广义上普遍认为是传统教学和网络教学的结合，以达到优势互补的目的，体现建构主义的"主导—主体"作用；狭义上则认为是教学方法、媒体、模式、内容、资源、环境等各种教学要素的优化组合，达到优化教学的目的[1]。

二、混合式学习研究现状

（一）国内混合式学习研究现状

混合式学习在国内发展趋势迅猛，在教育领域、培训机构等多方面都得到广泛的应用，发展成果也颇为显著，改善了教学效果，降低了培训成

---

[1] 李新.国内外混合式学习研究现状述评[J].中国多媒体与网络教学学报（中旬刊），2019（10）：31-32.

本，提升了公司效益，因此，混合式学习模式越来越受到各界人士的认可和欢迎。

1. 学校教学

根据新课改和社会对人才的需求，创新性人才的培养是目前学校教育颇为关注的，然而传统的教学模式已经不适应社会潮流的发展，"面对面教室学习"和"网络在线学习"相结合的混合式学习方式逐渐被高校采用，高校的学习者具有一定水平的专业知识和相对较强的自学能力。学习者可以在教室里接受面对面的教学，课下也可以依托网络自主学习相关内容，分享学习资源，还可以通过和同伴或者指导老师的讨论和交流深化学习。

在我国数字化校园建设的同时，各种网络平台也应运而生，以期提高学习效率，促进学习者的学习。如北京大学建设的北大教学网、北师大的"教育技术概论"和由华中师大开设的"远程教育原理与技术"等精品网络课程，通过教学实践实现了对教学模式、方法、策略的研究，为教育工作者和教师的混合式学习之路起到积极的影响。

2. 教师培训

国内的教师教育培训通过对单一的、传统的培训模式进行深入反思，认识到传统培训模式的弊端和不足，逐渐摆脱了这种培训模式，并随着对E-Learning 的理解和掌握，最终采用混合式学习的培训模式。

21 世纪初，我国正式开展对高校教师的教育技术能力培训，启动的全国中小学教育技术能力建设计划和全国中小学教师国家培训计划等，都为混合式教学的顺利实施提供了必不可少的软硬件保障。另外，面对面的集中培训和网络在线学习相结合的教师培训方式，为岗前教师和在岗教师的沟通交流提供了便利，为二者的专业化、精英化发展提供有效保障。在基础教育阶段，一些优秀教师通过混合式教学的形式，根据各种客观条件，积极开展教学改革，以期促进信息技术与课程的深度整合。

3. 企业培训

在我国，大多企业由于受到国外培训方式的影响，或者经常与国外的培训机构沟通、交流与合作，目前越来越多的企业也采用混合式学习模式对员工进行职前或职后的培训，比如部分事业单位以及餐饮、服务等行业的系统内部培训都积极运用这种培训模式，效果显著。

（二）国外混合式学习研究现状

国外混合式学习发展相比国内较为成熟，但无论国内外，目前混合式学习的应用领域基本是类似的，主要运用于学校教育和公司、企业培训等。

1. 高校教学

在传统的美国学校里面，为了激发学生的学习兴趣，培养学生的实践能力和创新精神，教师们经常采用混合式学习方式进行授课，根据课程内容，每周抽取一两节课，安排学生在寝室或图书馆进行网络在线学习，通过教学实践得出结论：混合式学习有利于培养学生分析问题、解决问题的能力，有利于培养学生的交流能力、表达能力，有利于培养学生的知识获取能力和自主探究能力。突出效果主要表现为：学习者积极性提高；小组协作意识增强；指导教师角色和学习内涵产生变化；跨校园、跨区域合作增多。实践表明在高校的教学领域中，Blended Learning 的优势逐渐显露，因此其地位和作用也越来越重要，其教学各要素的选择也有着更强的适应性和灵活性。

2. 企业培训

国外将混合式学习应用到企业培训的成功案例和经验值得我们学习和借鉴，世界知名企业如 IBM、SONY、诺基亚等均采用混合式学习模式，为了降低培训成本，他们将网络课程资源和经验技术充分运用在混合式培训中，获得了预期效益，实现了培训目标。

分析国内外的研究情况可以发现，当前混合式学习模式多是在学校教学、教师培训、企业培训等三个方面的应用，面向的对象也大多数是成年人，目的性强、有针对性。对于高校学生而言，具备较高的信息素养和思考能力，易于接受"面授"和"在线"相结合的方式；对于在职员工而言，由于时间或空间的限制常采用远程教学的方式，也能取得良好的结果；但是对于中小学而言，混合式学习课程则相对较少，有待开发。

三、混合式学习的理论基础

混合式学习并不是以某种特定的理论为基础，而是多种理论的"相互融合"。研究表明，混合式学习的理论应该是多元的，并非一元的，还应包括建构主义理论、教育传播理论和活动理论等。

（一）建构主义理论

瑞士心理学家皮亚杰（Piaget）最早提出了建构主义学习理论，"情境""协作""会话"和"意义建构"是建构主义学习环境的四大要素。其认为学生对知识的消化吸收是在教师搭建的"脚手架"的基础上，在一定的情境中自主建构的，强调更多的是学习者对知识的探索与发现，教师的任务和角色也发生了变化，由传统课堂学习的知识灌输者转变为学生学习的促进者。建构主义提倡基于问题或项目的学习方式，教师此时作为学习者的帮助者提供必要的学习资源和环境。

这种方式强调的是"以学生为主体、以教师为主导"的"双主"模式，混合式学习模式的实践过程正好是学习者的有意义建构过程。

（二）教育传播理论

教育传播理论也是混合式学习的重要理论之一，在混合式学习过程中，包括课堂知识信息的传输、传播符号的应用、教学媒体的选择等，都需要传播理论发挥作用。因此其在知识的传播过程中起到重要的指引作用，在教学中对采用不同的媒体和信息传递方式的研究将有利于混合式学习的顺利开展。

1. 麦克卢汉（Marshall McLuhan）："媒体是人体的延伸"理论

加拿大学者马歇尔·麦克卢汉在《媒介通论：人体的延伸》一书中提出了一个重要的观点：媒体是人体的延伸。譬如：望远镜和摄像机是人眼的延伸；磁带和储存器是人脑的延伸；扩音器和广播是人耳的延伸等。

"媒体是人体的延伸"这一说法的提出给教育界带来了新的生机：改变了人们对媒体的传统认识，激发了人们对媒体互补性的探索。媒体对教育教学有着举足轻重的作用，人们不应该去寻找某种"万能"的媒体，应该根据客观条件和学生特征选择媒体的优化组合形式才能更好地发挥媒体效果，促进学习者学习，实现优化教学的目的。

2. 施兰姆（W. Schramm）：媒体选择定律

1954年，美国大众传播学家施拉姆提出了媒体选择定律，用来解释和分析影响人类选择媒体的行为，施兰姆认为"媒体选择概率（P）"是"媒体产生的功效（V）"与"需付出的代价（C）"的比值，即 $P=V/C$。

由公式中可以得出，当我们在选择或使用媒体时，应该降低分母，即减少媒体使用的代价，这样便可以提升媒体的功效，从而，以较小的投入获得较大的回报，这值得我们去反思和尝试。

通过对以上学者们的观点分析可以得出以下结论：在混合式学习中教学信息传递媒体的选择优化组合是影响教学效果的重要因素，在实际教学过程中，应根据客观条件来选择最优化媒体组合形式，提供教学资源，创造学习环境，促进学习者学习。

（三）活动理论

活动理论并不是独立学科理论而是具有交叉性，用来研究在一定的条件下人类的行为表现理论。在混合式教学过程中，教学活动设计是一个重要的环节，是体现教师教学水平的重要指标，因此需要活动理论的支撑。

活动理论的内容主要包括活动系统、活动的层次结构以及活动的发展变化三个方面。在教学实践中，学习者作为活动的主体，各种软硬件教学资源和媒介作为学习者的辅助工具存在，二者的相互融合构成了活动系统。在活动理论中，学习者的学习动机直接影响了学习者在活动过程中的行为表现，并且受到外界不断变化的环境的干扰和制约。活动并非一成不变的，行为活动会因周围条件和环境的更换，处于不断发展变化的过程中。因此，在设计以学生为中心的教学设计方案时，应重点考虑以学生学习中心，全方位关注学生的个体差异，不能只是简单依据教师的教学流程进行。活动理论的核心思想强调一切教学内容都可以通过设计教学活动来开展，混合式学习更应该结合实际社会需求，抓住学生身心特点，通过实践活动培养学生的适应能力和创新精神。

（四）翻转课堂

之所以引入翻转课堂的概念，是因为在混合式教学过程中根据部分课程性质和内容，采用最佳媒体组合形式的同时改变教学策略和教学过程，充分利用学习时间和学习资源，将课堂讲授与学习者网络自学相结合，以期实现最优化的教学目的 ①。

"翻转课堂"作为一种全新的教学形式已经成为国内外教育者关注的热点，国内外对翻转课堂理念都给予了高度评价。翻转课堂（Flipped Classroom）是相对于传统课堂而言的，在传统课堂上，老师在课堂上完成对知识的传授，学生课下通过练习、实践、反思完成知识的消化吸收。然而，翻转课堂变换了整个教学过程，教师课下利用信息技术手段录制微视频、课件等资源上传至学习平台供学生自主学习，课上教师通过与学生的深入沟通交流实现个别化辅导、小组协作学习等学习活动。

第二节　建构主义对混合式学习模式的作用

一、建构主义学习观

建构主义学习理论是 20 世纪 80 年代末至 90 年代初以来兴起的一种新的学习观。其最早提出者为瑞士的心理学家皮亚杰（J. Piaget）。他认为，儿童对外部世界知识的认识是在与自身周围环境相互作用的过程中实现并得以发展的。这个过程关系到"同化"与"顺应"两个过程。同化是指把外部环境中的有关信息吸收进来并结合到儿童已有的认知结构中的过程；顺应是指外部环境发生变化，而原有认知结构无法同化新环境提供的信息时引起儿童认知结构发生重组与改造的过程。认知个体（儿童）就是同化与顺应这两种形式来达到与周围环境的平衡。

在皮亚杰上述理论的基础上，各种理论层出不穷，强调合作学习，交互作用教学的学习方法应运而生。当代建构主义者认为，由于个体差异与个人经验的不同，个人对事物的理解必然各不相同，如果学习者通过合作和讨论，了解对方的立场和观点，可以形成相对全面的知识结构。因此，

---

① 李逢庆 . 混合式教学的理论基础与教学设计 [J]. 现代教育技术，2016，26（9）：18-24.

学生在合作学习的过程中更全面地实现学习的广泛迁移，在水平较高的小组成员的影响下，进步会更为稳定和显著。这些研究丰富了建构主义理论，并为课堂教学的实践提供了基础。

建构主义者认为，学习者建构知识，教师对学生的建构知识过程予以支持，而不是学习者被动接受知识，是在自己的经验基础上建构知识，形成自己的知识结构。它强调学习的积极性、建构性、社会性的特点。建构主义认为教学过程以"学"为中心，倡导的评价体系也不再为单一的结果评价，而是多元化的评价方式和评价标准。建构主义者认为，学习者主动构建内部心理结构，将自己的独特的经验与外部环境相互影响作用，形成自己独特的理解。在构建新意义的同时，对自己原有的经验进行整合。

二、建构主义教学观

（一）以人为本——学生主体教学观

现代教育对人的全面发展更为重视。学生作为教育主体，不再是被动接受知识的容器，而是信息加工的主体，知识意义的主动建构者。教师不再是高不可攀的传道者。由于教学方式导致教师角色的转变，从而影响到师生关系的变化，学生比过去更受到尊重，教师帮助学习者实现学习的过程，掌握学习的方法，对学生在知识信息获取过程中出现的问题予以帮助。教师在对学生的基本情况进行了解的基础上，针对他们的身心发展特征，为他们制订相应的培养方案。现代信息技术的发展，为课堂模式的改变注入了新的活力，学生可以从网络等渠道获取丰富的学习资源，学生不再只能从教室听教师授课，学习目的也从知识获取转向知识获取的能力的提升。

（二）凸显环境——情景的教学观

凸显环境，在于通过学生的个体知识和认知特点，为其打造一个促进其学习的环境，在这种氛围中，教师为学生搭建学习的"脚手架"，创造语言使用场景，使学生在欢乐的氛围中学习，掌握知识，从而进一步地理解消化并加以运用。

（三）勇于探究——问题本位教学观

教育对人的发展起的作用，甚至对社会的发展所起到的作用，取决于培养出主体性强的人。教育要培养学生的主体性，这也是高校教学的基础性、核心性工作。高校教师可以使用案例教学法，引导学生发现、探究直至解决问题，通过这种方式来调动学生学习的积极性，使学生感受到学习的乐趣，掌握学习内容。在这个过程中，学生学习的主动性、参与性、创造性也能得到提升，学习能力也得以进步。

三、建构主义学习理论对高校英语教学改革的启示

建构主义对"学"的强调，突出了学生自主学习的重要性。教师的角色也从纯粹的授业者转向组织者、指导者和帮助者。近年来，随着现代教育技术的发展，对多媒体、互联网、平板、智能手机的研究和应用，为教学从"教"到"学"的转变打下了坚实的基础。网络外语教学可以实现跨平台资源共享、个性化学习、交互和远程教育，基于建构主义教学观理论，可以实现在手机端、电脑终端上的移动的语音室。借助于具有时代特点的多媒体网络技术，通过对教学目标进行分析，对情境进行创设。使"情境"能够有利于学生对所学内容进行意义建构，激发学生的学习兴趣和积极性，让学生建构自己的知识。

建构主义与信息技术的有机结合需要考虑到学生之间的个体差异，通过对内容的分层，以及对学生的分层，引导学生进行个性化学习[①]，通过创设与教学内容相关的情境和新旧知识之间联系的线索，建构需要掌握的知识的意义。维果茨基认为建构主义的学习应该是一种社会性、交互性的协作学习。

知识不仅是个体在与物理环境的交互中建构起来的，社会性的交互（协作）更加重要。由于人的高级心理机能的发展是社会性相互作用内化的结果，每个学生个体都有自己的知识经验，因此可以通过相互沟通和交流，

---

① 刘艳松. 混合式学习在线课程的规划与建设 [M]. 长沙：湖南地图出版社，2018.

合作完成任务，共同解决问题。高校教学需要以应用为目标，利用多媒体、网络、手机、平板电脑等载体，使学生、教师、教学资源、教学内容相结合成为广泛的学习共同体，为有意义的知识构建提供情境支持。在这种环境下，学生通过协作学习，实现学习目标，而在这个过程中，学生也成为意义的主动构建者。

多媒体技术和互联网应用的各种特征，特别适合实现理想的建构主义学习环境，二者若完美结合，定能有效促进学生的认知发展和提高学生解决实际问题的能力。基于信息技术的多媒体、网络、手机、平板的网络教学环境可以实现在轻松快乐的学习氛围中有效降低学习者的情感焦虑，从而促进学习效果的提升。

第三节 混合式学习模式在高校英语教学中的应用

混合学习内涵是把面对面教学和在线学习两种学习模式有机地整合起来。教学实践证明混合式学习在英语教学中具有广泛应用的空间。大学英语混合式学习首先要重视英语课程资源库建设，其次要做好英语课程混合学习资源的分类整理与学习链接，要加强混合学习的顶层教学设计，重视课外师生互动与学生间互动。

一、混合式学习模式的兴起与发展

20 世纪末以来，随着计算机技术与网络技术的发展，兴起了一股 E-Learning 浪潮。国际上曾经展开了"有围墙的大学是否将被没有围墙的大学（网络学院）所取代"的激烈辩论。但是经过了多年的实践，人们认识到 E-Learning 虽然能够极大地改变课堂教学的功能，但是不能代替传统的课堂教学，也不可能取代学校教育。随着 E-Learning 崇拜的逐渐退潮，一种探索把传统课堂教学与 E-Learning 相结合的学习方式，即所谓混合式学习教学模式（Blending Learning），正受到越来越多教育者的重视，展现出新的活力和优势。

　　混合学习是在网络学习的发展进入低潮后，人们对纯技术学习环境进行反思后提出的一种新的学习理念。混合学习其主要思想是把面对面（Face-to-Face）教学和在线（Online）学习两种学习模式有机地整合起来，把传统的学习方式的优势和数字化或网络化学习的优势结合起来，既发挥课堂学习中教师的主导作用，又能充分体现学生作为学习过程主体的主动性、积极性与创造性，发挥学生的主体作用，以达到降低成本、提高效益的目标和获得较好的教学效果[①]。

二、混合式学习模式的内涵与特点

　　国内外教育界对混合式学习模式内涵的理解不尽完全相同，对混合式学习模式的定义和特点也是仁者见仁智者见智，但是归纳起来，混合式学习模式应该包括以下主要内涵与特点：其一，混合式学习首先体现为多种学习理论的指导。混合学习以多种教学理论为指导，以适应不同课程的学习者、不同类型的学习目标、不同学习环境和不同学习资源的要求。教学方法以"主导—主体"双主模式为主，即在"教"与"学"的过程中注重"以学生为主体，以教师为主导"，强调教师主导作用与学生主体地位的有机结合。教师不再是知识的简单灌输者，而是学生学习的设计者、帮助者和支持者。学生不再被当成知识接受的"容器"，而成为认知的主体，教学的过程成为在一定的环境中促进学习者主动建构知识的过程。其二，混合式学习不是在线学习与面对面教学的简单结合，而是教与学多方面的融会贯通。它包括基于不同教学理论的教学模式的混合、课堂教学与在线学习不同学习环境的混合、不同教学媒体的混合、教师主导活动和学生主体参与的混合、教学媒体、教学材料与教学资源诸要素混合使用等。其三，混合式学习体现为多种学习资源的混合。混合式学习的资源来自不同的媒介，可以是来源于传统课本等印刷品、光盘、磁带、手机、互联网等。学习者

---

① 杜世纯 . 混合式学习研究 [M]. 北京：中国社会科学出版社，2018.

借助于这些丰富的学习资源，可以达到更好的学习效果。其四，混合式学习的核心内涵是对教与学的所有要素进行合理选择和优化组合，以实现用最小的成本取得最大的学习效益。一是以人为本，选择合适的学习风格使学习者的学习效果达到最优化；二是从实际人力、物力、财力的情况出发，选择合适的学习方式、教学设计模式和传递知识信息的载体，用最低的成本产生最大的学习效益。其五，混合式学习是学习环境和学习方式的混合。混合学习是一种基于网络环境发展起来的教学模式。混合式学习混合了传统面对面的教学和 E-Learning 不同学习方式，因此，学习者不但可以在教室学习，也可以在各种网络环境下进行学习。学习者在学习过程中，可以是上课听教师讲解，可以是自主学习、探究学习、协作学习等。其六，混合式学习极大扩展了教与学过程中的信息传递通道。有效学习的前提条件是教学信息通道的选择与学习者的学习风格相适应。混合式学习的教学信息传递通道包括了教室、虚拟教室、基于 Web 的课程、印刷品、光盘、视频、电子邮件、电话、电子绩效系统、软件模拟、在线协同、移动和无线通道等。这些信息通道的扩展，无疑极大地改变了学生对知识信息接受的效率。

三、混合式学习在大学英语课程教学中具有广泛的应用空间

由于课程性质的差异，不同课程混合式学习的教学模式必然各有其特点。混合式学习在英语课程中具有广泛应用的空间，这是语言学习的特点决定的。教学实践证明，英语课程非常适合推广混合式学习模式。

首先，混合式学习推动了学生在英语应用中来掌握语言。语言学习的理想途径是在随时随地的实际应用中完成，如果学生的语言学习缺乏这种真实环境，教师最好能够创造出仿真的模拟语言环境。混合式学习恰好可以为学生提供这种英语学习的仿真交流环境。混合式学习可以有效改变学生上课听老师讲课，课后单调地一个人默默背单词、读课文、做习题的学习方式，使英语教学突破时间及空间的限制，促进学生课后利用多种媒体进行语言应用与交流，推动师生互动、生生互动的无限延伸，使学生能全

方位多角度挖掘运用教学资源，积极主动地消化和分享学习内容，更加自信并创造性地运用语言知识。

其次，混合式学习提高了学生英语学习的积极性和趣味性。混合式学习克服了传统英语学习中死记硬背式的单调学习方式，为学生扩展了更为丰富的课外多媒体语言练习资源，创造出师生更多的交流机会，使学生有条件接触地道英语资料，从而可以有效激发学生学习英语的兴趣，提高学习英语的信心，并愿意在英语学习上投入更多的时间。

最后，混合式学习有利于培养学生的自主学习习惯。在传统的课堂教学模式下，学生容易养成依赖课堂依赖老师的习惯。在混合式学习模式中，面授机会减少将促成他们反思自身的学习方式，在线学习通过提供多种形式的学习资源，给学生更多的启发，也有利于学生养成良好的自主学习精神。

四、混合式学习模式在大学英语课程教学中的组织与实施

（一）重视英语课程混合学习资源库建设

目前各高校网络教学平台的基础设施普遍非常先进完善，为英语混合学习资源建设提供了方便的条件。在融合网络学习和多媒体课堂学习的混合学习平台上，不管学生开展的是基于资源的自主探究学习，还是基于任务的协作学习，都需要为学习者提供适当的学习资源，学习资源库建设直接影响到学生在线学习的兴趣，自然会影响学生学习的积极性和学习效果。所以，开发与设计出优质的网络学习资源库是混合式学习模式的重要前提和基础性工作[①]。学习资源建设的第一步工作，是教师搜集大量各种形式与介质的多媒体教学资源，如电影、各种视频短片、动画、听力资料等，为学生课外在线学习提供丰富多彩的读、听、说学习材料。学习资源选择应该遵循以下原则：一是难易程度与学生的匹配性；二是学习资源内容与学生英语基本教材的相关性；三是生动与趣味性。

---

① 于明波.当代高校英语教学与混合式学习模式探究 [M].北京：中国纺织出版社，2019.

（二）做好英语课程混合学习资源的分类整理与学习链接

学习资源库建设绝不是把电子学习资料塞进资料库就完成了。为了充分发挥学习资源库的辅助学习功能，方便学生把课内学习与课外在线学习有机结合起来，学习资源库建设的第二步工作，是教师将这些网络与电子学习资源进行认真科学地整理与分类，并且根据学生英语课程学习进度与学习内容，按基本教材章节进行合理链接。这样，学生就能够根据英语课程教学内容进程非常方便地找到对应的网络电子学习资源，达到学生课内学习与课外资源的交互，提高学生参与网上学习的便捷性与积极性。

（三）加强混合式学习的顶层教学设计

混合式学习不是教师只要提供了网络学习资源，学生就会自动利用网络资源实现课内与课外学习的混合。混合式学习作为一种教学模式，首要的是教师必须做好这种教学模式的顶层设计，通过这种合理教学设计推动学生达到混合式学习的目标。因此，教师在教学设计中应该将每一章节的学习内容、学习过程进行创造性设计，分成许多学习任务模块，确定哪些内容在课堂学习中完成，哪些内容与练习在课外学习中完成。教师特别需要设计出具体的课外学习任务，网络作业评估方式，作业检查与成绩评定方式等，从而有效地推动学生完成课外学习。在教学设计中，包括教师制作微课的方式，分解本章学习任务，引导学生完成课外学习内容。混合学习的教学设计，实质上是如何用最优的媒体（或媒体组合）呈现适合学习者学习的最佳模块（或模块组合），从而实现最好的学习效果。

（四）重视课外师生互动与学生间互动

混合式学习模式与传统教学模式的一个重要区别，就在于传统教学模式之下教师下课后很少参与过问学生的课外学习。而在混合式教学模式之下，教师"上课"与"下课"的界限被打破了。混合式学习要实现课内学习与课外学习的混合，首先必须做到教师课内教学与课外辅导的混合，教师课堂面对面教学与在线交流的混合。这要求教师不仅要重视师生课堂互动，更要重视师生在线互动。通过网络实时和非实时交互，教师在线时间不间断，让学生能够随时"见到"老师，教师能够及时有效回答学生提出的问题，督促与引导学生课外学习。其次，要注重学生间互动的组织与引导。可以指导学生组合成几个人的学习小组，小组长由组内成员轮流承担，开展小组协作学习活动，增强在线学习氛围。就学生间互动的具体形式而言，现代网络技术提供了灵活便捷的在线即时交流方式，教师以及学习小组可以根据每单元的学习内容与主题，设计全班或者小组的情景对话、角色扮演、即兴微话剧、三分钟演讲、辩论等活动，吸引学生通过互动在仿真环境下应用英语，激发学生的学习动机，促进学习者语言的习得和学得。

第三章 混合式学习与混合式教育

第一节 从"混合式学习"走来的"混合式教育"

一、混合式学习的发展和优势

对中西方国家的课堂而言，将科技引入课堂与面对面教学相协作以提升和拓展学生的学习体验已不再是一件新奇的做法了。自从1999年一家亚特兰大的计算机培训公司推出"混合式学习"这个词之后，此种理念和做法已经在各中小学课堂和企业培训机构普及开来。

（一）历史沿革

混合式学习是继网络学习之后兴起的又一教育方式的新理念。20世纪90年代初，网络学习以其低成本、高效率、不受时间和空间限制等优势蓬勃兴起，并在国际教育学界引发了对于是否能够用其替代传统教学方式的广泛争辩和讨论，双方各执一词，此消彼长。21世纪初，随着网络学习进入低谷期，人们才意识到两种教育方式各有所长，虽不能互相替代，但可混合运用，取长补短[①]。

"混合"一词最初指的是教学媒质的混合，即"面对面"与"远程"两种方式的混合。在《混合学习手册》一书中，将"混合式学习"一词定义为"将面对面教育形式和以计算机为介质的教育形式相结合的学习系统"。

---

① 彭上观.混合式教育实习模式的理论与实践[M].广州：广东高等教育出版社，2020.

此种方式可以将同步的人际互动与非同步的信息交流技术相结合。斯隆联盟报告《混合：美国混合学习的程度和前景》以网络学习的不同比例为依据区分了四种课堂模式，并指出第三种才可以称为真正的混合式学习模式。

0% 的网络学习：传统的面对面教学模式。

1%～29% 的网络学习：以网络为辅助的教学模式，即以网络技术辅助面对面教学。例如，运用课程管理系统 CMS 或网页上传课程大纲和课堂任务。

30%～79% 的网络学习：真正的混合式学习模式，即将网络传输和面对面传输相融合。例如，通过网络传送大部分课堂内容，同时还包括网络讨论和面对面会议等。

80% 以上的网络学习：网络或远程学习课程，即绝大部分课程是通过网络传送的。

混合式学习模式最早应用于西方企业培训领域，继而拓展到高等教育领域，涉及方面包括模式设计、资源优化、媒体选择等。

（二）混合式学习的优势

随着高校中日益增长的在校学生数和日趋多样化的学生需求，能够提高学习体验进而提升学习效果的混合式学习越来越受关注。混合式学习的核心优点是能够提供更多实际的互动性学习经验。大部分的讲师相信混合式学习比仅仅基于教室的课堂教学更有效。他们认为混合式学习是将面对面授课和远程授课最大化程度结合的一种途径。许多教师已经开始对讲座这一类的被动教学方式提出质疑。讲座是一种在印刷机发明之前的信息传播方式，具有严格过滤信息后对其进行解释的特点，这种做法已经不能有效地吸引学习者了。对于学生来说，理解复杂主题需要更加深入地学习和研究，这并不是在一般的讲座中能学到的。混合式学习认识到了互动学习经验的重要性，挖掘了互联网通信技术帮助学习者之间建立联系的潜能。虽然在高等教育课堂中，技术的融入速度相对滞后，但这种情况正在得到逐步改善。

传统意义上的那种要求在面对面授课和远程授课之间作出选择的二元思想已经开始被时代摒弃，二元论不再站得住脚。不管是在理论上还是实践上，还有更好的选择。人们越来越意识到互联网通信技术与学习者之间的联系日益加强，而混合式学习能够更好地认识技术的潜能以及最大限度地将在线授课环境与面对面授课环境结合起来。

二、混合式学习的两个问题

尽管国内外许多机构和课堂正在应用这些模式，但正如在《混合式学习的成效有限》中指出的那样，几乎没有决定性的证据来证明混合式学习的效果。产生此种现象的原因有两个：

一是混合式学习在强调媒介混合、互动性学习体验的同时，忽略了对其他教育因素的考量。科技的发展激发了我们对于选择权、灵活性和个性化的进一步追求，所以学校和公司期望混合式学习的环境和系统能够更加提升效率，进而降低成本。众多学者一直认为以技术为中介的混合式学习模式可以将自定义学习系统和小组式面授教学结合起来，进而实现教育的个性化。这在经济发展放缓、学生数量增加、教师人数短缺的教育情境中是一种良好的解决方案。但这种模式缺乏具有复杂关系的环境，缺乏懂得学习既是一门艺术也是一门科学的教师，也缺乏师生互动和生生互动。同样，许多软件公司在销售自家的"自适应学习产品"时也大胆宣称"这些最好的个性化学习平台将会给学生提供海量途径完成学业并取得良好效果"，但实际上，这些产品并没有能够通过个性化、标准化、线性的软件算法培养出具有弹性、创造力和同理心的公民，而是剥夺了人们建立良好人际关系的机会。

二是混合式学习缺乏理论内核的支撑。虽然混合式学习模式的概念浅显易懂，但是由于实际应用要复杂得多，因此，其实施方式在很大程度上决定了此模式对学习效果的促进作用。缺乏理论内核支撑，会导致指导原则和核心目标不明确，也无法衡量教育成果。因此，各类教育机构在实施混合式学习模式时，除了削减教师数量、让学生进行大规模网络在线学习、将在线课堂和面对面课堂进行翻转、建立课程网站、添加更多的数字化教学资源等形式上的改变之外，对于如何恰当运用信息技术与课堂相融合，使之与课程目标和教学环节紧密相连，以及如何将信息技术与其他各类教育环境因素顺畅衔接等问题均缺乏深入的考量①。

因此，教育者们应先放缓脚步，对现有的实施个案进行思辨性审视，厘清这其中模糊的概念，明确教育的目标和实施原则。在信息技术与具有同理心、知识渊博、具有先进教学理念的教师之间找到平衡点，将学生视为享有权利的公民而非被动的消费者，将提升学生体验而非降低经济成本作为最终目的，把学生培养成为有思辨能力、创新能力、良好的交流和合作能力的人才，并合力创建一个文化多元、信息高度流通、民主、能够通过数字媒介进行连接的多样化社会。

随着研究的进行，越来越多的学者指出，混合的对象不应仅限于教学媒介，还应包括教学理念、教学方法等方面的混合。这应是一种将课堂的有效性与网络学习的技术优势相结合的教学法的混合，是对教育模式的一种重新设计，其教学机制融合了形成性评估和总结性评估，使学生成为积极互动的探究者和创造者。以混合教学媒介和互动体验为主要特征的"混合式学习"一词，已经不能完全代表以多维度混合和理论内核支撑为显著特征的新型教育模式。因此，"混合式教育"一词应运而生。

第二节　新时代的"混合"理念

混合式教育虽以混合式学习为出发点，但其内涵更为广泛和深刻。虽然混合式教育模式兼具传统面对面课堂以及网络在线课堂的优势，既实现了学习者的主体作用，又发挥了其创造性和主动性，但并不是多种教学方式的简单叠加，而是各种资源和方式的有机结合和相互借力。只有避开传统教学或者网络教学的典型陷阱，深入理解高阶学习环境、沟通特点、不同学科的要求以及学习资源，并意识到广泛的灵活设计的可能性和各种挑战，才能设计和实现混合式教育。混合式教育是重新设计教学模式的催化

---

① 郭喆，佟鹏．混合式高等教育 [M]．北京：化学工业出版社，2019．

剂，既促使学生重新思考如何以深刻且有意义的方法学习，也迫使教育者们从根本上重新定义并重建教学关系。

　　混合式教育以可持续性教育话语和合作互动学习为核心，将最新的信息通信技术与现有的教学模式进行深度融合。不同于传统的"混合式学习"概念，混合式教育不仅涉及教学媒介的混合，而且以协作式建构理论为基础，以探究共同体理论（Community of Inquiry，CoI）为框架，在教育理念、教学方式、教学策略等多个维度进行混合。在秉承高等教育价值体系和信念的前提下，通过"触发事件—探究—融合—解决"四个阶段激发促进学生主动参与其中，为其提供高质量学习体验以提高其认知能力和创新能力。同时，混合式教育模式通过综合课堂学习、在线学习、移动学习等方式的优势，将线上线下、课内课外、共时异时、线性非线性、文本超文本、个体与团体、现实世界与虚拟世界等各维度以灵活的方式结合在一起，将学习情境多样化，达到1+1＞2的效果，为实现深入而有意义的学习体验、认知能力和情感特质的发展以及定制性智能教育提供支持。

一、混合式教育的内核

　　我们在这里提到的混合式教育的基本原理和方针是嵌入在 CoI 框架中的。这个理论框架之所以能够成为混合式教育的内核，主要是由于二者的目标和机制统一。混合式教育以培养学生的高阶认知能力和情感特质为首要目标，融合了"联合""评价""建构""合作""创造""思辨""探究"等教育观念，将信息与知识、会话与反思、控制与责任、过程与成果统一起来。混合式教育从未来社会所需人才的角度，充分认识到未来世界的核心任务是通过人类的持续探究构建新的知识。若要推动探究的进程，未来人才的高阶认知能力和情感特质尤为重要。与之相同的是，Dewey（杜威）提出了内外世界的融合理论，他认为："教育过程包含两个方面：心理方面和社会方面，二者同等重要。"以 Dewey 的协作建构理论为基础的探究共同体框架，以目的性、开放性、自律性和思辨性为特征，在教学存在和社会存在两种因素的推动下，促发学生建立认知存在，使学生实现深入而有意义的学习，最终提升认知能力。

因此，在探究共同体中混合式教育得到了最好的验证。混合式教育在高等教育中是一个重要存在，其优点超越了面授教学和在线学习这种互补式教学和学习的简单形式混合，代表了一种教育新途径的根本性再设计。CoI框架提供了对高等教育学习经历中必要元素的理解，旨在利用这个框架来探索面授教学和在线学习的协同增效效应。以探究共同体为核心的混合式教育模式，能够有组织地使思想和行为成为一个整体，解释持续性思辨论述和个人见解的重要性，使大众的世界和个人的世界合并，并对面授和在线教学的一体化产生积极的影响。

（一）CoI框架植根于Dewey教育哲学和实践的内核——协作建构主义

近年来，在高等教育中，教与学的革新方法不可避免地带有建构主义观点的影子。建构主义学习理论本质上是倡导个人从自身经历中有所收获。然而，这种意义构建在隔绝的环境中是难以实现的。Garrison（加里森）相信，理想中的教育体验是一种以探究为核心的协作式建构主义过程。社会交互和合作形成并检验了这种意义，因而丰富了对知识的理解和共享。值得注意的是，协作式建构主义学习体验的重点是探究过程，而非所探究主题的数量。只有这样，才能确保通过一种有深度、有意义的方式建立和理解核心概念。

CoI框架是针对在线学习情境提出的一种过程模型，将在线教育体验视为三个维度的交互：社会存在、认知存在和教学存在。此框架植根于Dewey教育哲学和实践的内核——协作建构主义，主要包括"共同体"和"探究"这两个理念，以及两者之间的关系。Dewey认为：第一，共同体的本质是公共世界与个人世界的有机融合，教育体验必须与个人和社会的兴趣融合在一起，而个人的发展是依靠共同体发展的；第二，探究过程即是教育体验的核心，探究的目的在于对解决现实问题和实现高质量学习所需的科学方法进行总结，探究是一种基本的社会活动，界定了思想和行为之间的关系；第三，在共同体中进行探究，即在尊重个体的前提下进行合作，学生会将积极构建和证实意义视作自身的责任。

具体而言，首先应认识到公共世界和个人世界、知识和信息、话语分析和反思、控制权和责任感、学习产出和过程均具有统一性。Dewey 强烈反对二元论，他认为教育的价值在于内心世界和外在世界的统一。他认为："教育的过程有两面性：一面是心理上的教育，一面是社会教育，二者地位相等且不容忽视。学生需积极参与到咨询过程中，这一点是十分重要的。当行为与思想割裂开，教学活动就变成了通过学校这一管道将信息传输到学生的头脑里，而这些学生的任务就是吸收信息。"基于这个原因，高等教育体验应设计成探究共同体的模式。

其次，探究共同体框架具有目标明确、开放性、自律性三个特点。

1. 目标明确

根据 Dewey 的说法，教育性探究指的是调查问题和事件的过程，而不是记住解决方法。在教育共同体中的探究聚焦在既定目标和学习产出上，是一个定义相关问题，寻找相关信息，形成解决方案并付诸实践的系统性过程。通过反思，将课程内容纳入话语中来。探究共同体依靠持续性的交流协作，使参与者在此过程中能够分享自己的经历和深刻的见解，以自我为导向并专注于手头的任务。

将教育定义为探究过程，意味着教育不仅仅是处理和吸收信息，而且是将过程和产出也融入这个统一的循环中来。通过鼓励学生协作探索并对主题的结构和意义进行合理质疑，探究过程连接了学生个人的反思和教学内容。探究既是一个思考过程，也是一个协作过程。探究过程必须具有明确的目标，但还要灵活地去探索未列入计划的兴趣领域。因此，具有持续性的探究共同体依赖于明确的目标和互为尊重的关系，以鼓励自由开放的相互交流。

2. 开放性

个体一定要有探索观点、问题和建构意义的自由。如果学习要成为一个探究的过程，那么就一定要关注问题本身而不仅是答案。学习者必须跟随新的导向并质疑大众都认可的观点，而共同体必须为其探索问题、协作建构并证实解决方案的机会。建构个人意义和"知识创造是植根于丰富的团队活动中的个人主动性的体现"。Schrire（斯赫里勒）发现了交互作用和认知能力之间的关系。因此，共同体中的交互作用可以沉淀和提升理解力，而当个人见解和论述遭到人为切断时，教育就很难发展到高层次的探究了。

探究这种方法依赖于交互作用。交互作用对于探究共同体和更高层的教育体验都是十分重要的。在这类共同体下的教育过程是一种使公共世界和个人世界结合成一个整体的探究过程。参与者必须可以毫无顾忌地表达个人观点并公开接受详细的审查和批评。探究共同体中的联系就是公共世界和个人世界的交叉部分。教育体验包含社会交互性和个人反思性两种元素。探究就是一种唤醒、启智并致力于探索一门学科的争议性的过程，而不是简单地接受显而易见并被广泛接受的真理的过程。有价值的教育体验应充分鼓励学习者质疑观点（即使是已被接受的真理），以此来磨炼学生的思辨能力和创造性思考的能力。

3. 自律性

教育体验的核心就是一种融入，即互动、协作和思考。教育体验要求成员们进行如下的活动：关注想法和概念性结构，挑战并创造新的想法，分析错误的概念并构建共识。在这些活动中，所有成员积极参与并为共同的目标而努力，因此这就需要成员的自律性以进行与学业相关的交流并尊重共同体中的其他成员。成员们要学会倾听、解释和捍卫自己的立场以及观点，这就是学习。简而言之，教育体验就是投身于知识的海洋，通过关注探究过程，将高阶的思维能力和学习结合起来。Lipman（李普曼）认为"高阶思维能力"具有"概念丰富、结构连贯、持续探索"的特点。探究过程需要极强的思维自律能力。在具有自律性的探究过程中，成员们能够获得成为思辨者所需的决心和技能，并且能够超越正统教育体验所带来的狭窄视野和时间限制，在此基础上继续学习。

自律性对于深度的且有意义的学习而言是十分必要的，能够使成员们参与到思辨性论述和思考中来。若想将难于言说的知识和个人洞察力外化并明确地表达出来，成员们必须足够自律以参与到思辨性思考和话语中来。在系统化且目标明确地追寻共享的教育目标和知识的过程中，如果探究共同体想要提供一种联系和支持的感受，就需要自制力。通过目标明确、开放而且自律的交流和论述，共同体不仅支持了探究，还促进了个人与共同体的共同发展。用自律的协作去检验和确认自己建构的意义，对于探究共同体而言是极其重要且必不可少的。

CoI 框架为教育过程提供了一种更为广阔的方向。这个框架将会提供规划并针对影响教育过程和决定教育产出的各个因素进行一个条理清晰并且精确的介绍，以此来指导我们进行各类混合式教育的方案设计。

（二）CoI 框架具有可操作性

CoI 框架是 Dewey 提倡的协作式建构主义的实际应用框架，使其具有可操作性。

在建立一个探究共同体伊始，创建社会存在是处于首要地位的。社交关系给人带来一种归属感，促进人们自由表达，维持人与人之间的凝聚力。当然，这并不能促使参与者之间形成学术兴趣，因此，仅仅是社交互动还不足以支撑起一个探究共同体并实现教育目标。探究共同体不仅仅是聊天，更高水平的学习需要目的明确的话语来协作构造、思辨反馈和确认理解，这就是所谓的认知存在。教学存在是创建和维系探究共同体的必要元素，可为探究过程的连贯、平衡和发展提供框架结构、便利辅助和前进方向。

1. 社会存在

社会存在是 CoI 框架中不可或缺的一部分，直接影响到协作型探究共同体的建立。Dewey 认为学习成果源于以情境为基础、以社会为环境的体验。Lipman 认为"反思模式具有完全的社会性和公共性"。

社会存在，即共同体参与者在交流中情感上的连接感，相对于认知存在和教学存在而言，社会存在是最早获得人们关注并进行研究的领域。早在 CoI 框架创立之前，一些关注交流学方面的学者就开始担心以计算机为媒介的交流可能会阻碍学生们建立归属感。他们认为在异步文本交流中，视觉提示和身体语言的缺乏会严重影响交流的效果。最初将社会存在定义为以交流学习互动中的情感和情绪为目的，媒介在传播语言和非语言线索方面所具备的能力，并以此来区分不同的媒介方式。但是，在 20 世纪 80 年代末期，当教育者们着手开展有关在线讨论方面的实验时，很快注意到 Walther 所提出的在线讨论具有"超个人化"特征，并逐渐认识到这种"高效"的交往媒介的复杂性。很明显，参与者可以交流诸如个人问候、感觉和幽默等社会情感信息。事实上，由于书面文本交流具有强大的力量和灵活性，参与者仅通过文本就可以将自身的个性特点投射到讨论中，并在社交和情感上展现自我的能力以建立人际关系。因此社会存在并不是媒介所具有的一项客观属性而是涉及个人视角的。

2. 认知存在

CoI 框架中的认知存在这个因素源于 Dewey 提出的反思探究理念。此理念以反思性思维为基础，是 Dewey 对高等教育的一个里程碑式的贡献。他将反思活动描述为一个完整的循环，以问题为触发点，历经建议、智能化、主导性想法、推理、验证五个阶段，最终获得令人满意的解决方案。Dewey 认为这种反思探究具有很强的实用价值，可以将体验赋予意义，应该成为教育体验的重要依据。

Dewey 将探究理念视为认知存在的核心，也是 CoI 框架的关键元素。认知存在是探究过程的基础，而探究过程融合了反思和互动两种过程。通过对行动的反思及概念化，循环性的探究模式可形成更深层次的体验。此模式促发认知存在从一个触发事件进化为解决方案，具有循环渐进的特点。

3. 教学存在

教学存在的目的和意义在于应对和处理 CoI 协作框架中认知存在和社会存在所面临的挑战。Dewey 认为"教学过程包括两个层面——心理层面和社会层面；二者同等重要，不容忽视，否则会产生恶劣后果"。这表明了 CoI 框架中认知存在和社会存在的重要地位以及两者之间的关系。同时，教育者的职责是建立目标和活动，而不是被其所束缚。若要建立和维系一个探究型共同体，教育者们必须知识渊博，灵活性强，具有明确的目标且能从容应对不确定性。同时，也能够对课程的物理环境和社会环境的组织方式给予更高的关注以建立和谐的社会关系。

因此，可将 CoI 框架中的教学存在定义为"对认知存在和社会存在进行设计、辅助和引导，以产生具有意义和教育价值的个人学习成果"。虽然在任何教育情境下进行知识的协作性构建都是一项极具挑战性的工作，但是相对于面对面环境而言，更为困难的是在大型网络环境中履行教学存在的多种职责。因此，我们需要先理解教学存在的各个维度以及在动态的协作构建型教育体验中教学存在所承担的角色。

教学存在包括三个类别。第一类是"设计和组织",即建立和选择富有价值和意义的协作性学习活动,这在网络教学环境中尤为重要。在异步的、非话语类的网络情境中,必须明确对于语境的期待,将其清晰地表述出来,甚至给出示例和模板,例如信息的长度、评论的重点等。第二类是"辅助语境"。在清晰表述的基础上,还需要通过有效的方式引导讨论的进行,以确保学生能够一直集中在核心问题上,这对于提升学生的融入度以建立协作型探究共同体而言非常关键。第三类是"引导教育",在正规的教育情境中,必要时教师可以直接干预学习进程以纠正错误的概念,提供相关信息、总结讨论内容或提供关于元认知意识的一些信息。

在任何一种教育情境下,教学存在都是将所有元素融合在一起以确保兴趣共同体的有效运转和产出,同时也是教育者在建立和维系一个探究共同体过程中所面临的一项重大挑战。教学存在能够为一个富有价值的学习经验提供设计、辅助和引导。教学存在具有建构有效性。教学存在是一种渐进的动态过程,而不是一种关于类别的静态表达,这个特点是与社会存在和认知存在的分类相一致的。虽然这些类别一直存在(例如,"规划"贯穿于整个教育过程),但当探究过程从"规划"这个类别走向建立和维系反思和话语这个阶段时,其他不同的类别就占据了优先地位。教学存在建立了课程设置、教学途径和方法,同时也修正、引导和聚焦了讨论过程和各类任务。教学存在是一种将社会存在和认知存在有效且高效地结合在一起的方式,是一种既重要又富有挑战性的责任。

二、混合式教育的最新发展

CoI 调查工具最先应用在测量三种存在、学生满意度和感知学习之间关系的研究,旨在理解随着时间的进行探究共同体是如何发生变化的。首先,研究者运用内容分析探究了学生在参与网络课程的学习进程中其社会存在的变化。结果表明,社会存在在初期是出现频率最高的反应类型,而到了后期被认知存在所取代。同时,社会存在中各类别出现的相对频率也发生了变化,群体凝聚力逐渐增强而公开交流和情感表达逐渐减弱。此外，在教学存在中，随着课程的进行，辅助反应逐渐降低而引导性说明逐渐增高。因此，两位研究者建议当公开交流机制建立起来时，当团体凝聚力增强之后，学生对情感表达的需求就会降低。当课程的重点聚焦于任务本身，当学生调整好自身的角色时，他们需要的支持和鼓励就会减少，而引导性说明和认知存在就会提高。其次，通过相关性分析，此研究表明教学存在和认知存在之间、教学存在和感知学习之间、教学存在和满意度之间、认知存在和满意度之间、社会存在和满意度之间均存在显著的相关性。但值得注意的是，社会存在和感知学习之间尚未发现显著相关性。其原因可从研究中窥见一斑。这两位研究者运用 CoI 调查工具测量三种存在，并采用结构方程模型 SEM 探究了教学存在和社会存在对于认知存在的影响。教学存在和社会存在能够共同解释认知存在中 70% 的变化。但研究者们也发现社会存在是依赖于教学存在的建立而发展的，也就是说，社会存在本身并不直接影响认知存在，而是作为教学存在和认知存在之间的调节变量。

现今，CoI 框架和测量工具的有效性已经得到初步验证，越来越多的研发者和实践者已逐步将其应用领域从传统的网络课程形式拓展到更具有建构性的课程形式中，而这其中发展最迅猛的形式就是混合式学习环境。当各大高等教育机构把异步的网络讨论视作提升学生高阶思维技能和成果的方式时，往往会去创建混合式学习环境。但传统的做法只不过是在完全仿照面对面教学模式的基础上，添加了网络讨论的形式，将网络环境视为一个资源的储藏库。但是，当教育者们运用 CoI 框架重新设计和实施混合式教学时，他们发现"创建有凝聚力的、有目的性的和富有成效的探究共同体的关键是融合社会存在、教学存在和认知存在……每一种存在都能够在面对面和网络情境中显现出来并以不同的方式进化"。

综上所述，CoI 框架源于 Dewey 的协作型构建理论和实践型探究理念，以共同体、思辨型反思和知识构建为核心，以创设认知存在、社会存在和教学存在为手段，为混合式教育提供了理论基础和实践模型，使课程成为提供成功学习体验的阵地。但值得注意的是这是一个动态的模型，在三种存在中不断调整以达到平衡。这三种存在以及其下属的各个类别之间的互动，会随着时间和课程的改变而变化。在与各学科融合的实践过程中，由于缺乏具体可行的指导方法，在课程设计、制作质量与工作流程等方面存在很多问题。

近年来，混合式学习模式在国内教育界各学科的应用研究逐渐增多，研究对象跨越大、中、小学的学生，学科类型包括理、工、文、史等，其研究成果均在一定程度上肯定了混合模式对于学习效果的正面影响。但是，在实施过程中，大量问题也层出不穷。例如，在大学英语混合教学模式的研究领域中，大多数课程改革项目均以英语能力水平的提高为培养目标，而非思维能力的培养，这大大局限了混合模式应用的深度和广度。因此，在下一章中本书将结合国内外各类混合式课堂的实践案例，对其课程设计和实施的各环节进行深入、系统的探讨。

第三节　网络辅助支撑下混合式教学改革探索

互联网时代各行各业都充分利用互联网技术实现行业升级和转型，启动了"互联网+"模式。在网络环境下，高校英语专业也应该抓住互联网技术带来的机遇，应用互联网技术实现对专业课程的改革，并将互联网的现代化教学模式和传统的教学模式有效融合，构建高效的混合式教学模式，以此全面提升高校英语专业课程教学的效率和质量。

近年来，信息技术的应用能够有效改变教师的教学方式和学生的学习方式，应用互联网能够实现学生的在线学习，让学生的学习不受时间和空间的限制。但是，人们应该清楚地认识到，虽然互联网教学具有多种优势，但并不能完全取代传统的课堂教学模式，应该将互联网教学和传统课堂教学有效融合。高校英语专业课程教学中可以引入混合式教学模式，将互联网教学和传统教学相互融合，发挥两种教学模式的优势，取得最佳的教学效果。

一、网络环境下的混合式教学模式

网络技术具有多种优势，网络技术的应用能够革新传统的教学模式和教学手段，为现代教育教学提供新的技术和方向。网络技术使得学生的学习方式发生了巨大的改变，学生可以通过互联网课程实现自主学习。在以前很长一段时间，我国高校英语专业均采用讲授式的教学模式开展教学，将教材中的英语相关知识细致地讲解给学生，促使学生掌握相关的知识。这种教学模式虽然比较好控制课堂，并且能够在较短的时间内实现较多知识的讲授，但是整个过程却忽视了学生的学习主动性和体验性，学生的英语口语交际能力和英语实用能力难以得到针对性培养和提升，不利于学生以后对英语知识的应用。而网络技术的出现为高校英语课程教学提供了新的思路，将网络技术和英语课程深度融合成为英语专业改革的重要方向。混合式教学模式是将传统教学模式和互联网教学模式有效融合，通过线上和线下结合的模式共同开展英语教学。

二、混合式教学模式的应用优势

（一）创新了教学模式

混合式教学模式将现代化的信息技术和传统的人文教学有效融合，将英语教学的各个知识点模块化和方式化，并通过网络媒体来进行传递，从而促使学生主动参与，提升整体的教学质量。混合式教学模式引入了双线性的教学方法，能够突出学生的学习主动性和主体性。以往传统的教学模式下，学生基本是被动接受现成的知识，很少参与到知识的获取中。而"线上＋线下"的混合式教学模式给学生的自主学习提供了更多的机会和平台，引进了更加先进的教育理念，让学生的整个学习过程更加有趣，凸显了学生的探究学习和主动学习。

（二）课程学习不受时间和空间的限制

线上和线下结合的混合式英语教学具有互联网教学模式和传统教学模式的双重优势，在课程的学习上不再受时间和空间的限制，教师可以充分发挥互联网的优势，结合教学内容以及学生的专业需求来制作各种教学视频。例如，各个知识点的专题讲解、易混淆知识点的针对讲解等视频，在课堂上通过传统的教学模式来讲解相关的知识，课后也可以将相关的教学视频发给学生，让学生结合自己的实际学习情况来选择性观看和复习，以便于学生针对自己的实际情况来选择学习内容。对于学生错过的课堂教学，也可以通过教师发放的相关的线上课程来开展学习。总之，混合式教学模式将线上教学和线下教学有效融合，创新了高校英语专业课程教学的方法和模式，让相关的课程学习能够不受教材的限制，也不受时间和空间的限制。

三、混合式教学模式的应用——以网络以环境下高校英语专业课程为例

（一）课前预习

网络环境下的高校英语专业课程混合式教学模式更加强调学生的自主学习，所以课前预习成为非常重要的环节。在课前预习阶段，教师可以充分利用互联网来给学生提供自主学习的课件和材料，引导学生利用移动网络来学习，从而完成自主学习。学生课前预习的学习资料主要由教师提供，这就要求教师要结合教学目标、教学内容以及学生的实际情况来合理选择学习内容和主题，将和学习内容相关的一些文化知识以及背景知识融合到课前预习材料中，将互联网课件发送给学生，让学生登录学校的教学平台，选择对应的班级和对应的课程来自主学习。课前预习学习资源应该以语音输入材料为主，教师要仔细挑选多媒体语音的内容并发送给学生，引导学生通过听力的方式来对相关的内容进行自主学习。在这个过程中，教师可以设计一些问题对学生的学习情况进行反馈，学生课前预习过程中在线回答问题，帮助教师了解学生学习的误区和薄弱环节，为课堂学习提供参考。在预习过程中，如果学生对其中的学习内容感到疑惑，还可以实现和教师的沟通交流，向教师寻求帮助。

（二）课堂教学

混合式教学模式的课堂教学要充分体现信息技术和互联网技术与英语

专业课程的深度融合，这就要求教师要对传统的英语专业课程教学模式进行革新，将讲授式的教学模式转变为启发式的教学模式，将文字呈现的方式转变为图文并茂、动静结合的多样化呈现方式，以此来帮助学生更直观地感受和体会知识内容。混合式教学模式还要求教师要构建混合式的师生关系，课堂上教师要尊重学生的主体性，给予学生更多的时间来自主学习，因此可以将自主学习、小组讨论等应用到课堂中。在课堂学习阶段，教师可以组织学生对自主预习阶段中出现的常见问题或者疑惑进行探究和讨论，争取通过小组合作学习的模式来自主解决学习中遇到的疑惑或问题。另外，由于互联网具有追踪功能，所以教师可以在课堂上通过网络平台将优秀的学习成果展现出来，供其他学生参考。

（三）课后扩展

以往的大学英语专业课程教学受到课本的局限，学生一般只能接触到课本和教材中的知识。而在网络环境下，通过混合式教学模式可以充分利用互联网来对教学内容进行扩展。教师可以在课后通过互联网来设计一些交际任务，给学习任务设置具体的情境，以此来促使学生将英语知识应用到实际的生活交际中，提升学生的英语应用能力和交际能力，充分发挥英语专业课程的实用性。在这个过程中，学生可以在线完成教师课后布置的任务，以此来扩展课堂教学，实现课堂学习和课后学习的良好衔接，延伸课堂教学，以取得更好的效果。

综上所述，混合式教学模式是将传统教学模式和互联网教学模式有效融合的教学模式。在网络环境下，大学英语专业课程教学中通过混合式教学模式的应用能够凸显学生的学习自主性，对传统的教学模式和教学方式进行革新，依靠先进的移动网络技术和信息技术来实现更高效、科学的教学，以全面提升学生的英语专业能力和学习能力，有效提升大学英语专业课程教学的质量，为社会输送更加优秀的高素质人才。

第四章　混合式教学设计

第一节　从教育学的视角观察 MOOC 混合式教学

一、MOOC（慕课）时代的教学与学习理念

　　传统教学仍旧是以教师为主，教室讲台、黑板、投影、桌椅一成不变，校际间、师生间、同学间互动缺乏交流，学生学习积极性不高。传统封闭的、大一统的教学模式无法满足学生个性化的学习需求。传统的考试方式，忽略了对学习过程的评价，不利于学生探究能力、协作学习、创造能力的培养。传统教育中，不同地区和学校间教育资源发展不均衡，学费昂贵。因此，在互联网快速普及的背景下，各种"互联网+"学习模式应运而生[1]。

　　（一）开放教育资源 OER 运动的兴起

　　受开放、共享思想理念的影响，全球高等教育领域在麻省理工学院（MIT）21 世纪初发起的开放课件（OCW）项目的引领之下，耶鲁、哈佛、剑桥、牛津等世界名校以及财力丰厚的基金会的陆续加入，犹如水滴汇成浪花，启动了一场影响深远的开放教育资源（Open Educational Resources，OER）的运动热潮。OER 理念认为分享知识是大学的首要使命，利用互联网等新技术手段，高等教育将为更广泛的群体服务，而不只是面向少数成绩优异的学生。将世界上最优质的教育资源传播到地球最偏远的角落。

---

[1] 何鸣皋，谢志昆. 混合式教学设计——基于 MOOC（慕课）的 SPOC 教学改革实践 [M]. 昆明：云南大学出版社，2018.

随着开放教育资源 OER 的兴起和深入，"互联网 +"教育、视频公开课、MOOC、SPOC、TED 演讲视频、微课、收费的在线课程等开放学习资源扑面而来，"淘课"一族兴起，高校学习生态发生变化。不用点名，不用占座，没有考试，没有学分，想上就上的国外名校课程让中国的高校学生、白领阶层趋之若鹜，以前爱逃课，现在爱"淘"课。在 OER 运动的影响下，2003 年 4 月，教育部下发《关于启动精品课程建设工作的通知》，启动国家精品课程建设。国际名校公开课，源于 21 世纪初的 OER 运动，从 2010 年开始，哈佛、耶鲁等国外著名大学的公开课在网上异常火爆，不少国内年轻人特别是大学生都曾经通过互联网观看过。视频公开课是传统讲授式课堂的实况录像，时长一般在 45 ～ 50 分钟，名校生产出公开课视频后，通常会发布在自己学校的网站上，比如：耶鲁公开课（Open Yale Courses）网、哈佛公开课（Harvard Open Courses for Free）网，公开课很多都是很经典的课，公开课只是一个上课视频的真实记录，没有像 Coursera 一样的多功能讨论社区，没有教师布置的课后练习，没有定期检测与考试。

（二）基于 TED 的学习

TED（Technology，Entertainment，Design 在英语中的缩写，即技术、娱乐、设计）是美国的一家私有非营利机构。21 世纪初，克里斯·安德森接管 TED，并运营 TED 大会。每年 3 月，TED 大会在北美召集众多科学、设计、文学、音乐等领域的杰出人物，分享他们关于技术、社会、人的思考和探索。TED 是社会各界精英交流的盛会，它鼓励各种创新思想的展示、碰撞。每一个 TED 演讲的时间通常都是 18 分钟以内，由于演讲者对于自己所从事的事业有一种深深的热爱，他们的演讲也往往最能打动听者的心，并引起人们思考与进一步探索。TED 演讲不论对在校学生，或是成年人的终身学习，都是不可多得的学习资料。TED 演讲的教育作用归纳为三个类型：

1. 教育理念与学习模式：教育、鼓励与发展

有的演讲者研究学习模式，还有的演讲者则投身于教育公益事业。这些演讲者的经历，以及他们分享的思考，值得教育工作者们借鉴和学习。

2. 人格形塑与自我探索：才智、能量与胆识

对于学习个体来说，TED 提供了更多的精彩演讲。可以说，每天看一

个 TED 演讲，相当于阅读一本人物传记。

3. 多元思考与创造灵感：思考、启发与发现

看 TED 演讲不是单纯为了 18 分钟的精神快餐，而是一种很好的获取灵感、开阔思路、培养多元思考能力的好办法，舍此就不是真正意义上的 TED 了。

二、MOOC 混合式教学相关的教育学理论

（一）人本主义学习理论

人本主义强调"以学生为中心"的教学观，马斯洛和罗杰斯是人本主义学习理论的主要代表人物。人本主义认为教师在完成教学任务的过程中，不仅应教给学生知识，更为重要的是教会学生如何学习。人本主义还强调在学生学习的过程中，教师应为学生提供丰富的学习资源供学生学习，并促进学生自主参与学习过程。与传统教学的强制学生学习、只注重学生学习成绩的培养目标不同，人本主义提倡培养顺应时代发展的全面发展的人的教育目标；人本主义所提倡的教育目标对我国当前强调的素质教育具有积极的借鉴作用。

（二）个性化学习理论

个性化学习是指以反映学生个性差异为基础，以促进学生个性发展为目标的学习范式。传统课堂教学的教学过程则主要是通过教师课堂讲授完成的，这种"满堂灌"、注入式的教学模式很难实施个别化教学，难以顾及学生的个体差异，难以对学生进行因材施教，难以取得理想的教学效果。个性化是一个人区别于另一个人的重要标志，当今的教育强调进行个性化教育。个性化学习理论强调学生的个性差异，关注学生的个性发展及其自我实现，指出学习过程要根据学生的特点采取对应的教学策略和教学方法。个性化学习，是通过对特定学习者的全方位评价发现和解决学习者所存在的学习问题，为学习者量身定制不同于别人的学习策略和学习方法，让其进行有效的学习。学生由于生理、心理、成长环境等的差异，具有不同的学习能力和学习风格。通过个性化的学习，每一位学习者都能得到发展，体会成功的喜悦。由于每一位学习者都是一个独特的个体，初始能力、学

习风格、智力水平等都存在一定的差异，因此，进行个性化学习将促进每一位学习者的个体发展。

基于 MOOC 的混合式教学模式旨在为学生提供一个多元化的学习环境。其"线上"学习过程就是学生自主选择观看视频的时间、地点以及速度，从而完成单元测试的学习过程；"线下"课堂教学主要是通过小组协作完成团队实验的学习过程，在"线下"课堂教学的教学过程中，教师则把该班学生按不同专业分为多个小组，使其在完成团队实验以及团队项目时，每位同学都能够充分发挥自己的专业优势，从而使每位同学的特长得以充分发挥，进而培养文理交叉的复合型人才，培养跨学科的团队协作意识[①]。

（三）泛在学习理论

随着信息技术的飞速发展以及素质教育的普及，传统的课堂教学模式已然不能适应新时代发展的需要，为适应新课改的培养目标，弥补传统教育的缺陷和不足，泛在学习模式应运而生。顾名思义，泛在学习就是指学习者可以随时随地进行学习的一种学习方式。泛在学习倡导学习者合理利用日常生活中的零碎时间（如等地铁、等公交的时间）进行碎片化学习，这种学习模式对于提高传统教育的教学效率有着潜移默化的影响。而想要真正让学习者实现泛在学习，离不开客观物质资源的支持。基于 MOOC 的混合式学习的"线上"学习活动实际就是学习者利用零碎时间随时随地学习，从而完成学习任务的学习过程。在这种环境下，学习者可以根据自己的需求进行学习，当然，学习者的学习方式也是多样化的，学习者不会受到任何环境、时间的限制。作为数字学习的延伸，它在很大程度上弥补了数字学习所存在的一些问题，学习者可以通过学习内容以及对象，选择自己所需学习的内容。同时，泛在学习也是学习者对知识的获得、储存、创造等的一种表现，它将会提高人们的创造性和解决问题的能力。

（四）终身学习理论

人们日常所说的"活到老学到老"和"学无止境"等就是终身学习理念的合理运用。终身学习是贯穿于人的一生的持续的学习过程。终身学习

---

① 何鸣皋，谢志昆 . 混合式教学设计——基于 MOOC（慕课）的 SPOC 教学改革实践 [M]. 昆明：云南大学出版社，2018.

理念要求教师在教学过程中以培养学习者主动学习为教学目标，着重培养学习者的自主学习能力，从而使学习者在学习的过程中养成主动学习、不断探索的学习习惯，基于 MOOC 的混合式教学的最终目的就是要培养学习者的自主学习能力，并使学习者在学习的过程中养成主动学习的学习习惯、认识和接受 MOOC 的学习理念，使学习者在今后的学习过程中能够持续利用 MOOC 平台提供的资源进行终身学习。

（五）非正式学习理论

非正式学习是相对于正式学习而言的，正式学习主要是指学校的学历教育或工作后进行的继续教育，比如上课、听讲座、参加培训班等。非正式学习是指在非正式的学习时间、非正式的学习场所发生的，以及非正式的人与人之间交流时发生的学习，形式多样，不固定。它由学习者自主发起、自我调控，不论何时何地都能发生，具有自主性、社会性等特点。

非正式学习理论是移动学习的理论基础，移动学习使得学习者利用移动设备进行学习，并且不受时间和空间的限制。学习过程不再局限于传统的课堂教学中，极大地延伸了学习的场所。学习者通过慕课平台，可以进行自主学习，与教师交流遇到的疑难问题，这可以说是传统课堂的一种延伸，而学习者学习的时间和场所是不固定的，具有更大的灵活性。学生在利用慕课平台进行非正式学习时，可以自我调控学习过程，自行决定学习的时间，获得更大的自由空间。

三、MOOC 的 SPOC 教学改革的意义

为了进一步推进 MOOC 资源在普通高校的有效运用，基于 MOOC 的 SPOC 教学改革，利用 SPOC 和翻转课堂的优势将 MOOC 的优质课程资源与传统高校课堂进行对接，针对高校在利用 MOOC 资源进行教学方面缺乏的系统化实施策略，在已有的 SPOC 教学模式上根据校本学情进行基于 SPOC 教学模式设计，并进行实践验证，综合分析影响教学实施过程的影响因素，得出适合高校 SPOC 教学实施的系统化策略。探讨如何将 MOOC 与传统课堂教学相融合；西部高校如何借鉴 MOOC 教学资源来弥补学校师资

及教学资源的不足，从而推动高校从传统教学方式向现代化教学方式转变；同时，分析混合式教学在教学实践中存在的问题，发现问题出处，提出解决策略。探讨如何借助跨学校、跨区域、跨国界、跨文化的教育教学，培养更多专业能力和创造力较强、具有国际视野的高水平人才，探索中国式MOOC 的发展道路。

基于 MOOC 的 SPOC 教学改革并不是以开放的网络教学取代传统教学，而是以 MOOC 为手段，与传统教学模式优势互补，以混合学习的方式，寻求最优化教学方式，深入了解基于 MOOC 的混合式教学的实践过程、实施步骤、教学模式，为混合式教学的推广和实施提供参考依据；调查学生对混合式教学的评价和教学效果的分析，为高校开展混合式教学提供参考经验。

第二节 基于 MOOC 的混合式教学设计

一、混合式教学系统设计的痛点分析

所谓"痛点分析"是互联网产品设计中常用的一种需求分析思路。痛点，顾名思义是痛苦的点，当用户在使用产品或服务的时候抱怨、不满的、让人感到痛苦的接触点。痛点分析就是对系统可能造成参与者痛苦的关键需求进行分析。

教学系统设计是一个复杂的系统工程，包括教学目标、学习者特征、教学模式和策略、教学评价等诸多方面，而本书另辟蹊径从教学设计的痛点出发进行混合式教学系统设计，主要原因是混合式教学是课程教学的教学表现形式，其在课程的教学目标和教学内容方面与传统课堂教学是基本一致的，因此传统的教学系统设计中的很多内容可以延续到混合式教学中。但是本书在开头就提到，慕课混合式教学设计面临的主要问题是"混哪些？怎么混？"也就是需要重点思考混合式教学的组成元素以及各元素的占比。由于混合式教学的目的就是解决传统课堂教学的一些弊端，这些弊端是否能得到有效解决，就是混合式教学设计中的核心痛点。从另一个方面分析，慕课混合式教学是对传统教学流程的重构，势必会在实施过程中带来一些新的问题，这些问题很多是教学设计者在教学设计阶段就能预感到的隐患，这些隐患如果不能在教学设计阶段就有针对性地设计对策加以应对，那么就很有可能遵循"墨菲定律"（会出错的事总会出错；如果你担心某种情况发生，那么它就更有可能发生）而发生。因此，是否能够避免混合式教学在解决传统教学中固有问题的同时又产生新的问题，也是混合式教学系统设计中的痛点。

在混合式教学设计中一个核心刚性需求，或者说突出的痛点就是如果在教学流程和时空环境重构后如何确保教学质量与传统课堂教学相比不降低、不滑坡，并且能够在提高教师的教学效率和学生学习效率的基础上进一步提高教学质量和效果。

混合式教学设计的另一个痛点是混合模式的切入点，或者说是结合点选择问题，因此这主要是对于教师和教学设计者而言的痛点。在混合教学设计中，除了已有的慕课课程资源外，还需要增补哪些在线学习内容，设计和组织什么样的线下教学活动，各个教学元素的比重如何设定，都是需要教学设计者重点研究的问题。

二、混合式教学的教学目标分析

由于慕课混合式教学的背景是互联网时代的网络化学习，因此混合式教学蕴含的深层内涵和要义是打破传统教学的时空限制，也就是说，互联网环境中的学习者的所有学习和探究行为都是在网络联通的前提下进行，在整个学习和解决问题的过程中都可以随时进行互联网搜索以及与网友沟通交流，因此整个学习过程与传统课堂教学在限定的时间、限定的场合要求学生在信息来源渠道相对单一的条件下相对独立地完成学习过程相比有着巨大的改变[①]。随着这种教学模式的变化，课程的教学目标也应进行相应

① 曹殿波，党子奇．混合式教学设计与实践 [M]．北京：高等教育出版社，2020.

的调整。

总体来说，慕课混合式教学的教学目标与该课程使用传统教学模式的教学目的大致相同，但在教学目标的侧重点上应该有相应的调整以适应信息时代对学习者新的要求。具体而言，慕课混合式教学的教学目标应该侧重于学习者对课程内容的分析、运用和创新能力的培养，因为在当前云计算、大数据、人工智能等信息技术发展的时代，计算机在信息的存储和数据的运算方面已经全面超越了人类，因此在信息时代，对人类而言主要应该培养的不再是记忆能力和运算能力，而应该是"迁移学习"能力。所谓"迁移学习"就是指人类思维可以将以前学到的知识应用于解决新问题，更快地解决问题或取得更好的效果。迁移学习被赋予这样一个任务：从以前的任务当中去学习知识或经验，并应用于新的任务当中。换句话说，迁移学习的目的是从一个或多个源任务中抽取知识、经验，然后应用于一个目标领域当中去，因此迁移学习的核心就是我国传统教育思想中一直强调的"举一反三"的能力。虽然目前人工智能研究领域试图使计算机也具备迁移学习的能力，但从总体上看，迁移学习仍然是人类思维区别于计算机人工智能最显著的一个特征，也是互联网时代的青少年学生应该重点培养的能力，同样也是互联网时代课程教学最重要的教学目标。

慕课混合式教学目标的侧重点是在提高学生在互联网背景下的探究性学习能力，避免死记硬背地记识和运算，帮助学生摆脱应试教育中学习是在限定时间和孤立空间内完成的个人行为的思维，培养学生能够在网络空间的弹性时间内通过共享的知识库和社交网络自律地进行自主学习，从而提高分析能力、问题导向思维能力、批判性思维能力、迁移学习能力、团队协作能力等。

三、混合式教学的学习者特征分析

由于慕课混合式教学的一个重要意义是增加教学过程中的差异化教学和个性化教学的比重，在慕课混合式教学系统设计中，对学习者特征进行分析是需要重点分析研究的方面。特别是由于很多高校将慕课混合式教学率先应用于通识教育的素质选修课教学中，而高校全校性通识教育素选课最大的特点就是没有学院和专业的限制，同一门课程的选课学生来自文科、理科、工科等不同的学院和专业，因此如何有效地进行学习者特征分析，采集并分析学生的相关数据，根据学生情况进行合理分类，设计适当的团队分组原则，是慕课混合式教学学习者特征分析的主要目标和意义。

（一）专业背景

专业背景是学生所在的学院专业的客观信息，一定程度上可以反映学生的知识结构，而且在慕课混合式教学中为了提高教学效率，所有的客观数据都应该从教务系统中自动同步。

（二）知识结构

学生的知识结构可以参考其专业背景来分析，但是需要注意的是，当前学生的知识结构越来越多元化，因此不能机械地用专业背景来推断学生的知识结构，可以通过问卷调查和小测验的形式收集并分析学生的知识结构。

（三）兴趣爱好

兴趣爱好往往对学生的学习动机和积极性产生较大的影响，特别是在面向差异化教学和个性化教学的教学设计中，根据学生的兴趣爱好有针对性地组织教学内容并引导学生进行探究性的学习是教学设计的主要目标。兴趣爱好可以通过问卷调查的形式收集数据。

（四）自评

自评的含义是要求学生在正式开始课程学习之前，通过填写教师设计好的问卷，对自己当前的知识结构和能力水平进行自我鉴定与评估，帮助学生正视自己的现状，分析自己的特长和短板，以便在学习过程中有针对性地弥补自身存在的知识短板。

（五）认识同学

慕课混合式教学的一个重要特点就是强调互联网环境中的团队协作式学习，避免出现很多教育专家担忧的慕课让学生学习过程更加孤僻的问题。团队协作的前提是认识和了解同学和可能的队友，因此，学生的专业背景、知识结构、兴趣爱好、自评数据等信息应面向全班学生公开，让学生在充分认识自己的基础上充分认识同学，引导学生思考如何在团队学习过程中充分发挥自己的特长，并且能够积极与团队成员进行合作，最终通过课程学习提高学生的沟通交流能力和团队协作能力。

（六）痛点分析

与教师对混合式教学设计的痛点分析的目的类似，学生在开始课程学习之前也应该对自己学习该课程的痛点进行分析，从而让教师能够进一步掌握学生的特征，帮助学生在学习过程中重点解决痛点。以高校一门与信息技术相关的通识教育课程为例，通过问卷调查分析可以看出，文科学生的学习痛点是担心课程内容太难、学不会，而理科和软件相关专业的学生担心课程内容太浅，会导致浪费时间，所以在教学设计中如何满足不同专业背景和知识结构的学生的学习需求就是教学设计重点要解决的问题。

（七）性格特征

除了显性的专业背景和知识结构等信息之外，学习者的性格特征往往更难以察觉，在传统教学中对学生性格的分析往往也会被忽视。但是在强调团队协作的混合式教学中，学生的性格特征是非常关键的因素，有可能会影响学习团队内部的合作和协调，因此了解学生的性格特征是教师对学生进行有效的沟通、交流和辅导，以及合理制定团队分组策略的重要依据。需要特别注意的是，由于人的自我防御机制，直接的问卷往往难以获取被测者真实的数据，因此可以使用专业的心理性格测试问卷对学生进行性格特征分析。

（八）学习者特征分析的技术要求

传统的教育研究往往基于大量的问卷调查，在当今云计算、大数据、移动应用技术全面普及的时代，如果仍然沿用"纸质问卷＋人工整理""网络问卷＋人工整理"的形式，都会显得非常不合时宜，使教师和助教完全没有从机械的手工劳动中解脱出来，教学效率不但难以提高，反而会因为对学习者特征分析的细化而进一步增加工作量。因此，在慕课混合式教学系统中，基于移动 App 前端界面和自动处理数据并生成数据可视化报表的后台数据处理系统是进行学习者特征分析的先决条件。具体的形式和操作流程是，教师通过教学 App 发布问卷，学生用手机就能完成填写和提交，提交后的数据自动生成可视化报表，教师可以通过后台管理平台进行进一步分析，学生可以直接在手机中查看与自己有关的报表（如个人和同学的兴趣与能力雷达图）。具体的技术实现，有条件的学校和教师可以自主设计并开发 Web App，也可以使用一些慕课平台内置的问卷和数据统计功能；没有条件的学校和教师可以充分利用互联网中的在线问卷网站服务来完成。

四、混合式教学的教学模式和策略设计

慕课混合式教学的核心策略就是在教师的引导下让学生进行基于互联网的探究式学习，充分利用搜索引擎、文献数据库、学科专业数据库进行知识建构，利用网上的学科讨论社区和类似"知乎"的知识讨论社区进行深入的思考和研究，并注重培养辨识能力和批判性，能够分辨各种观点的合理性和局限性，能够从良莠不齐的网上信息中分辨主流和科学的观点，从而培养学生的独立思考能力和自主学习能力[①]。

混合式教学系统设计的原则包括：

（一）发展性原则

当今社会需要的是具有创新精神和创新能力的人，为使学习者适应社会的发展，深入实施以培养创新精神和实践能力为重点的素质教育，学校应以培养学习者的全面发展为目标。这就要求教师在教学的过程中，不仅要让学习者掌握一定的专业知识和技能，还应着重培养学习者的自主学习能力和创新能力，并使学习者具备一定的信息素养。为把教育办成培养全面发展人才的摇篮，在基于慕课的混合式教学的构建过程中应遵循发展性原则。与此同时，教师在组织开展基于慕课的混合式教学的教学过程中，应以培养学习者的自主学习能力、创新能力为主，使学习者以终身学习理念为目标，从而真正实现对学习者全面发展的培养目标，真正实现教育从知识本位向综合素质本位的转化。

"线上"教学是学习者通过慕课平台进行在线观看教学视频，完成每一

---

① 何一茹 . 混合式深度教学设计与实践 [M]. 北京：现代出版社，2020.

单元的在线测试的学习过程。与此同时，教师利用班级 QQ 群在网上开展线上交流辅导讨论，使学习者在与老师异地异步的情况下，可以随时向老师和同伴交流自己学习过程中的问题和困惑，从而使学习者的问题和困惑能得到及时有效的解决。"线下"课堂教学中，教师团队进行重难点和实验教学讲解，指导学生完成实验项目。同时，在教师团队的指导下建立基于项目的研究性学习小组，选择研究课题，开展基于项目的研究性学习。

整个"线上"教学过程注重培养学习者的自主学习能力，"线下"教学过程注重实践和小组探究式的课堂教学，培养学习者的动手操作能力和团队协作精神，基于项目的研究性学习则在培养学习者之间协作学习能力的同时，也很好地培养了学习者的探究学习能力，真正使学习者实现全面发展。故基于慕课的混合式教学的教学过程是以学习者的发展性原则为参考依据的。

（二）教学目标导向原则

教学目标是开展一切教学活动的前提。从教师的角度来说，教师只有在明确教学目标的基础上，才能更好地组织和开展教学活动，从而使教学效果达到最优化；从学生的角度来说，学生只有在明确教学目标后，才能明确自己通过学习应该达到什么样的教学效果，才能有计划、有步骤地学习，才能较好地完成教学目标。故基于慕课的混合式学习模式的研究也应以教学目标为导向，进而组织和开展教学活动。课程设计突出实践性，激发学生学习兴趣和动力，促进学生理论与实践相结合，启发学生技术创新。

（三）形成性评价与总结性评价相结合原则

教师的"教"最终主要通过学生的"学"体现。学生最终的学习效果如何，则要依据评价系统进行反馈。在传统的教学过程中，通常以学生的考试成绩（总结性评价）来评价学生对知识的掌握情况，这种"重结果轻过程"的单一评价方式，不利于学习者的自主学习能力、探索能力、创新能力等的培养，更不利于学习者的全面发展。

与传统的评价方式不同，为更好地培养学习者的自主学习能力、创新能力和参与意识，使学习者树立终身学习的理念。基于慕课的混合式教学将依据形成性评价和总结性评价相结合的原则对学习者的学习进行评价。

教师在整个教学过程中，不仅应关注学习者的最终考试成绩，还应关注学习者学习的全过程，从而真正培养学习者的自主学习能力、创新能力和参与意识，使学习者真正成长为全面发展的人。

慕课混合式教学系统设计的目的是解决传统课堂教学模式以及纯网络在线学习模式各自的弊端，使教学效果最优化，培养出符合新课改标准和素质教育要求的创新型人才，培养学习者的自主学习能力和终身学习理念，使学习者今后能够持续利用慕课平台提供的学习资源进行终身学习。教学系统设计需要解决的主要问题有：第一，分析慕课混合式教学的教学过程中"线上""线下"各个元素的适当比重。第二，从前端分析、学习活动设计和学习评价设计三个方面设计一套基于慕课的混合式学习的教学模版，并详细梳理教学流程，形成可复用、可推广的教学模式。第三，对基于慕课的混合式教学的实施效果进行调查研究，并对相关数据进行详细分析，作为教学设计替代的依据。第四，设计并开发慕课教学 App，供教师和学生使用，串联混合式学习中的线上学习活动和线下学习活动，作为慕课教学混合式的物质载体。

混合式教学中各个教学元素的比重是混合式教学设计的核心问题之一，如果比重设置不当，将会造成一系列副作用，因此混合式教学的比重问题实质是一个微妙的平衡问题。

如果线上教学占比过大，则会出现以下几种情况：第一，学习资源碎片化。由于线上学习活动主要是由学习者根据教师发布的学习任务进行自主学习的过程，根据教学实践，如果线上学习大于 70%，此时由于缺少教师面对面的课堂教学，学习者很容易迷失在知识的海洋里，不利于学习者合理利用线上学习资源，从而导致获取学习资源碎片化。第二，学习兴趣降低。由于线上学习活动是教师和学生在异地异步的学习环境下展开的，这种情况下，教师将很难第一时间了解学习者在线学习的困惑，同样，学习者也很难在第一时间得到教师的反馈，特别是一些不善和教师沟通的学习者。根据教学实践，如果线上学习活动大于 70%，由于教师和学习者之间不能及时沟通、交流，学生的学习兴趣在一定程度上会大幅降低。第三，学习效率低。与传统课堂相比，线上学习活动是缺乏教师监督和督促的学习过程，根据教学实践，线上学习活动如果大于 70%，对于一些自控能力较差的学习者来说，很难按照教师发布的教学任务完成教学活动，从而造成学习效率不高。

如果线下教学占比过大，则会出现以下几种情况：第一，自主学习能力得不到提高。线下学习活动是基于小组协作的方式展开的课堂教学，通过教学实践，如果线下教学大于 70%，虽有利于培养学习者的团队协作能力，但对学习者的自主学习能力的培养没有起到应有的促进作用。第二，缺席率高。线下课堂教学虽将不同专业的学生分为同一个小组，使其在进行团队实验以及完成团队项目时，每个学习者都能充分发挥自身的优势。通过教学实践，如果线下教学大于 70%，对于一些动手能力、参与意识较差的学习者来说，久而久之会失去学习兴趣，从而缺席线下教学。如果线上教学占比小于 30%，学生可能会抱着"应付"的心态敷衍了事，草率地完成在线视频的观看以及在线测试，这种情况下，学生将不能充分利用优质的在线教学资源；如果线下教学占比小于 30%，教师将不能及时有效地解答学生在线学习的困惑，久而久之，学生积累的问题就会比较多，从而得过且过，以至于达不到预期的教学效果。故线上占比过大或者线下占比过大，对基于慕课的混合式学习模式都存在着一定的弊端。

因此，一般而言，在整个教学过程中采取线上学习活动占 65%，线下教学活动占 35% 的教学方式适合于大多数课程的慕课混合式教学。

五、混合式教学的学习环境设计

慕课混合式教学打破并重构了传统校园课堂教学的时空结构，导致学习环境与传统教学相比更加多元、更加复杂，因此混合式教学的学习环境设计必须有全局性和系统性的考虑，在建设和完善校园教学环境的基础上，充分利用社会资源和互联网资源，将各种资源合理有效地整合，形成基于互联网的混合式学习环境，共同为达到教学目标服务。

打造支持新型教学模式的信息化生态环境，构建智慧教学环境已经成为高校信息化建设的主要目标，各高校应该推进智慧校园建设，不断完善无线校园网覆盖，建设智慧教室，开发慕课课程，构建全方位的教育云，综合利用互联网、大数据、人工智能和虚拟现实技术探索未来教育教学新模式。在智慧教室的设计中遵循"以人为本"的理念，高度关注用户的环境体验、活动体验、情感体验、思考体验和关联体验，以创新人才的培养为目标和核心，构建创新型智慧教学环境，为师生提供轻松舒适的学习环境和全媒体的信息获取渠道，打破教学沟通的壁垒，通过发挥教师的主导作用，实现学生的主体地位，促进以教师为中心的课堂教学模式向"以学生为中心，以教师为主导"的智慧型教学模式转变，从而实现学习者在学习过程中的地位由被动向主动转变，学习过程由以记忆为主的知识掌握向以发现为主的知识建构转变，知识的习得由个人的、机械的记忆向为社会的、互动的、体验的过程转变。高校在教学信息化建设过程中应注重秉承以教学为中心，深入教学内容，紧密结合教学过程，创新教学模式的理念，全力推动信息技术与教育教学深度融合。在基于慕课的教学改革过程中将注重线上与线下相结合，通过"翻转课堂"改变教学方式，并改变学生的学习习惯和学习模式，使知识传递形式更多样化、可视化、立体化。从教师"教"的角度，加速信息类聚、整合理解、迁移运用、批判思维和知识构建等等，促进学生"深度学习"；从学生"学"的角度，逐步从"要我学"转变为"我要学"，最终有效缓解教育需求差异化、个性化问题。高校在推动慕课和"翻转课堂"等信息化教学模式的过程中还要同步提高教师的信息化教学应用能力，构建校本教学资源库，促进传统课堂教学模式向线上与线下混合的"翻转课堂"教学模式转型，从而进一步提高学校的人才培养质量与水平。

（一）网络环境

慕课混合式教学所需的网络环境包括校园网络和外部互联网，并且特别强调无线网络和手机移动网络的接入，需要从多个方面进行整体的网络环境构建和优化。首先学校应该积极构建层次分明的校园教学网络，校园网的意义和价值不应该是简单的校园内接入互联网的接口，重点不应该是提供通用的互联网接入服务，而是应该将主要的带宽和资源用于保证教学相关的需求，并且合理划分网络层次，能够根据教学需要随时限制或断开与教学无关网络访问。校园内的教学环境包括教室、实验室、图书馆。应该积极建设校园无线网络，确保学生能够在混合式教学中充分使用个人笔记本电脑和手机等 BYOD（自带设备）终端实现实时的信息检索，并通过移动教学 App 与教师和同学进行交互，校园无线网同样需要对非教学流量进行限制，通过限流保通的机制保证大量学生并发接入时都能够正常访问教学资源。除了学校自建的以教学应用为导向的校园网之外，在当今智能手机全面普及和移动网络资费不断下降的背景下，学校应该加强与手机通信运营商的合作，引入运营商为学生提供适合学生网络化学习的流量资费套餐，让学生能够随时随地访问教学资源。

（二）学习社区

学习社区包含课程的分组团队和互联网中的虚拟学习社群，教师对课程学习社区的营造和管理是慕课混合式教学的核心教学形式之一。教师在通过即时通信软件建立基于 QQ 群、微信群的网上学习社区后，要注重经常保持在线与学生进行交流沟通，营造良好的网上学习氛围，具体的注意事项包括：

一是教师应该尽可能地保持在线，实时反馈学生的问题，因为慕课混合式学习的特点是学生往往会在晚间和周末等没有课堂教学的时间进行慕课的学习和思考，因此教师在这些非传统的工作时间段与学生的交流就显得非常重要。

二是需要特别注意的是，要求教师保持在线并不是要延长教师的工作时间和增加教师的工作量，只需要教师保持一种与学生真诚沟通的心态即可，因为现代人对手机的使用黏度越来越高，很多人平时都加入各种好友、兴趣、社区、同事等群聊，并且对自己关心的群聊都能随时保持关注和参与，因此在混合式教学的学习群中，教师只要能够像对待自己的个人兴趣群一样对待课程的交流群即可。

三是教师在课程交流群中的主持、调动、引导作用远比传统意义上的答疑作用要重要，在慕课混合式教学实施过程中，不同学生的问题往往比较雷同，在回答一次之后就可以将该问题汇总发布到网上的 FAQ（常见问题与解答）之中，今后再有学生提出类似的问题就可以让学生自己查询，经过一轮教学过程后，FAQ 的内容越来越完整，教师的工作量会逐渐减少。但需要注意的是，即使是简单地回复学生去查 FAQ，这种实时的回复也非常重要，因为实时反馈可以有效体现教师对学生的人文关怀，消除学生对教师的心理隔阂，能够有效培养学生的学习积极性和自主探究学习能力。因此，教师参与网上学习社区特别要避免采用定时答疑形式，以免给学生产生例行公事的印象，从而减弱学生参与学习社区交流的积极性。

四是在慕课混合式教学中教师可以观察并挑选学习积极性高、学习理解能力强的学生作为团队分组的组长，在网上学习社区中培养骨干学生，通过骨干学生在学习小组中传达教师的教学要求并协助教师进行答疑，通过生生交互进一步提高混合式教学的效率，并培养和锻炼学生的协作学习能力。

（三）混合式教学实验室和智慧教室

慕课混合式教学除了线上的慕课资源外，还需要有线下的学习环境，根据慕课混合式教学的教学目标，传统的多媒体教室已经不再适合团队分组教学和探究式学习的需要，因此学校有必要根据自己的课程特点设计并建设满足慕课混合式线下教学需要的实验室和适应团队分组讨论的智慧教室。混合式教学实验室主要的作用是开展教学内容线上无法完成的实验操作，除传统的实体实验室外，学校还可以考虑建设基于虚拟现实和增加现实技术的数字化实验室。

能够满足分组讨论、智能手机和终端接入、网络远程交互的智慧教室是今后各高校实施慕课混合式教学需要重点建设的教学环境。目前高校的教学环境还是以讲授式的课堂为主，虽然大部分教室已经配备了多媒体教学设备和网络接入，但从总体来看教学模式仍然是传统的课堂讲授，投影机等多媒体教学设备的作用更多是"黑板粉笔搬家"，学生在课堂内的信息来源渠道单一、参与度不高，更多是对教师讲授知识的被动接受，大学生从基础教育阶段延续而来的应试学习思维普遍存在。

（四）社会实践环境

慕课混合式教学中除了实验实训以外，绝大多数内容都可以通过网络在线开展，因此教师应该认真斟酌线下教学活动的设计和组织，如果设计不当，很有可能会把完全可以在线上完成的内容又搬回线下，最终演变为"为了线下教学而线下教学"或"为了混合而混合"，导致混合式教学沦为一种新的僵化的教学形式，从而失去混合式教学的价值和意义。因此，在目前大学生普遍缺乏社会实践经验、国家大力倡导大学生创新创业能力培养的背景下，慕课混合式教学的线下教学走出校园，深入社会，让学生在社会实践中深化对课程教学内容的理解，应该是各高校混合式教学设计的方向。

六、混合式教学的教学评价

基于慕课的混合式教学在教学理念和教学目标上都与传统课堂教学有所不同，因此需要特别注意按慕课混合式教学的特点设计教学评价的要求和方式，否则经常会出现一种误区：在混合式教学的教学阶段充分运用了信息化、网络化的教学模式，体现了互联网背景下的教育思维和理念，但到了最后的教学评价阶段，又一刀切地与传统教学一样进行纸质的终结性评价考试，不但在信息化教学流程中产生了"数字鸿沟"，更严重的是，学生的应试学习思维非但没有得到改善，反而进一步强化了网络背景下的应试学习，这对慕课混合式教学可以说是一种非常致命的打击。因此，在慕课混合式教学模式中，教学评价要特别注重形成性评价与终结性评价相结合，并且全程强调教学过程中的学习行为痕迹记录，以大数据采集和分析的视角重构传统的教学评价思维模式，使教学评价更加契合慕课混合式教学的初衷和目标。具体的思路和原则包括：第一，在慕课混合式教学中应该将形成性评价和终结性评价合理结合，加大形成性评价的比重，但也应该保留一定比例的终结性评价。终结性考试的比重除适当降低外，内容应注重考查学生对课程内容的基本概念认识是否清晰，是否存在认识误区，而不应该在终结性考试中涉及机械记忆或实操性较强的内容。第二，混合式教学的形成性评价粒度应该更小，内容设计应该更加多元化，不宜将形成性评价等同于布置作业和阶段性测验，而是应该鼓励学生探究性学习，多元化地评价学生的参与度、探究过程、理解心得、实践操作、迁移应用等学习情况。第三，慕课混合式教学中的教学评价应该具备大数据思维，注重保留学生学习行为痕迹，除了通过慕课平台记录学生的视频观看进度和练习记录外，有条件的学校还可以根据课程内容特点设计开发移动教学 App，在混合式教学过程中实时记录学生学习过程中产生的各种数据，最终通过对学习痕迹数据的分析做出更加精准科学的教学评价。第四，混合式教学的评价应该避免再次陷入传统应试教育简单的考分量化的评价思维中，评价体系应该注重学生的探究性学习能力、自主学习能力、学习积极性和参与度、协作学习能力、团队合作的组织协调能力和责任感等多个方面。

第三节　混合式教学中的任务驱动式教学

一、慕课混合式教学面临的新问题

基于慕课的教学形式在当前高校中进行学分认定的课程教学之后，教学模式的变化和教师、学生对慕课的认识层次等因素，导致经常出现对慕课教学的各种理解上的偏差，这些认识误区如果不能及时对教师进行培训宣讲和教师在慕课混合式教学过程中对学生进行指导，很容易使慕课教学在引入高校教学的初始阶段就发生异化，偏离慕课的初衷，导致一系列不良后果，并最终加深教学参与者对慕课的误解。高校引入慕课往往从通识教育素质选修课入手，但通识教育课程的一些特点决定了在进行慕课混合式教学设计时需要特别注意，以防通识教育课程中已经存在的一些问题被进一步放大①。

通识教育课程是高等教育课程的重要组成部分，我国各大高校目前根据学校的特点和情况都开设了相应的通识教育课程，供大学低年级的学生选择。我国高等院校的通识教育课程的学习启动于 20 世纪 90 年代中后期，

---

① 陈雅. 基于混合式学习的任务驱动式教学 [J]. 中国成人教育，2017（2）：84-87.

其实施的目的为：提升学生人文素养，培养知识广博、德才兼备、身心全面发展的人才。开设通识教育课程是使学生根据自己的兴趣爱好以及学科要求进行选修，在各高校都已实施，但是在实施的过程中也暴露了一些突出的问题，主要原因在于高校的通识教育更多是给低年级的高校新生开设的，低年级学生都是刚高中毕业，整个学习思维和学习习惯等都还处在高中时期的应试教育中，还没有过渡到大学学习所需要的素质教育中来，于是在大学五花八门的通识教育课程的选择上，学生更多考虑的问题是：这门课老师会经常点名吗？这门课要及格难不难？这门课老师给分高吗？

诸如此类与课程内容无关的功利性问题，导致目前许多学校的通识课程形式多采用讲授式的传统课堂教学，上课形式僵化，导致学生对课程没有兴趣，最后的结果就是许多选修课程流于形式，失去了课程开设的意义。

在将慕课引入高校的学分教学之后，很多学生误认为慕课就是纯在线的"网课"，只要选修慕课，就等同于"不用上课就可以拿学分"，导致在很多试点引入慕课教学的高校发生了学生在选课时不理性的"抢课"行为，一部分学生看到选课系统中的慕课不管自己对课程主题和内容是否感兴趣，只要看到就抢，教务系统刚开放选课，所有慕课就被一抢而空。在这种背景下，如果任课教师不能够合理地设计和组织基于慕课的混合式教学环节和内容，仅仅只是要求学生完成慕课平台中的视频观看和习题作业，势必会加重学生对"慕课就是网课"的误解，从而在学生中固化这种错误认识，导致在今后选课时恶性循环，不断抢课。作为慕课混合式教学的任课教师而言，学生对慕课的非理性认知和行为，如果不能在混合式教学设计中加以重视和应对，必将暴露本书第二章所分析的多种问题，结果就是教师的教学主导地位进一步弱化直至丧失，教学效果也难以把控，教学质量势必会降低，社会对慕课最终会产生负面的评价。

要想解决慕课教学中暴露的种种问题，避免慕课教学可能会出现的一些弊端，除了需要对慕课混合式教学进行科学周密的教学系统设计之外，另一个关键的工作思路是按照符合青少年作为"网络原住民"在网络化生活中的心理需求和发展规律，参照电子游戏、网络游戏、社交网络中的任务驱动和网络沟通模式，将慕课课程的学习内容分解为吸引学生逐步完成的实践任务，将青少年对电子游戏中虚拟成就的追求转换为对现实生活中真实的学习成就的追求，用任务驱动式的教学模式解决通识教育课程教学中的种种问题。

二、娱教技术与任务驱动式教学

慕课混合式教学中的任务驱动式教学，不能简单理解为把教学内容和要求简单分解为一些任务让学生在观看慕课视频后完成，否则就与传统教学中的课后作业无异，并不能真正吸引学生主动参与，因此混合式教学中任务设计需要结合"娱教技术"的原理，总结影响学习者学习动机的心理因素进行设计，促使学生由被动学习向主动学习转变。

娱教技术是教育技术学中近年来发展较快的一个领域，着眼于对"教育类电子游戏"和"游戏化教学"的研究，起因是教育界以及社会大众对信息时代出现的电子游戏、网络游戏、手机游戏、社交网络在青少年中产生的巨大影响力感到疑惑。自从"网瘾"一词出现以来，家长和许多教育界的学者、媒体等总是在不断讲述着电子游戏、网络游戏是如何残害一个孩子的未来，多少孩子因为沉迷于网游而无法自拔，不但将电子游戏说成是"精神鸦片"，与毒品相提并论，甚至还出现了用"电击疗法"治疗"网瘾"的所谓"教育机构"。近几年来，电竞行业和网游产业的不断壮大，网络游戏相关产业已经成为国家鼓励发展的文化产业，社会对于电子游戏、网络游戏等的观念有所改观，但如今许多家长又开始不断抱怨自己的孩子整天玩手机变成所谓的"低头族"，媒体对"低头族"的口诛笔伐不逊色于当年的"网瘾"问题。但是，社会大众和教育界是否真正地思考过一个问题：为什么青少年学生对现实生活中的学习缺乏兴趣和动力，但是对网络游戏里的虚拟成就和虚拟社交却趋之若鹜，甚至"成瘾"呢？是否有可能将青少年学生对网络游戏的"成瘾"迁移为学习积极性呢？这正是娱教技术重点研究和试图解决的问题。

西方教育界娱教技术称为"Edutainment"，在维基百科中，对 Edutainment 的解释有如下几种：第一，Edutainment 式的教育是一种娱乐的形式。第二，认为 Edutainment 是既有教育性质又充满了娱乐色彩的，为儿童尤其是年龄较小的儿童所设计的类似中央电视台少儿频道的《动画城》《大风车》等儿童类节目，小孩子看了以后不仅觉得很有意思，并且能从中潜移默化地学习到一些小知识。第三，Edutainment 是具有混合性的，需要以强烈的视觉刺激或者是听觉感知的学习方法，这一定义由英国媒介教育专家大卫·帕金翰所提出。第四，Edutainment 是一种与传统学习系统有很大不同点的学习模式，是一种可以在学生不经意间让学生学习到知识的娱乐学习活动。

在我国的传统教育理念中，人们很早就认识到了"寓教于乐"的重要性，这正是娱教技术的核心理念，也就是在教学活动的过程中，以教育教学的规律以及学生所处年龄阶段的心理发展规律为根本，将信息技术与之相结合，设计出适合于学习者的娱乐化的学习内容，真正做到"寓教于乐"，达到预期的教学效果。娱教技术，就是以尊重学习者当前的生命价值为基础，通过创建、使用与管理恰当的过程和资源以促进学习者的生活体验和乐趣与教育目的及手段相融合的理论和实践，是实现娱乐与教育结合的一套工具和方法论。言下之意就是，学生在生活中获得的经验，并且能从中感悟与体验到生命的价值的一切，均能归类为娱教技术。娱教技术的构建思想是让学习者通过身临其境的感受并从中找到所蕴含的乐趣来达到预定的学习目标，将学习者在进行游戏的过程中产生的满足感（对游戏带来的刺激和成就所产生的心理以及神经上的一种满足的状态）转化为一种健康的、具有知识性和趣味性的学习刺激与感受，从心理层面上达到一种学习感受迁移的效果，把学生对手机、网络、游戏的成瘾性心理迁移到学习中来，以此促进学生学习。

教育的过程应该是一个不论教育者还是被教育者都应该感到身心得到一种满足感、愉悦感的过程，只有身心的体验得到满足，才能够刺激学习者的求知欲望。但是，在传统的教学方式中，教学给学习者的感受往往如同填鸭，并使其产生一定的抵触心理。因为传统教学多是遵循着刻板的教学目标和道德标准以及固定的教学程序来进行，这种程序化的教学模式虽然具有它的系统性和科学性，但并没有充分考虑学生的接受程度，特别在应试教育的大环境下，社会对教学模式存在的弊端并没有进行充分的反思。

娱教技术通过把"学习目的和手段"渗透在与生命价值相关的"学习者获得愉悦生活体验"的过程，使学习者积极参与到情境中，以愉悦的心情进行体验学习。在进行这些情景设计的过程中，我们不仅可以利用网络游戏或者是影视动画制作等技术来进行，还可以根据学生年龄程度以及接受能力等设计，如利用 Cosplay、情景模拟等方式让学生更好地参与到情境中来，让整个学习的过程变得生动有趣，而不再是乏味枯燥，真正地将学生学习的积极性调动起来，这种由"乏"向"玩"的转变，是有助于激发学生学习热情的。娱教技术中的"娱乐"是为了"教育"的更好实现而存在的，使用娱乐化的方法来不断改进教育，使教育得到优化。几千年来的教育中，以教师和课本为中心的教学思想根深蒂固，学习者始终处于被动地位，被动地接受知识，被动地学会某些技能。娱教技术的应用以及各种娱教产品的出现，使学生被动学习的情况慢慢获得缓解，教育教学的模式也变得不断向多元化方向发展。在教学设计中将游戏的思想加入到教学系统中，让学生在学习的过程中主动参与到求知的竞赛中，让学生有一种由被动到主动的角色转变的真切感受，真正成为我们教学的中心，所以在对娱教技术相关方面进行研究后，我们认为，娱教技术可以作为强化教育功能的手段更好地促进教学效果的优化。

在慕课混合式教学设计中采用娱教技术，并不是要在教学过程中采用"游戏化教学"的形式进行"真人游戏"，也不是开发一个包含教学内容的电子游戏软件，更不是把教学内容套上科幻/玄幻/魔幻的故事背景，而是要把电子游戏、网络游戏、社交网络中吸引青少年"沉迷"的要素提炼出来，融入教学设计之中，让学生在学习课程的过程中体验到如同玩电子游戏一般的沉浸感和满足感，将青少年学生对网络游戏中虚拟世界的"沉迷"迁移到真实世界对学习的"沉迷"中来，从而通过增强学生的学习自主性来提升教学效果[①]。

---

① 陈雅.基于混合式学习的任务驱动式教学 [J]. 中国成人教育，2017（2）：84-87.

三、娱教技术的原理

（一）网络游戏成瘾

随着网络和技术设备的迅猛发展，青少年接触网络越来越普及，网络游戏成瘾的情况也越来越多，电子游戏成瘾现象虽已日益引起社会的关注，但仍未得到学术界的足够重视，甚至其称谓也不尽相同。网络游戏成瘾，人们更多地将之称为"网瘾"，对于网瘾的定义有很多，通常认为：网瘾是指人们长时间坐在电脑前面把自己的整个思维和情绪都投入网络环境中不可自拔，并且觉得只有在网络世界能找到自己内心想要的那种归属感，离开了网络世界以后完全无法融入现实社会中来，对现实社会会产生一种恐惧感或者是焦躁的情绪状态。这种状态对青少年的成长所带来的伤害，如果不进行及时矫正是难以估量的，长时间沉溺于网络的青少年与现实社会常常是脱节的，他们一旦离开了网络世界，对现实社会会感到恐惧，无法适应现实社会的生活，出现品行障碍，并且由于在网络中青少年玩的往往是一些血腥、暴力等特别具有视觉刺激性的游戏等，久而久之只玩这些刺激性画面的游戏，对其他事物会提不起兴趣，注意力随之减弱，整个人也会表现出一种孤僻的状态，心理也产生很多问题，这些心理问题甚至会导致这些青少年走上犯罪的道路；并且，长时间坐在电脑前面接受大量辐射，大脑长时间处于一种强烈刺激的状态下，会导致各种生理激素水平紊乱，对正在长身体的青少年来说，这种伤害是不言而喻的。

（二）游戏成瘾分析

对游戏成瘾的研究分析主要基于"心流理论"。心流就是人们在专心于正在做的事情的时候的全神贯注的心理状态。人们处在一种活动当中的时候，往往愿意绞尽脑汁，并且锲而不舍地投入所有精力，从而达到期望的目标，也就是一个人介于无聊和焦虑或者沮丧之间的一种理想状态。

心理学家米哈伊·森特在对"心流理论"进行定义的时候，对心流做了这样的定义：当人们在做一件事或者进行一项活动的时候将所有的注意力和专注力都放在这件事或者这项活动中所产生的一种感觉，在处于这种状态的时候其会全身心地投入，不受干扰，这样的感觉状态就叫作心流。当人们处于这种心流状态的时候，心理会产生一种高度的兴奋感，并且这个时候常常会感到内心十分充实。人们完全沉浸在某一活动中时他们会失去时间感，而在这种状态下，人们做出的每一个动作、采取的每一步行动和形成的每一个想法都会与前者构成完美的无缝衔接，就像舞蹈中行云流水的动作一样。

米哈伊·森特认为达到"心流"状态必须具备三个条件：第一，参与者所处的活动具备挑战性，需要一定技能。第二，参与的活动有明确的目标和反馈。第三，活动的结果是不确定的或受到参与者行为的影响（这也称为"控制的悖论"：参与者能控制自己的行为，从而间接控制结果，但参与者不能直接控制结果）。

米哈伊·森特还总结出了"心流"的几个特征：第一，参与者对所进行的这件事或者这个活动是一种发自内心的自愿。第二，参与者在从事这件事或者这项活动的时候会非常专注。第三，参与者在从事这件事或者这项活动的过程中目的是非常明确的。第四，参与者在这件事或这项活动完成的过程中或者完整结束之后能够得到及时有效的反馈。第五，参与者在进行这件事或这项活动的过程中，是能够掌握控制权的。第六，参与者在活动进行中，对所有活动之外的考虑全都消失。第七，参与者对时间的流逝已经失去了原有的判断力。

（三）学习动机

在心理学中的理论概念中对于"动机"一词具有以下定义：人们会因为受到来自自身以外的情绪或者指示产生某些行为和动作，或者产生这种行为和动作是因为自己心理的某种意识，不论这种原因是来自自身意识以外或者来自自己的内心意识，都可以叫作学习动机。

美国认知心理学家奥苏贝尔在心理学中一般把学生的学习动机分为两类：一是内在动机（Intrinsic Motivation），也称作内源性动机，指由个体内在兴趣、好奇心或者成就需要等内部原因引起的动机。学生在学习的过程中达到了学习的目标，满足了自己内心的成就感而获得满足感，从而表现出对知识的获得欲望，并在学习中不断获得能使自身满足的学习乐趣，就是学习动机中内在动机的表现。二是外来动机。外来动机则是更多的指学生为了完成老师、家长、学校等所规定的作业或者是需要达到的目标才有的学习动力，此时的学习动机只是学生为了完成任务的手段而已。

不论是内在动机，还是外在动机，其主要作用有以下三个方面：第一，能够激发学生适当的学习兴趣和行为，使学生对学习产生应有的适应。第二，学习的动机可以使学生对学习的目标产生明确的方向感，明确的方向感可以使学生更快捷地达成目标。第三，人一旦对一项事物产生了兴趣之后，在这件事物进行的过程中总会不厌其烦，而学习也是如此，学生对学习产生兴趣之后，兴趣越浓烈，对学习兴奋的时间就会越长。

（四）迁移

在日常生活中，迁移的意思是人或者事物从曾经所处的位置改变到另外一个新的位置。同时迁移也是心理学中的一个重要概念，是两种或者多种不同的学习中存在的影响，比如，儿童在学习了语文的汉语拼音的发音之后，再去学习英语字母发音的时候，往往会将英语字母的发音发为汉语拼音中的发音，又或者二者夹杂，这种影响就叫作迁移。迁移还分为正迁移和负迁移。正迁移就是能够促进两种学习都向增强的方向发展，而负迁移则往往具有一种学习抑制另一种学习发展的特点。

对游戏成瘾心理的迁移利用，就是通过教学设计让学生在学习过程中产生类似玩电子游戏的注意力，从而进入学习的心流状态。

四、基于娱教技术要素的教学系统设计

要使课程教学能够对青少年学生产生吸引力、代入感以及所谓的"心流"，需要在教学系统设计中结合课程内容融入以下设计要素。

（一）故事场景

故事场景就是类似网络游戏的故事背景，为教学系统设定的一个虚拟的故事场景，目的是让参与者一开始就有代入感。但故事背景在教学设计中并不是必需的，比较适合在面向低年龄段学生的教学设计中采用，而对于大学生而言，其在当前社会中面临的机遇和挑战就是最现实的故事场景。

（二）角色扮演

角色扮演游戏（Role-Playing Game）也可以简称为 RPG 游戏。角色扮

演游戏的要求就是在游戏所提供的情节背景和条件中，玩家可以扮演一个或者多个角色，在所提供的环境和条件中来使故事情节得以展开。玩家选择的角色具有不同的故事主线和技能特长，角色的选定决定了玩家在游戏过程中的策略和发展方向。角色扮演对于青少年甚至成年人来说都是一种普遍存在的心理需求，因为人们从幼年时期开始就会幻想自己从事不同的职业或是达到某种社会地位，特别是自己在现实生活中不可能从事的职业或社会角色，会产生更加强烈的期待感和新鲜感。

（三）团队协作

自从互联网普及之后，电子游戏就立即从传统的单机游戏全面转向海量玩家共同参与的网络游戏，这是源于人类的社会意识和社会心理，与他人合作完成任务达到目标，并在此过程中与团队成员进行社交，其乐趣和吸引力远远超过个人独立完成。另外，团队分工还是角色扮演的前提。在教学系统设计中突出团队分工合作，有助于改变青少年学生从基础教育阶段形成的"一分压倒千百人"的应试教育竞争思维，在大学阶段培养团队合作意识和能力，以便今后能够更好地适应社会。

（四）竞争

竞争一直是电子游戏设计的主线，在单机游戏中玩家只能与计算机程序，也就是所谓的 AI 进行竞争，由于 AI 的机械性，随着时间的推移，玩家往往会感到枯燥乏味。而网络游戏中的竞争则是玩家所在的团队与其他团队的竞争，正所谓"与人斗其乐无穷"，这极大地增加了游戏对玩家的吸引力。在某些网游中，玩家不但要与其他玩家竞争，同时也要与 AI 竞争。在教学系统设计中，学生除了进行团队分组完成团队的任务达到团队目标外，还可以设计团队间互相竞争的环节，让学生体验到"在合作中竞争"的社会活动常态，从而更加激发学生的学习兴趣，锻炼学生的实践能力。

（五）经验值

在现实生活中，人的经验积累是一个抽象的概念，可以从个人掌握的工作技能、社会对个人的认可、学历、证书、履历、考试成绩、工作业绩、代表作品等方面间接表现出来。而在电子游戏的世界中，经验值被直观量化了，这是游戏世界区别于现实世界最关键的一个要素，也是促使玩家产生心流的关键因素，其具体特征如下：第一，游戏世界中的经验值是一个随时显示在游戏界面的数值。第二，游戏世界中的经验值是在实时增长的，对于玩家而言，这种增长是一个即时的反馈，玩家只要在游戏过程中完成了一个哪怕最初级、最基本、最无聊的操作，都会被游戏程序折算为相应的经验值并实时显示出来。这种实时反馈与现实生活中春种秋收、产品销售、课程学习、工作考核、学历教育等活动过程漫长的反馈周期相比，更加能够满足参与者的希望并被及时承认的心理需求，从而使玩家在游戏中进入心流状态。第三，玩家在游戏中耗费的每分每秒都会折算为经验值并实时累计。第四，经验值体现了人对确定性回馈的心理需求，与回报大但风险高的活动相比，很多人更倾向于选择回报小但可持续的活动。例如，现实生活中的很多人宁愿将积蓄存到银行获取低利率的定期利息，也不愿从事高风险、高回报的投资；有的人宁愿每天按部就班地上班获取微薄的工资，也不愿从事高风险的创业。因为与现实世界相比，游戏世界中的游戏规则更加透明，计算机程序就是游戏世界中所有自然规则和社会规则的执行者和裁决者，就是一个机械执行游戏设计者和程序员创造的虚拟世界规则的上帝，这种相对的透明性和公平性吸引了很多在现实生活中遇到挫折的玩家沉迷在网络游戏的虚拟世界之中。

（六）升级

玩家的经验值积累到一定数量级，游戏系统会将玩家自动升到更高的等级，达到更高等级后玩家可以参与更多的活动，能力属性也相应提高，因此吸引玩家不断地"刷段练级"。与现实世界社会各行业对人的人为评定不同，游戏中的升级完全由程序自动实时判定。

（七）成就

与经验值和升级相比，成就是游戏对玩家更高层次的认可和奖励，当经验值累积到一定程度，或是达到一定级别，抑或是完成特定的任务之后，玩家都会获得相应的成就。

（八）领袖

人作为社会性动物，在社会活动中必然存在领袖角色。领袖的作用在网络游戏中也一样重要，作为领袖的玩家肩负管理游戏中的社团和帮会的职责。对于初级玩家而言，往往需要加入帮会，在领袖的带领下参与任务才能快速上手，而对于高级玩家往往都希望担任帮会领袖以在游戏中发挥更大的作用，很多在现实生活中无法担任领袖角色的玩家在游戏中获得了心理满足。在我们的教学系统进行团队小组分配以后，也会让小组同学自荐或者推荐一名同学担任组长，主要是协调团队项目的运作，每个人选择这门课程的目的不一定相同，对待课程的态度也不会相同，当大家被分在各自的小组开展学习活动，尤其是做团队项目的时候，每一个人都会有自己不同的观点，这时候就需要有一个人出来对大家的看法进行汇总，以领导者的角色，来带领大家做这个团队项目。就像我们之前提到的，每个人对待课程的态度不一样，而组长很多时候付出的要比其他人多很多，所以愿意来担当组长的人还是需要一定奉献精神的，对于这样的同学我们也应该给予额外的奖励。

（九）社交

网络化的社交是网络游戏吸引青少年的一个重要因素，从小玩电脑和手机长大的年轻一代，已经习惯了网络化的社交方式，对现实世界中面对面的社交反而经常无法适应。网络游戏中的社交基于文字聊天和实时的语音对话，都拥有基于BBS的讨论社区。当前的青少年学生从小已经习惯了网络化的社交和沟通方式，并且形成了一套网络语言，如果教师不能关注和理解这些沟通方式，势必将与学生产生代沟，这种代沟在传统的课堂教学模式中对教学的影响不算太大，但在慕课混合式教学过程中就是非常大的问题。在我们的课程进行过程中，我们利用组建QQ群的方式来方便学生与学生、学生与老师之间的交流沟通。尤其是跨专业同学之间的交流，很多时候会为最终的团队项目擦出不一样的火花。

（十）"老鸟"

"老鸟"在网络游戏中指的是经验丰富、等级较高的玩家，这些玩家已经在游戏中获得了各种成就，游戏本身对其的吸引力已经减退，但他们很乐意在游戏中带新手，并在此过程中获得额外的成就感。在教学系统中，我们可以尝试让经验值和等级高的学生带低等级的学生完成任务，在使学生获得特有的成就感的同时，还可以促进学生之间互相学习。

在游戏成瘾心理的迁移过程中,"心流"的利用是最重要的,但也是最难做到的,需要的是环境的搭建,我们通过对游戏中常见的要素进行提取,并在我们的教学系统中找到相应的要素点,为学生搭建一个模拟的平台进行学习。

五、任务驱动式的教学设计

任务驱动就是在教学过程中教师根据教学内容的需要,设计一个或者多个与教学实际相符合的教学任务,让学生在教师的帮助下,以一个或者多个教学任务为中心,通过对现有学习资源利用,由学生进行自主探索和小组团队协作学习,完成规定的任务,并从完成任务的过程中完成学习内容的教学。

任务驱动的本质就是通过"任务"来诱发、加强和维持学习者的成就动机。任务驱动式教学法是以建构主义教学理论为基础而发展起来的教学法,在任务驱动教学法中的任务必须结合教学目标和教学情境来进行创建,使学生把学习内容当作真实的任务在解决实际问题的过程之中不断探索学习。在这个任务完成的过程中,学生还会从完成任务的这一举动中不断地获得成就感,可以不断地激发学生的求知欲,在一个不断的心理正强化的刺激下逐渐形成一个感知心智活动的良性循环[1]。

任务驱动式教学法的核心是基于互联网的探究式学习和团队协作式学习,每个学生运用与团队成员共同学习到的知识以及自己在学习过程中不断累积的经验提出解决方案,并尝试解决问题。任务驱动式教学法为学生的学习提供了一个可以体验实践和感悟问题的情境,在围绕教师设计的教学任务问题所展开的学习中,不断地改变着学生的学习状态。

混合式教学中的任务驱动式教学设计可以参照网络游戏的系统架构进行设计和构建,其包括以下系统模块和设计要求:

(一)规则设计

确定教学活动的基本要求和原则,包括课程的评价标准、学生在学习

---

[1] 朱建新,朱剑萍,宋柏红.混合式慕课:拓展任务驱动式教学模式的实践路径[J].上海城市管理,2015,24(1):89-90.

过程中的行为准则等基础规则。

（二）角色设计

确定团队分组教学中一个团队需要的成员角色以及各种分工职责，供学生按自己的能力和性格特征进行选择。

（三）任务和关卡设计

设计学生达到教学目标需要完成的任务和步骤，若干小任务可以组成一个关卡，通过一个关卡标志着学生完成了一个阶段性的学习目标。

任务设计中需要特别注意的问题有：第一，任务的形式应该多元化，不能把任务等同于传统教学中的习题和作业，而是应该注重记录并体现学生在学习中的探究过程和行为，培养学生的探究式学习能力和自主学习能力。第二，任务的粒度应该尽量细化，只有细粒度的任务才能实现实时的回馈，才能吸引学生持续性地参与并不断完成，也就是说，只有细粒度的任务和反馈才能使学生达到"心流"的状态。

（四）经验值和积分系统设计

学生在学习过程中完成的所有任务和耗费的时间都应该折算为经验值，学习时间的记录可以通过对接慕课平台中的课程观看时间数据来实现。而对任务完成的记录和评定需要设计与开发混合式教学 App 来实现，App 的功能和作用是提供任务界面，让学生清楚任务的内容要求、时间要求、完成任务将获得的经验值等信息，在学生完成任务后通过 App 上传照片、视频、文档等证明材料，App 将立即给予学生实时的、自动的经验值反馈，之后在教师或助教评阅学生的上传材料后再给予反映完成效果的奖励经验值。

（五）成就设计

学生在完成一系列任务后将获得相应的成就评定，具体形式可以是混合式教学 App 中显示的成就勋章，每个成就都将折算为学生的期末总评成绩。

教学系统设计是教学中的一个重要环节，也是一项复杂的教学技术，其意义在于有利于将教学理论和教学实践相结合。教学系统设计不是单纯地将娱教技术的主要因素和任务驱动式教学法进行学术性研究，也不是单纯地开发一个辅助教学的 App，教育技术需要做到的是将理论与技术相结合，从中找到能激发学生学习动力的平衡点，从而完成完整的教学系统设计。

第五章　混合式学习课程设计

第一节　混合式学习课程设计模式

随着计算机特别是网络与教育系统的融合，教学已经从集中的课堂教学转向随时随地都可以学习的混合式教学。这类教学的研究与开发主要集中在技术资源的实施和学习对象共享与重用标准的确定上，而在定义适合这种类型教学的教学过程方面，投入较少的精力，将它们的特别设计留给了教师。混合式课程与完全面对面或在线课程有很大不同，要求教师发展新的教学技能，学习如何设计混合课程①。

设计广泛存在于人类活动之中，它是为了创造某种具有实际效用的新事物而进行的探究，这种探究能力是可以加以训练的。它包括对一个不完善的情境的探索，发现并解决一个或几个问题，详细说明导致有效变化的途径。所谓设计，就是为了实现预定的目标，预想今后可能会出现的情况，并观念性地操作事物的构成要素，明确整体和部分之间关系的行为。高校混合式学习应以课程教学为载体，把对学习者的情感支持、认知促进、动机激发融入教学系统设计中，以课堂面授和网络教学平台为依托，为学习者提供合适的元认知支持，增强混合式学习活动中学习者的体验和学习效果，从而使当前的混合式学习理论更加完善，更加以学习者为本。混合式课程设计模式通常采用从宏观到微观、从上到下逐步求精的系统设计方法，

① 曹海艳，孙跃东，罗尧成，等."以学生为中心"的高校混合式教学课程学习设计思考 [J]. 高等工程教育研究，2021（1）：187-192.

包含了课程设计和学习过程的设计，连接两种设计的是教学/学习模式设计，称之为中观设计。教育技术关于教学模式、教学媒体的教学功能等研究成果主要运用在中观和微观层面。

各种学习理论关于知识的观点是相互依存的，它们可以混合起来对教学设计有启发。根据这些不同方法激发的思想灵感处方设计和建设混合式课程，顺利实施学习活动。

关注内容结构：将信息组织到概念框架中允许更大程度的传授。根据信息类型和学习目标来构建内容，目的是发展连贯的信息结构，帮助学习者建立知识图式。知识图式是有效理解和思考特定关键领域的方式。

关注认知过程：要理解大脑在学习过程中是如何工作的认知过程，以及什么因素决定和制约了这个过程的成功。所提出的心理语言学教学模式旨在引导学习者从感觉记忆中接收的信息转变为存储在长期记忆中的结构化知识。

关注协作活动：学习不仅是通过与内容的交互来构建的，也是通过与同事和导师的合作来构建的。在网上课堂，知识主要是通过人与人之间的关系和互动产生的；需要注意培养参加者的社区意识，让学习过程成功。因此，在设计和开发阶段，包括旨在创造一个社会环境的活动，作为协作学习的支架。在实施阶段，教师培养和促进参与者之间的学习社区感。

一、Khan（卡恩）混合式课程的基本要素

混合式学习在全球诸多企业和学校教育领域得到了广泛应用。开发混合式学习方案的关键因素在于确定在适当的时候使用适当的混合方式为适当的学习者施行教学。运用适当的混合方式需要确定学习地点、信息传输技术、时间安排、教学策略、绩效支持策略等。混合式学习课程设计需要考虑的要素可以用 Khan 提出的八边形结构进行描述。Khan 将网络学习各种因素概括后组成了一个八边形，建议在进行混合式学习课程设计时应考虑 8 个主要因素：

（一）行政机构

机构即指学校机构，是混合式学习的组织与管理单位。在混合式学习

过程中，教学机构负责混合式学习的组织、管理、教学事务以及学习者支持服务等内容。

（二）教学因素

教学论又称教学法，即采用何种理念和方法指导教学实践。混合式学习要素包括学习内容（内容分析）、学习者需求（学习者分析）、学习目标（目标分析）、网络学习设计与实施策略等，列出给定课程中所有的学习目标，并选取恰当的学习内容传递方式。

（三）技术因素

技术是支持学习环境、管理与实施学习内容的重要条件。混合式学习技术的种类很多，如管理各种学习内容传输方式的学习管理系统（Learning Management System，LMS）和学习内容管理系统（Learning Content Management System，LCMS）等，其中，LCMS可以对所需要的各种学习内容进行管理。

（四）界面设计

界面设计是保证混合式学习中网络学习界面友好性的基础，主要包括混合式学习中各组成元素的用户界面。用户界面设计应考虑所有组成元素，包括页面设计、站点设计、内容结构、导航、图表、帮助设计等。

（五）评价因素

混合式学习课程评价的目的是衡量混合式学习课程的可用性，主要对课程材料和每个学习者的绩效进行评估。混合式课程的评价方式应该适应各种传递方式。

（六）管理因素

混合式学习课程管理既包括混合式学习活动管理（管理课程、基础设施和逻辑过程），如注册、认证等，也包括管理不同混合元素的顺序安排，方便学习者随时使用学习资源（在线和离线），如面对面、电子邮件、实时聊天系统等的在线咨询。

（七）资源支持

基于混合式学习的特点，混合式学习课程中内容的呈现既要考虑应用面对面学习资源，也要考虑应用网络学习资源。面对面学习资源以传统学习资源形式为主，如教材、参考书等；网络学习资源则以数字化形式储存在各种媒介中，如 CD-ROM、互联网等。丰富、优质的混合式学习资源能够为学习者提供良好的支撑。

（八）道德因素

道德又称伦理，是开发混合式学习课程时需要考虑的重要因素，如学习者的差异、文化、社会多元化、知识产权等。

二、黄荣怀混合式学习设计模式

黄荣怀等基于对混合式学习相关理论和现实的认识，提出"混合式学习课程的设计框架"。该框架将混合式学习课程的设计分为前端分析、活动与资源设计和教学评价设计三个阶段。

（一）前端分析

在对课程资源和活动等进行具体的设计之前，必须先对课程教学的基本情况进行分析观测，即前端分析，以便确定该课程是否适合开展混合式学习。前端分析阶段包括三个方面：一是学习者特征分析，通过评定学习者的预备知识、学习风格、学习偏好等，掌握学习者的相关特征。二是基于知识分类的学习目标分析，即根据教学内容的实际情况，确定学习应当达到的目标。三是混合式学习的环境分析，把握课程教学所具备的外部环境条件。

前端分析的目的是根据学习者的熟练程度确定学习目标，从而为后续工作提供依据，其结果表现为一份综合上述基本教学情况和教学起点的分析报告。

（二）活动与资源设计

活动与资源设计阶段的工作由混合式学习总体设计、单元（活动）设计和资源设计与开发三个环节组成，其中总体设计环节是混合式学习能否适合课程教学和学习者需求的关键。在总体设计环节，课程设计人员应当在明确课程整体学习目标的基础上，对相应学习活动的顺序做出安排，确定学习过程中信息沟通的策略，并充分考虑为学习过程提供哪些支持。总体设计实际上已经为其他两个环节的设计工作确定了基调，而且总体设计的结果也正是一份详尽的设计报告，将课程设计的主要思路和设想充分地表述出来，使单元（活动）设计环节和资源设计与开发环节不必再为此分心，可以专心完成具体的技术工作。总体设计报告是混合式学习课程设计的基础文档，包括课程目标和学习过程的构想，同时也为课程评价提供了基本依据。总体设计环节必须不断追问的问题是，究竟哪些活动和资源适合于让学习者自学，还有哪些适合于典型的教室情境。

（三）教学评价设计

教学评价设计是课程设计的第三个阶段，主要通过学习过程的评价（如使用电子学档）、课程知识的考试（如在线考试）和学习活动的组织情况评定等方式对教学效果进行评价。前面两个阶段所确定的学习活动目标、混合式学习的环境等是进行评价设计的重要依据。

混合式学习设计应完成如下环节：课程教学大纲；管理信息，包括授课地点、列出先导与并修课程、认证与帮助信息；用于更新课程信息的布告牌；学习者注册与跟踪设备；基本的教学资料，可以是完整的课程内容，也可以是附加资源，包括阅读材料、图书馆外部资源与因特网资源链接；自动给分的自测题；正式的评价程序；支持包括电子邮件、在线讨论与聊天；区分教师与学习者的权限；根据教学机构与质量控制要求的格式制作课程文件与统计资料，所有这些设施应当被超链接在一起。

三、目标导向的混合式学习设计流程

混合式学习是以混合式课程为载体的结构化学习过程。关于目标导向的网络课程设计原理，混合式学习是根据混合式课程的课程目标选择教学内容和学习资源、确定课程结构、计划课程实施的过程。混合式学习设计包括课程设计和教学设计两个阶段，教学设计阶段是在课程设计阶段之后进行的，是"内容—过程"的关系。课程设计针对的是课程的形成，研究教什么的问题，即研究混合式课程的内容、资源、结构；教学设计针对的是课程的实施，研究如何教的问题，即混合式课程的过程、活动和手段。

在混合式课程设计相互联系的两个阶段中，第一个阶段是课程论指导下的课程设计阶段，主要任务是进行需求分析、确定教学目标、设计课程学习环境，根据课程目标选择和组织教学内容及学习资源，确定混合式课程的结构。第二个阶段是在教学论和学习论指导下的学习过程设计阶段，也就是对混合式课程如何实施进行设计的阶段（计划课程实施的阶段）。学习过程设计阶段的主要任务是混合式学习模式的选择、混合式学习策略的设计、学习活动的设计及评价等[①]。

亚里士多德说："任何成功的努力都始于对终极目标的强烈关注。"混合式学习在课程设计阶段是课程目标导向的，"教什么"根据的是课程目标；而在教学设计阶段是教学目标导向的，"怎么教"根据的是教学目标。因此，混合式课程设计是以"课程目标—教学目标"为导向的，混合式课程设计的这两个阶段通过"课程目标—教学目标"这一内在的逻辑联系在一起。教学目标是由课程目标转化而来的，是课程目标在教学实施阶段的具体化，我们把"课程目标—教学目标"这一内在的逻辑统称为混合式课程的"目标"。因此，混合式学习设计的"课程目标—教学目标"导向也称之为目标导向。在教学实施时，需要面对面的课堂讲授与信息技术支持的在线学习相协调，通过一些支持教学、适合教学模式的任务、活动以及评价活动，为学习者营造一个意义建构的课程环境完成学习任务。

第二节　混合式学习前端分析

一、学习需要分析

学习需要在教学设计中是一个特定概念，是指学生学习方面目前的状况与所期望达到的状况之间的差距。"期望达到的学习状况"主要是指社会

---

① 李恬. 论网络环境下"混合式学习"课程设计研究 [J]. 西南农业大学学报（社会科学版），2010，8（1）：187-191.

发展对学习者提出的要求，学校或者班级对学习者提出的要求，以及学习者对自身的要求。对于学校教育来说，这种期望具体体现在教学大纲或者课程标准中。学习需要分析是一个系统化的调查研究过程，目的就是要揭示学习需要从而发现问题，通过分析问题产生的原因确定问题的性质，并辨明教学设计是否是解决这个问题的合适途径。同时它还分析现有的资源及约束条件，以论证解决该问题的可行性。学习需要分析的结果是提供"差距"的有效资料和数据，从而帮助形成教学设计项目的总的教学目标[①]。因此，学习需要分析是教学设计的一个非常重要的开端。对于混合式学习的开展和实施，还要注意以下几个方面：

（一）了解学习者需求

混合式学习活动的设计要关注学习者的需求。首先要了解他们的学习特点。高等教育的教学活动中，学习者的自主性和独立性较大，他们有较强的个人意识和个人责任感，能够自己选择教学内容、制订学习计划，并希望教师做出任何关于教学的决定前与他们协商。可见，在混合式学习中，学习者的年级、年龄、专业、学习风格、起点的不同都可能影响他们的参与和互动以及学习过程的管理和控制。因此，在设计教学活动之前应充分调研其需求，教学活动结束后测量其需求的满意程度，有助于把握学习者需求的变化和满足情况。混合式学习的目的不仅是提供知识和资源，更重要的是提升学习者不断获取和更新知识的能力及不断整合资源的能力。

（二）重视教师需求

教师是混合式学习活动的组织者和主持者，因此教师的需求也需要得到充分的重视。混合式学习活动的组织教师需要具备足够的信息素养和教育技术能力，因此部分技术水平较低的教师需要得到相关的培训。此外，教师在组织混合式学习活动时需要得到相关技术部门和管理部门的配合和支持。在混合式学习中，教师具有多重角色。首先作为传授知识的教师，不能忽视掌握知识的教学目标；其次，具有问题专家的角色，对网络教学平台的问题进行尽可能深入的分析、讲解，回复学习者提出的教学问题；

---

① 卞少辉，赵玉荣. 高校混合式教学环境下学习分析应用策略 [J]. 山西财经大学学报，2021，43（S2）：135-138.

最后在掌握课程重难点问题、整体性把握教学内容的基础上，明确不同内容主题的学习目标，并设计具有针对性的学习方法，以达到对教学过程的全面掌控，为后续课程学习做好全面设计和准备。

（三）提高学习者黏度

混合式学习中的用户主要是学习者。用户黏度，它和用户黏性、网站黏性等，是类似的重要概念，但是针对用户黏度并没有一个相对权威的定义。互联网海量信息造成人们的"注意力缺失"，而人类处理信息的能力有限，人们需要有滤掉不相关的信息并专注于对他们学习和生存最重要的事情的技能。达文波特和贝克将这种获得和保持注意力的能力称为"黏性"。他们提出了获得黏性的四个基本因素：便利性、相关性、参与性和社区。用户黏度是指用户对某产品产生的依赖感，一般情况下该产品为用户带来讨应用上和精神上的良好收益，用户希望能够更好地继续使用该产品。网上教学视频是学习者用于数字化学习、移动学习或泛在学习的一种教育产品，提高学习者黏度是网络教学视频有效应用的前提。面向学生体验的网络教学视频设计的首要目标就是要努力满足学习者的学习需求，提高学习者的学习满意度、资源可信度，同时让学习者的学习过程更加轻松、便捷，学习结果更加有效、高效，提高学习者对微课产品的依赖程度，让学习者能够持续地利用微视频课进行学习，获得教学视频学习的黏合度。

影响混合式学习的适应性和持续性，较为突出的是学习者在混合式学习中对不确定性的忍受力和网络焦虑。不确定性的忍受力是指个体对不确定情景或观念的适应能力。混合式学习环境具有不确定性情境的许多特征，如结构不良、信息量大、新异刺激多以及规则不明确等，忍受力高的学习者能够接纳规则和程序都尚不清楚的新情境，喜欢尝试解决复杂问题，更有利于网络课程的学习；而低忍受力学习者则可能无法面对转而寻求其他解决途径。焦虑是指人对未来不明确的威胁所持有的一种紧张心理或状态。学习者对混合式学习的焦虑涉及对网络环境的焦虑和对学习内容的焦虑。对网络环境的焦虑是由于学习者不能对学习媒介和学习环境进行控制，缺乏适应混合式学习的能力；对学习内容的焦虑则与学习者原有的知识水平和自我效能感有直接关联。

二、学习者特征分析

学习效果往往会受到学习者的某些个体特征的影响，包括心理特征、生理特征、学习需求特征、学习动机特征等多个方面，但影响力较为突出的特征涉及学习者的先前经验、学习动机与元认知能力、学习风格以及个性特征等四个方面。同样，混合式学习中，下列学习特征影响学习效果。

（一）先前经验

先前经验指学习者在进行学习之前的准备状态，包括对从事科学的学习已具备的有关知识、技能的基础，以及对混合式学习的态度和认同感。知识准备状态包括网络系统知识和原有的专业知识两个方面。网络系统知识有助于学习者开展混合式学习活动，而学习者熟悉学习所需的专业领域知识，必然会促进其选择高效的学习策略，获得最佳的学习效果。进行新的学习所必须掌握的知识与技能，这是开始新学习的基础。学习态度与学习过程存在着联系，学习者只有对新的学习媒介和学习环境保有认同感，并始终持有积极的态度，才有可能主动应用学习资源和学习策略去取得良好的学习效果。而学习者对所使用的学习媒介和所处的学习环境所具有的控制力，也直接影响其在学习中的付出和成效。

（二）动机与元认知能力

混合式学习的自主性和学习资源的非线性关联，需要学习者在学习中付出更多的努力。首先必须具有较高的内在动机，有强烈意愿进行探究式学习；其次要有较高的学业成就动机，面对多样、变化的环境和更多的学习障碍，只有付出更多的心理能量和时间，才有可能完成学习任务；再次，学习者需要有较高的自我效能感，对自己完成学习任务有主观认识和判断的能力，在遇到困难时能灵活运用策略，坚持学习任务的完成；最后，学习者需具有正确的归因方式。混合式学习的元认知能力是指学习者对自己认知过程的知识与调控。元认知能力强的学习者，能把握学习目标，对下一步所需要的学习策略和学习活动具有清晰的认识，并能控制、调节自己的学习活动，使学习过程免受无关信息干扰，从而提高学习效率。

（三）学习风格

学习风格指学习者在学习情境中个体表现出的比较稳定的处理方式和倾向，包括感觉通道偏好、认知风格、社会性环境偏好等。其中，认知风格涉及学习者所偏向和习惯的处理信息的方式，与混合式学习关系密切。例如，场定向风格涉及学习者对外界环境的依赖程度，场独立性的学习者认知组织能力强，具有认知优势，善于解决高难度、发散性和需要灵活思维的问题，表现出对网络环境的较强适应性；而场依存性的学习者则具有很好的沟通能力，具有人际交往的优势，但在新异环境中用原有的知识结构去解决新问题便会显露出弱势。

认知表征风格上的个体差异，直接表现在学习者对信息接收方式的选择和偏爱上。视觉型学习者喜欢通过图表、画面等视觉刺激接收信息，而听觉型学习者更喜欢通过听别人讲解来接收新知识。混合式学习的课程材料的表征形式对不同认知表征风格的学习者会有截然不同的学习效果。

学习者的有些学习策略和学习倾向会随着学习任务、学习环境的不同而变化，而有些则表现出一贯性，成为一种相对稳定的个性特征。此外，混合式学习者还有一些明显区别于非混合式学习者的特点，如网络环境中的学习者更容易克服对教师和学习伙伴的畏惧和羞涩心理，敢于表达意见，不在场和非实时互动可以减少束缚，有更多深入思考的时间，个性易于得到张扬。例如，学习者在网络中更易于结成团体，形成学习社区进行协作学习。学习者在网络环境中会表现出强烈的角色扮演意识。网络环境为实现学习者角色扮演提供可能，学习者可在虚拟的混合式学习环境中变换身份，扮演他们认为与环境和意愿相符的角色，即使失败也较少有挫折感，因为网络环境允许一切重来。

三、学习内容分析

学习内容也称教学内容，分析教学内容要以总的教学目标为基础，旨在规定教学内容的范围、深度和揭示教学内容各组成部分的联系，以保证达到教学最优化的内容效度。教学内容的范围指学习者必须达到的知识和能力的广度，深度规定了学习者必须达到的知识深浅程度和能力的质量水平。明确教学内容各组成部分的联系，也为教学顺序的安排奠定了基础。因此，教学内容的分析既与"学什么"有关，又与"如何学"有关。

传统教学是一种结构化学习，学习前需要一个提前设计好的、结构良好的按顺序组织的正式的学习程序，学习时在过程和目标上有明确的结构，利用逻辑严谨、结构良好的学习材料，按学科知识的一定逻辑顺序组织，即有高度组织和学习目标的学习，使学习者的知识结构系统化，使学习者能够运用学科的基本概念、原理、规律等知识灵活地分析并解决实际问题，促进学习迁移的发生，增强自己的创造能力。网上学习以非结构学习为主，利用非结构化的学习材料进行学习，如通过会议、交谈、网上浏览、电子邮件等非结构化的方式。并非所有的学习活动形式都采用按特定顺序组织好的内容、按照事先计划好的方式进行结构化的正式课程学习。事实上，工作环境中的大部分学习是以一种非结构化的方式进行的，可能是在开会过程中、在走廊里谈话时或在电子邮件交流中。设计混合式学习时应着眼于从非结构化的学习事件中积极地捕捉对话主题和资料内容，并将之汇集成随时可以使用的知识库，以支持知识工作者的合作和工作活动。

四、确定学习目标

前端分析的主要目的就是确定学习目标。学习目标也称教学目标，是总的教学目的或称教学总目标的具体化。学习目标的实现就是指通过一段时间的学习之后，学习者所获得的具体进步和发展。学习目标的设计离不开具体的学习内容，还取决于对学习者实际能力的分析。要使总的教学目标落实到整个教学活动体系的各个部分中去，就必须对实际的教学活动水平作出具体的规定，按照学习结果的分类和学习的信息加工的层次设计可以操作、可以实现的学习目标，以便贯彻教学活动，实现学习和检验学习成果。课程学习目标包括知识技能、过程与方法、情感态度价值观等三维目标。学习目标是对学习者通过教学后应该表现出来的可见行为的具体明确的表述。教学目标也称为行为目标，这里的行为是学习者学习后习得的行为，强调教育结果的可见性和可测量性。教学目标是教学活动的导航、"指南针",是教学的起点和归宿。

学习目标必须明确、具体、详细。学习目标可以分为三类:一是行为目标是以具体的、可操作的形式陈述的教学目标,它指明教学过程结束后学习者身上所发生的行为变化。"行为目标"的基本特点是目标的精确性、具体性、可操作性。二是生成性目标是在教育情境中随着教育过程的展开而自然生成的教学目标。它是教育情境的产物、问题解决的结果,是学习者和教师关于经验和价值观生长的"方向感",最根本的特点是过程性。生成性目标引导着现在的生长和发展的手段,它是从各个特殊的现时状态中自然引发、生长出来的。三是表现性目标是指每一个学习者在具体教育情境的种种际遇中所产生的个性化表现。其所追求的不是学习者反应的同质性,而是反应的多元性。它强调学习者的个性发展和创造性表现,强调学习者的自主性和主体性,尊重学习者的个性差异,指向人的自由与解放。

第三节　混合式学习课程开发

混合式学习的发生与发展迫切要求能为混合式教育者设计和开发优质的在线课程,以促进学习者的学习和发展。网络课程设计就是要以学习者为本,发挥学习者的积极主动性,为所有学习者提供互动、共生的学习环境,确立学习者在网络课程学习中的学习主体地位。网络课程设计对网络教育者生态学习的关照应包含课程理论模型和课程设计方法等多个方面,具体应包含课程学习内容设计、网络技术设计、界面艺术设计、评价反馈设计、人际情感交流等[1]。

一、网络学习资源开发

学习资源设计是指确定学习主题所需信息资源的种类和每种资源在学

---

[1] 吴坤埔. 基于三维互动混合式学习的高职课程开发与应用 [J]. 教育与职业,2014(32):139-141.

习过程中所起的作用，主要包括应从何处获取以及如何有效地利用这些资源等问题。为了了解问题的背景与含义、建构自己的智力模式和提出问题解决的假设，学习者需要知道有关问题的详细信息，并需要学习必要的预备知识。因此，在教学设计时，必须详细考虑学习者解决这个问题需要查阅哪些信息，需要了解哪方面的知识，这些都可以学习资源的方式为学习者提供。学习资源包括文本、图形、声音、视频、动画以及从互联网上获取的各种有关资源。学习者的自主学习、意义建构是在大量信息的基础上进行的，所以必须在学习情境中嵌入大量的信息。

（一）教学团队建设

建立自治型的研究团队，拓展促进模式创新的自治空间。混合式学习的实施不能单靠一名或几名教师来摸索，而是需要建立一个团队，可以是学校级别的综合研究组织，也可以是以课程为核心的教学研究小组。这个组织应该由学科教师、网络技术人员、资源设计人员、教学论专家等组成，分工协作，共同研究，从不同角度对课程内容、教学对象、技术平台应用、教学形式等进行详细分析和设计，以确保混合式学习方案的可行性和有效性。正确的组织架构就是自治型团队。自治型团队要求成员抛开原有的权利和责任，以便彼此间相互认同，形成一个有共同目标的独立团队。对于混合式学习的落地实施中，团队要重新思考组织的资源、操作流程、价值和产出效益等。因此，领导层从各个层次寻求教育系统的变革时，必须要为模式的创新建立自制空间。参加"现代教育技术应用"混合式课程建设包括文本教材和视频课程人员，都是教育技术学各研究方向的专业骨干教师。

（二）网络教学平台建设

技术是无缝连接真实和虚拟教育世界的集成平台。媒体的选择和整合必须受到教育目标和设计考虑的影响。虽然技术可能有长处和短处，但最终，教学和学习方面的考虑将对学习产生最直接的影响。技术可以通过支持各种形式的交流来扩大可能性，但是体验的设计和学习者的参与方式直接影响学习体验的质量。

混合式教学要以功能健全、操作方便、界面友好的网络教学平台为依托，如何建立和完善网络平台和科学合理地使用网络平台，是混合式学习发展过程中必须深入探讨的问题。混合式学习网络平台应立足于教学系统，并围绕着教学中必需的业务系统进行相关功能的建设。功能应包括资源管理、教学、交流工具、考试测验、统计分析、系统管理、教学支持等。教师运用网络教学平台进行教学，既要有效促进学习者的思维能力和创新能力的提升，又要重点培养学习者主动构建知识、深入探究问题的能力。网络教学平台的建设将会循序渐进地沿着满足真正知识需求、尊重个性化知识诉求、实现自我价值和知识多方共享的方向发展。

基于现代化网络教学系统的功能：

1. 注册

登录管理系统的用户主要包括选课的学习者和任课的教师，对每一门课程，选课的学习者分为两类：一类为教学计划所对应的专业班级（全班选课），另一类为重修、补修、选修的学习者。每门课的任课教师要知道有多少学习者选课，以便掌握学习者的学习需求和学习状况。针对这两类选课学习者，注册分为批量注册和单独注册：批量注册由管理员操作，主要针对全班选课的学习者；单独注册针对其他选课学习者，注册成功之后，通过"个人信息管理"模块修改个人信息。

2. 课程管理

网络教学系统是按课程进行教学管理的，即每门课程的任课教师和授课对象、课程教学资料、网上的教学活动都是以课程展开的，每开一门课程称"一个课头"，并有唯一代码（课程名相同但课头代码不同），每个教师可以有多个课头。课程管理主要由系统管理员进行操作。

3. 教师在线教学管理

教师在线教学管理主要包括：对所授的每门课程的对象进行管理，即了解（查询）、批准（或取消）选课的学习者；对课程的教学课件进行管理，即上传讲义、教学计划、案例分析、相关软件、疑难问题解答等教学课件，并可对课件进行修改、删除；对课程的作业进行管理，如在线布置、批阅作业以及在线出题、考试管理等。

4. 学习者在线学习

学习者在线学习主要提供对所选课程的在线学习功能，包括查阅或者下载课程讲义、教学计划、案例分析、疑难解答等学习资料，下载与课程相关的应用软件，在线接收作业并提交在线自我测试，观看网上视频。另外，可以通过链接进入与课程相关的其他网站进行学习，扩大学习空间和范围。

5. 教学在线交流

教学交流的主要功能是为师生之间、教师之间、学习者之间传递教学信息。其有两种传递方式：一种是发布公告的方式，教师和系统管理员有此权限，如课程教学进度、重要提示等信息可以通过公告版传递；另一种是通过短消息传递的方式，在系统注册成功的用户都有此权限，每个用户可以对系统注册人员进行点对点的发送短消息，如学习者向教师发送短消息提出个人建议等。

6. 网上教学论坛

网上教学论坛主要为师生课后交流提供一个无时空限制的实时讨论场所，系统提供电子公告牌系统模式，所有注册用户都可以进入 BBS，发表自己的观点，进行学术交流。

（三）网络学习资源开发策略

1. 小步走的短视频学习资源建设策略

平台学习内容控制在学习者注意力较为集中的时间范围内；讲解内容精，将知识内容碎片化，每一段只针对一个知识点。这种方法便于学习者对各个知识点的查找学习，也方便教师对某一知识点进行视频的分享及借鉴。MOOC 学习视频资源对学习提出了"小步走"战略：某一知识点或几个知识点的学习后都有相应的练习和测试，通过测试后方呈现下一知识点的学习内容。学习者可以根据自身学习情况掌握学习步调：知识掌握较快者，在完成本堂课学习目标后可以选择继续下一堂课学习，且可以在线对其他学习困难的同伴提供帮助与支持；知识掌握较慢者，可以在课堂活动展开前安排自己的学习时间；学习有困难者，可以选择在线讨论疑难问题，也可以向教师寻求帮助。

这就要求将这些已有的文字资源转换成数字资源，这种转换过程会有很多的要求，如将印刷媒体转换成网络课程中的材料（电子书）时，可能就需要增加很多新的东西，否则可能就没人看。这些新增加的东西，可以是插入的动画、视频、音频，也可以是字形大小能够随意调节，学习者能够随意画线、做笔记、对自己进行录音等功能，所有这一系列的东西都涉及资源的混合问题，即重新构造。同时，由于平台对推送的内容的信息数量和篇幅有一定限制，教师在推送信息时，标题要新颖精简，内容要更实用、趣味、简明。

2. 创建情境问题为核心的知识点

文化以间接方式影响着认知过程，如不同文化背景下的人可能具有不同的认知风格。在知识建构的过程中，活动是学习者解决问题和完成任务的内隐和外显行为，是贯穿于整个学习过程的。移动技术的最明显特点就是可以无缝连接到社会文化情境之中，更接近文化。选取的问题要贴近学习者的日常生活，与他们的知识经验相符合，与他们的历史文化背景相一致，避免问题的误解和情感上的伤害。在课程资源设计中，尽可能包含以情境问题为核心的知识，并以其丰富的课程资源为基础，创设多种情境，将资源巧妙地融入各种情境中，为学习者在多样化情境中更好地开展学习活动奠定基础。此外，为了使学习者更好地融入学习过程，课程还运用模拟现实生活中典型场景的方法，以增加仿真情境对学习者感官的有效刺激。这样能够使学习者在体验中自觉地参与到学习活动中去，迅速而准确地理解学习内容，进而更好地促进他们对知识的意义建构。

网络学习环境消除了记忆的障碍，使参与者能够获得更多信息，更好地交流复杂的想法。它还允许每个参与者在学习中投入更多的时间和互动。精心设计的混合学习体验的背景会对参与者和学习结果产生巨大影响。情境决定了学习者是以深刻而有意义的方式来学习的，还是以表面而有利的方式来学习的。情境作用的原因是教师作为设计者和促进者的控制。混合式学习的内容为学习者提供了一个在没有焦虑的环境中表达想法的机会，也可以在没有嘲笑的情况下获得反馈。面对面的环境会建立个人纽带，让参与者继续在线参与[1]。个人是相互联系的，但可以自由地构思、构建和创

① 刘丽娜，平凡，杨顺起.混合学习理念下的引领式网络课程设计与个案实践 [J]. 北京教育学院学报（自然科学版），2016，11（2）：37-42.

作自己的思想，然后可以分享和培养这些思想以促进进一步的成长。网络学习为批评性对话提供了机会。在混合式学习环境中，思想和表达自由并不意味着孤立。在"现代教育技术应用"这门课程中，根据在线学习者需求提供了片段式学习资源，以后还将继续加强互动式、情境化等类型的学习资源，为学习者开展个性化在线学习奠定基础。

3. 交互式资源设计

提高学习者参与积极性的混合式学习资源内部的交互关系可归结为两大类："人—人"互动和"人—媒体"交互。"现代教育技术应用"在视频中嵌入多个测试题就是"人—媒体"交互的具体实践，这有利于保持学习者注意力的有效集中以及对学习内容的充分理解。视频中设有两处"嵌入式弹出测试"，即该视频会有两次停顿以供学习者进行自我测试。虽然在此过程中学习者仅仅是在与已设定好的自动反馈系统进行交互，但这足以增加他们的参与感与成就感，对激励学习者后续学习的积极性、促进其对课程内容的理解和掌握具有重要意义。这种做法和20世纪60年代程序教学运动在教学机器身上的实践有异曲同工之妙，可以说是对程序教学运动中及时反馈原则在技术上的一种超越。"现代教育技术应用"在资源设计时将交互式的技术手段巧妙地应用其中，不仅给学习者带来了新的学习体验，也为自身赢得了更多的发展机会。

4. 情境化资源设计

促进学习者知识建构的情境认知理论认为，知识是个体与社会或环境交互的产物，是个体与环境交互过程中建构的一种交互状态，任何有效的学习都不可能脱离情境而发生。考虑到这一点，混合式学习在资源设计中包含了丰富的以情境问题为核心的知识，并以其丰富的课程资源为基础，创设了多种情境，将资源巧妙地融入各种情境中，为学习者在多样化情境中更好地开展学习活动奠定了基础。此外，为了使学习者更好地融入学习过程，课程还运用模拟现实生活中典型场景的方法，以增加仿真情境对学习者感官的有效刺激。

移动设备提供给我们一个独特的机会，在学习者接近支持工具的同时，将学习者嵌入现实情境中。学习将更大程度地迁移到教室之外，进入学习者的真实和虚拟环境。移动技术将使学习环境、学习资源在学习者之间建立起丰富的联系。除了在移动中利用互联网的资源，学习者还可以通过移动设备，通过他们的个人日志和虚拟学习环境的交互来学习。移动学习中的交互与学习方式呈现得更加自然：学习界面不是由菜单、鼠标和窗口组成，而是通过表情符号、动作、文本短消息、网络化语言等人们自然的行为与学习情境进行交互；通过自然的方式与社会群体合作与互动。

（四）教学视频资源制作

课堂教学资源主要是由老师为学习者准备的学习资料，包括知识点的讲解视频。视频可以是优质的课程视频，也可以是老师自制的课程视频。在 MOOC 中，大大压缩观看视频的比例，学习者需要完成教学中的其他环节（实践、讨论、深究、协同、创作等）。关于教学视频，国内混合式学习的经验告诉我们，学生更喜欢自己的老师为学习者录制的视频，因为这样更亲切，可以感受到是老师在给他们授课。我们提倡老师用一些简单的课程制作软件制作微视频，主要是可以在做的过程中强调教学内容与教学设计而轻技术设计，老师在讲课过程中更自然，如常见的软件 Office MIX，也可以用屏幕录制专家，MAC 系统用 QuickTime 录制屏幕，当然也可以用稍微专业的课程制作软件 Camtasia Studio、Storyline 等录制视频。

混合式学习课程设置要充分考虑学习者的需要，根据课程和学习者的特点，确定可以利用的教学资源。课程内容要丰富，形式要多样，搭配要合理，既要有视频资源，又要有文本资源；既要有先进的教学理念的阐释，又要有精彩的案例分析与课程点评等。形式新颖、丰富而实用的课程资源能使学习者不仅乐学，而且学有所获、学有所用。

二、微课程设计与制作

微博、微信、微小说、微电影、微生活、微商……在这个"无微不至"的快餐时代，现代社会的学习日渐趋于微型化、片段化、社会化、大众化与草根化，微课程就是在这种社会背景下产生的。微课程这个术语并不是指为微型教学而开发的微内容，而是运用建构主义方法形成的、以在线学习或移动学习为目的的实际教学内容。微课程具有完整的教学设计环节，包含课程设计、开发、实施、评价等环节。微课程设计与制作是混合式学习中非常重要的一部分内容，高质量微课程的设计与制作是一项涉及教育学、心理学、传播学、计算机技术、美学等多学科知识的复杂的系统工程，必须在相关教学理论的指导下，按照科学的方法与步骤对微课程进行设计，并运用现代计算机软硬件技术来完成开发。

（一）微课程设计

微课程这一名词最早由美国人戴维·彭罗斯（David Penrose）在 2008 年提出，之后在全球范围内掀起了微课程理论研究和实践应用的积极探索。在探索中，研究者和实践者逐渐达成共识：微课程是以短小精趣的微视频为主要载体，围绕某个单一知识点而设计开发的在线课程。微课程视频的时长一般为 3 ~ 8 分钟，最新的大数据分析结果则建议短于 6 分钟的在线课程视频最吸引学生。微课程的优点主要包括以下四个方面：时间短，可保证学生的注意力集中在黄金时间；以知识点为单元，符合新时代的碎片化学习需求；可反复看、跳跃看，适合学生自主学习；容量小，便于教师和学生快速交流传播。微课程模式最早被美国的可汗学院采用，其创始人萨尔曼·可汗（Salman Khan）录制的微视频一度风靡全球，衍生出翻转课堂教学模式，影响着世界各国的基础教育领域。近两年来，微课程受到教育部和各级教育行政部门的高度重视，基础教育、高等教育、职业技术教育等领域，均在积极开展微课程资源建设。微课程在全国范围的初步发展已获得广大师生及教育工作者的强烈反响。

微课程是为使学习者自主学习获得最佳效果，经过精心的信息化教学设计，内容是某个知识点或教学环节，是完整的教学活动。微课程的核心组成内容是课堂教学视频（课例片段），同时还包含与该教学主题相关的教学设计、素材课件、教学反思、练习测试及学员反馈、教师点评等辅助性教学资源，它们以一定的组织关系和呈现方式共同"营造"了一个半结构化、主题式的资源单元应用"小环境"。因此，微课程既有别于传统单一资源类型的教学课例、教学课件、教学设计、教学反思等教学资源，又是在其基础上继承和发展起来的一种新型的教学资源。

微课程的基本组成：良好的结构、明确的目标、小单元、有计划地参与、完整性和全面性、重复性、综合性、激发性、多样化、开放性、反馈和持续性的评价。

（二）微课程类型

微课程类型主要有：理论讲授型微课程，适用于概念、公式、定律、原理的讲授，注重知识的内在规律或逻辑；推理演算型微课程，适用于逻辑推理、数学演算等，注重推演过程的理解；技能训练型微课程，常用于帮助学生了解和掌握动作技能、操作技能、语言技能等，以学习者参与和体验为特点；实验操作型微课程，适合于利用专门的仪器、设备来控制或模拟研究对象、条件或环境等因素，从而去发现、认识自然现象、事物性质和科学规律；方法探究型微课程，常用于习作方法探究、解题技巧的专项突破等。

（三）微课程制作

微课程只讲授一两个知识点，没有复杂的课程体系，也没有众多的教学目标与教学对象，看似没有系统性和全面性，许多人称之为"碎片化"。但是微课程是针对特定的目标人群、传递特定的知识内容的，一个微课程自身仍然需要具有系统性，一组微课程所表达的知识仍然需要具有全面性。微课程是教育信息化的重要探索，其制作流程如下：

1. 建立微课程学习平台

目前网络学习空间的发展如火如荼，大部分还停留在资源堆积和风采展示的阶段，并没有真正实现学生通过网络自主学习。而美国的可汗学院通过微课程模式，掀起了数字化学习热潮，其设计思路值得我国借鉴。建立一套完善的微课程学习平台，以微视频为主要载体，通过微练习和互动答疑等辅助模块，不仅能提高学生的学习兴趣，也能提升教师的信息化应用能力。微课程通过向MOOC制作的系统性、专业性倾斜，可以建立一个有一定知识含量、有一定系统性，且结构灵活、制作成本低廉、受众人群广泛的学习平台。

2. 提升微课程录制技术

要把微课程录制技术简单化、质量完美化，使老师可以在几分钟内掌握录制技术，把录课变成一种乐趣。从这个意义上，我们建议具有教育理念的研发团队在信息技术上与时俱进、精益求精，把微课程技术"傻瓜"化、普及化，不断提升微课程录制的体验，从而真正让微课程流行起来。课堂实录和绿幕抠像两项技术由于成本高、流程复杂，不建议用于制作微课程。基于 PC 端的录屏软件，曾被可汗学院采用，操作起来相对简单。而随着移动互联网时代的到来，苹果或安卓市场已出现专门为微课程录制设计的跨终端、多平台应用，值得大家关注和采用。

3. 加强资源开发，提倡共建共享

目前我国的教育资源非常不均衡，微课程可以把优质教学资源通过互联网传送到大多数中小学，特别可以弥补落后地区师资缺陷、资源匮乏的问题，并逐步建立一个共建共享的教学资源体系[①]。微课程资源建设，除了发挥中小学自身的优势，还能积极引导社会力量参与进来。

4. 加强微课程应用，发挥师范院校的优势

微课程的第一步可以用来加强我国中小学信息化教育的教学水平。这一方面建议同步加强软、硬实力的提高。软实力方面，建议以几个师范大学、师范学校为基地，充分发挥教学理论、互联网技术、中小学网络等优势，积极研究微课程在教学中的应用模式，探索一套适合中国国情的中小学微课程系统。硬件实力开发方面，要积极引导社会力量参与建设，通过用户体验，逐步提高微课程制作技术的质量。

第四节　混合式学习策略设计

什么是学习策略？人们从不同的研究角度和使用不同的研究方法，提出了各自不同的看法，没有统一的认识。有的被用来指具体的学习技能，诸如复述、想象和列提纲等；有的被用来指较为一般的自我管理活动，诸如计划、领会、监控等；有的被用来指组合几种具体技术的复杂计划。迈

---

① 姚海莹，赵嵬. 基于网络课程平台的混合式学习模式的探索与实践 [J]. 高教论坛，2012（11）：85-88.

克尔等人把学习策略区分为认知策略、元认知策略和资源管理策略。学习策略是指学习者在完成特定学习任务时选择、使用和调控学习程序、规则、方法、技巧、资源等的思维模式，这种模式是影响学习进程的各因素间相对稳定的联系，其与学习者的特质、学习任务的性质以及学习发生的时空均密切相关 [①]。混合式学习的特点决定了学习者对自己的学习过程和所使用的学习策略要有准确的认识和积极的调节。本节着重介绍生成性学习策略、自主学习策略和协作学习策略。

一、生成性学习策略设计

生成性学习就是学习者在学习过程中通过适当的认知加工，生成信息的意义的过程，包括关注相关信息（即选择），在思维上将输入信息组织成连贯的认知结构（即组织），以及将认知结构彼此整合，并与从长期记忆中激活的相关先验知识整合（即整合）。在教学中，可以通过旨在设计学习过程中启动适当认知加工的教学方法，或者通过旨在教学生如何以及何时参与学习过程中需要适当认知加工的活动的学习策略，来促进生成性学习。同时要合理利用网络教学平台的记忆功能。网络学习的最大优势是它能永久记录思维，从而为反思和提高对探究过程的认识提供了机会。应该利用网络学习平台，让学习者通过讨论和合作活动来监控和管理他们的学习方法。

（一）维特罗克的促进意义生成的策略

维特罗克的生成性学习观基于这样一种理念，即从文本中学习既取决于呈现的内容，也取决于学习者在学习过程中的认知过程，"在编码过程中，当学习者利用对事件和经历的记忆为文本构建意义时，阅读理解会变得更容易"。生成性学习涉及将现有知识与新材料整合并对新材料进行精神重组的认知过程，"阅读理解发生在读者建立起文本与其知识和经验之间的关系，以及文本不同部分之间的关系"。生成性学习就是要训练学生对他们

---

① 陈意. 混合式学习视角下的学习资源设计研究 [J]. 宁波教育学院学报，2011，13（4）：66-68，77.

所阅读的东西产生一个类比或表象，如图形、图像、表格或图解等，以加强其深层理解。维特罗克强调，为了促进学生的理解，教师应该引导学生主动建构两类联系：

1. 所学知识与学生先前知识之间的联系

为了帮助学生把当前的学习内容与原有的知识、经验联系起来，教师可以采用以下策略：第一，举例。从原有经验中找到适当的例子来解释说明当前的内容。第二，类比与比喻。用自己熟悉的事物来比喻、类比新学习的知识，如用"水流"来类比"电流"。第三，证明。以原有知识、经验为基础来论证当前的概念、原理，为它们提供理由和证据。第四，述义。不是重复课本上的原话，而是用自己的话来表达所学知识的意思。第五，解释。用有关的知识、经验来解释新学的知识，说明自己的具体理解。第六，推论。从这一知识出发，可以进一步推知什么。第七，应用。应用所学的知识来解决相关的问题，特别是与实际生活密切相关的实际问题，以及需要综合运用多种知识的综合性问题。

2. 当前所学的不同知识成分（如概念）之间的联系

为了促进这种联系的建立，教学中可以采用如下策略：一是加题目。为了给一篇文章加题目，学习者需要把不同的内容综合起来，加以提炼。加什么题目，这并没有标准答案，但要抓住中心，醒目而富有想象和创意。二是列小标题。为了给一个或几个段落写小标题，学习者需要综合这一部分的意思，这不仅可以用于语文教学，也可以用于其他社会学科和自然学科的教学。三是提问题。针对当前的内容进行提问。四是说明目的。说明作者写这些内容的目的，这需要学生综合这段内容，结合前后文内容做出分析和推测。五是总结或摘要。为全部内容写一份总结，或者更精要地概括它的中心意思，要尽量用自己的话来表达，而不是摘抄、罗列书上的原话，东拼西凑。要把内容的要点提炼出来，说清楚、说完整。这种方法可以用于语文、历史、地理、物理等学科的教学。六是画关系图或列表。用画图或列表的方法概括、整理这段内容的要点，表现它们之间的关系，分析、比较相关概念的异同。

（二）菲奥里拉和迈耶的生成性学习策略

菲奥里拉和迈耶（Fiorella & Mayer）总结了促进生成性学习的八种基于证据的学习投入策略，将学习投入定义为学习者与促进学习目标实现的教学环境之间有意义的心理互动。投入可以支持在新内容和先前知识之间或在课程中的内容元素之间建立关系。为了帮助解释不同学习投入方式的好处，我们考虑两种形式：行为投入和心理投入。所谓行为投入，是指学习者在学习过程中所采取的任何公开行动，如对教材进行书面或口头总结，或者对被认为令人困惑的部分进行书面或口头解释。在网络学习中，行为投入可能涉及点击屏幕对象、参与在线讨论、在文本框中书写、下划线文字、玩游戏。相比之下，心理投入是指促进学习目标实现的心理活动，包括关注相关材料，将材料心理组织成连贯的结构，并将其与相关的先验知识相结合。心理接触可能伴随也可能不伴随行为接触。在阅读时，你可能会也可能不会有行为上的投入，比如强调重要句子、做笔记，或者和同事讨论概念。

生成性学习的概念对学习策略教学的研究产生了重要影响。生成性学习策略包括用自己的语词总结材料、将文本翻译成空间表征、绘制与文本相对应的图画、想象与呈现的文本相对应的插图、对材料进行实践测试、对自己解释材料、对他人传授材料并表演材料。

1. 总结学习策略

该策略就是用自己的语言复述一堂课的主要思想。总结的理论基础是鼓励学习者从一节课中选择最相关的材料，将其组织成简明的表达形式，并通过使用自己的语言将其与现有知识相结合。关于边界条件，当学习者具有如何总结的准备及课程不涉及复杂的空间关系时，总结可能是最有效的。在应用方面，总结可以作为一种笔记形式，从课文或课堂教学中学习。总体而言，相关文献为满足生成摘要的几个关键条件提供了支持。学习者必须具备必要的先验知识，才能有效地选择主要观点，建立它们之间的联系，并以自己的语言复述它们。对于本质上不是空间内容的领域，用文字概括可能是最有益的，如社会科学和人文领域，以及叙事。对于空间性的学科，如化学，可能最好不是以口头和讲述的形式表示，可能空间表征

（如图画）更合适。简而言之，生成摘要的有效性似乎在很大程度上取决于学习者的先验知识和将要学习的课程的主题领域。

总结也可以作为一种笔记策略，用于从基于讲座的教学或从讲述的动画中学习；然而，关于总结非文本课程（视频教学）效果的研究却少之又少。尽管总结是一种相对简单的学习策略，但是不同年级的学习者可能会从第一次接受总结基本技巧的直接指导中受益。学习者可能需要练习从一节课中识别相关的信息元素，将相关的元素组合成一个连贯的结构，并用自己的语言简明扼要地阐述材料。一旦学习者发展总结能力，教师就可以很容易地将总结融入课堂教学，学习者也可以在学习策略中运用总结。如果学习者不能成功地从记忆中提取材料，那么获得某种形式的纠正反馈是很重要的。因此，在不存在学习材料的情况下进行总结，学习者在生成总结后能够重新参考材料可能会受益。

2. 思维导图学习策略

该策略发生在要求学习者将文本课转换为概念的空间排列时，如概念图、知识地图或矩阵图形组织器。概念图是由包含表示关键概念的词语的节点（通常是椭圆或矩形）和连接节点并表示关键关系的连线（通常是沿着连线描述关系的词语）组成的空间阵列。知识地图是一种特殊的概念图，其中关系的种类限于对应于知识结构的基本类型，如层次结构（具有"部分"或"类型"链接）、链（具有"通向"链接）、簇（如"特征"或"证据"链接）。图形组织器是一种可由学习者自由控制、功能强大的可视化学习工具。图形组织器是一种特定的概念图，对应于特定的修辞结构，如比较和对比，它被表示为矩阵，待比较元素在顶部列为列，而在其上进行比较的维度在左侧列为行。就实际应用而言，制作概念图可以作为一种有效的学习策略，特别是对于能力较弱的学习者。有效的制图策略需要广泛培训，取决于学习者是否愿意做额外的工作，并且预先假定教材具有明确的底层结构。一个实际的问题是，制作思维导图是一个耗时的过程，所以学习者需要了解制作思维导图将如何提高他们的学习水平。例如，Mind Mapper 是一款专业的可视化概念图，可用于学习资源信息的混合管理和处理学习流程的智能化工具软件。它通过提供多种方式，把学习主体思维中混乱的、琐碎的想法贯穿起来，帮助其整理思路，实现恰当的有机混合，将混合式学习的有机性形象地呈现给学习者，供其开展富有针对性、实效性、系统性的混合式学习。

思维导图研究的一些实际意义是什么？作为一种学习工具，概念图在混合式学习中的使用可以促进学习者的知识建构。在理科教学中，科学概念之间有着严密的逻辑关系，而许多学习者在学习过程中往往因为无法辨别或者理解这些科学概念之间的关系，就只好死记硬背大量的公式或者结论，学习停留在浅层次学习上。但是在理科教学过程中，如果能够应用概念图，就能帮助学习者顺利地进行概念迁移，促进学习者进行深度学习。在文科教学中，概念图作为头脑风暴工具的记录工具时非常有利于讨论之后的深化、补充和修改，在记录的时候可以用不同的颜色代表不同的观点，这样小组成员从图中可以直观地看到现在讨论问题的焦点所在，以及讨论的发展趋势，避免了讨论过程中的盲目。同时，概念图也可以促进协作知识的建构，在学习比较大的概念时，可以让学习者分成小组合作建图，学习者可以在合作中不断比较和修改，加速学习者对知识的意义建构，促进深度学习。

3. 绘画学习策略

该策略用于要求学习者创建说明基于文本的课程内容的绘画。绘画学习策略包括确定要包括在插图中的组件，以及如何在空间上排列它们以显示它们的结构和因果关系。例如，学习者在阅读关于人类中枢神经系统如何工作的课程时，可以要求绘制一张与关于神经元如何与相邻神经元通信的文字相对应的图画。绘画学习的理论依据是，构建与文本相对应的插图的行为可以引发选择（学习者选择要包含的组件）、组织（学习者将组件排列在空间布局中）和整合（学习者将单词翻译成图片）的生成过程。绘画的目的是培养生成性加工，一些重要的边界条件是，当学习者接受关于绘制什么的指导时，当学习者使用绘制的部分插图以减少认知负荷时，或者当学习者被要求将其绘制与教师提供的绘制进行比较时，自己生成的绘制效果最强。就实际应用而言，只要学习者在绘画方面得到适当的指导和支持，自创绘画可以成为学习用文字表达科学解释的有效学习策略。因此，要求学习者从教科书或课堂演示中为一小部分科学文本制作插图是有道理的。介绍一个科学系统是如何工作的，如神经系统是如何工作的，泵是如何工作的，板块构造是如何工作的，这些绘画应该是作为教学手段（显示元素之间的空间和因果联系），而不是艺术表现。在员工培训中，绘图策略可能有助于处理空间关系的主题，如排除电气原理图故障或了解设备的工作方式。

由于绘画对于一些学习者来说可能是一项枯燥而又令人困惑的活动，因此在如何生成绘画方面提供一些预加工，并在学习过程中提供什么样的绘画方面的明确指导是值得的。在某些情况下，可能值得提供部分完成的绘图，以便最大限度地减少多余的加工，同时留下足够的工作要做，以便学习者参与选择、组织和整合的生成过程。一种相关的方法是要求学习者将他们的插图与作者提供的插图进行比较，这种方法应该谨慎使用，因为它可能是一项耗时费力的活动。学习者可以从讨论中受益，在讨论中，他们将自己的绘画与其他学习者的绘画进行比较，以提高他们将绘画作为生成性学习策略的技能。另外，对于学习者来说，培养学习策略（如绘画）的有用性的生产性信念是有用的。绘画作为一种学习策略的研究有着多年的历史，有强有力的证据表明，在适当的条件下，学习者生成的绘画可以帮助学习者更深入地学习科学文本，因此绘画在学习策略库中占有一席之地。

4.想象学习策略

该策略发生在要求学习者形成说明课文内容的心理图像时。想象学习包括确定图像中包含哪些成分，以及如何在空间上排列它们以显示其结构和因果关系。例如，学习者在阅读关于人类呼吸系统如何工作的课程时，可以被要求形成与关于系统结构或过程的文本相对应的心理图像，想象作为一种学习策略的理论基础是，形成与文本相对应的心理图像的行为可以启动选择（学习者选择包含哪些成分）、组织（学习者以空间布局排列成分）和整合（学习者将单词翻译成图片）的生成过程。尽管想象的目的是培养生成性加工，但一个重要的考虑是学习者需要高水平的动机来坚持一项不需要公开活动的任务。就实际应用而言，只要学习者在想象方面得到适当的指导，并有足够的知识来完成任务，想象就可以成为绘画作为生成性学习策略的有力替代。

应将想象策略应用到真实的学习环境中，比如帮助学习者从教科书、网上课程或者面对面的演示中学习。将想象策略应用到一些日常学习情境中是有道理的，尤其是学习者通过阅读科学文本来学习科学系统，或者通过阅读手册或注释图表来学习如何执行程序的步骤。到目前为止，我们只知道在短课时使用想象可以在短期内有所帮助，所以最初应用想象策略的好处是短课时或长模块的一部分。应用想象策略应考虑三个重要因素，即需要提供训练、使用特定提示，以及确保学习者有足够的知识和熟练程度。首先，学习者可能需要在如何为印刷（甚至口语）文本形成有用的心理图像方面进行明确的培训和练习，其中应该包括带反馈的练习。其次，学习者在学习过程中可能需要重点提示，指定要形成的图像的内容。最后，学习者需要有足够的课程知识和技能，这样想象任务就不会使工作记忆超负荷。因此，当学习者刚刚开始一个陌生话题的第一部分时，想象可能不是最好的技巧。为继续追求想象是一种有用的学习策略还需要进一步努力解决以下问题：第一，想象训练应该包括多少和什么样的活动；第二，想象策略如何能够有效地应用于整个课程，而不是一两页的课程；第三，想象在面对面的展示中学习的效果如何；第四，空间能力和视觉化学习风格的个体差异发挥了什么作用。同样值得确定的是，想象的效果是否可以归因于增加的研究时间，可以通过加入与想象组研究相同时间的对照组。想象效果背后的一个重要和未被充分研究的因素涉及学习者形成图像的动机的作用。总体而言，我们认为想象策略具有改善学习的潜力，因此想象应该被纳入学习策略工具箱。

5. 自我测试学习策略

该策略发生在回答有关以前学习过的材料的实践问题，以加强长时学习时。例如，学习者在读完教科书中的一章后，回答材料上的练习题，而不重新参考这章的内容。自我测试最有效的方式是涉及生成性测试，如自由回忆或暗示回忆，学习者反复参加实践测试，测试与纠正性反馈相结合，以及实践测试与最终测试之间的匹配比较紧密。测试可以广泛应用于学科领域和课程形式，包括从文本、多媒体和讲座中学习。总体而言，自我测试增强了对以前学习过的材料的长时回忆，这一点得到了有力的支持；然而，需要更多地来研究使用更复杂的学习材料（如科学过程如何运作）和更深层次的学习成果（如解决问题的迁移）进行自我测试的效果。自我测试可以作为学习者在家中使用的学习策略，也可以作为教师在课堂上使用的教学策略，还可以作为慕课或微课的学习过程中的策略。例如，学习者可能会受益于一些活动，如阅读教科书中的一章后回答练习题、解决练习数学问题和接受反馈，以及使用智能学习系统进行自我测试。这种技术的有效性取决于学习者的努力产生适当答案的程度。此外，教师还可以利用考试的学习优势，在课堂上或网上、课后或考试前进行低风险的练习测验。例如，有初步证据表明，课后通过远程学习者反应系统（即手持点击器）要求学习者回答课堂问题可以提高类似和新测试项目的考试成绩。反馈和讨论如何回答问题也可能有帮助。自我测试还可以应用于各种学习环境和学科领域，以实现各种学习目标。例如，测试可以帮助学习者获得新的词汇或从课文中回忆重要的事实；可以帮助学习者将知识应用到解决新问题上，如学习科学过程是如何工作的。总体而言，自我测试所需的认知活动应该与最终测试所需的认知活动相似。

二、自主学习策略设计

自主学习是让学生进行自我学习、自我探究，其核心是发挥学生学习的主动性，其主要方法是帮助学生"学"。在以学为主的建构主义学习环境中，常用的教学方法有支架式教学策略、抛锚式教学策略、认知学徒策略等。根据所选择的教学方法的不同，对学生的自主学习应进行不同的设计。

（一）支架式教学策略

支架式教学策略来源于苏联著名心理学家维果斯基的"最邻近发展区"理论，是指"应当为学习者建构对知识的理解提供一种概念框架。这种框架中的概念是为发展学习者对问题的进一步理解所需要的，为此，事先要把复杂的学习任务加以分解，以便于把学习者的理解逐步引向深入"。支架式教学策略由以下几个步骤组成：搭脚手架；进入情境；独立探索；协作学习——进行小组协商、讨论；效果评价。

（二）抛锚式教学策略

抛锚式教学策略要求建立在有感染力的真实事件或真实问题的基础上。确定这类真实事件或问题被形象地比喻为"抛锚"，因为一旦这类事件或问题被确定了，整个教学内容和教学进程也就被确定了（就像轮船被锚固定一样）。由于抛锚式教学要以真实事例或问题为基础（作为"锚"），因此有时也被称为"实例式教学策略"或"基于问题的教学策略"。抛锚式教学策略由这样几个步骤组成：创设情境；确定问题；自主学习；合作学习；效果评价。

（三）认知学徒策略

认知学徒策略的含义是通过允许学生获取、开发和利用真实领域中的活动工具，来支持学生在某一领域中的学习。"学徒"概念强调经验活动在学习中的重要性，并突出学习内在固有的依存于背景的、情景的和文化适应的本质。学徒策略为学习者提供了大量的实践机会，它把工作当成学习的内驱力，学习不是为了一步步接近一个象征性的目标，而是把出色地完成工作作为学习的直接价值。

三、协作学习策略设计

教与学通用策略中最具代表性的是协作式教学策略。协作学习策略是指两个或两个以上的学习者通过讨论、互助等方式来互促学习，提高学习成效的一种教学策略。协作学习策略所包含的所有方法都包含了这样一种思想：学生们在一起学习，对自己和学习伙伴的学习都要负责。协作学习策略按人数的多少可分为双人协作学习策略和小组协作学习策略。

在自主学习的基础上开展小组讨论、协商，以进一步完善和深化对主题的意义建构。整个协作学习过程由教师组织指导，教师和学生一起进行讨论。所提的问题应具有争论性，通过提问来引起讨论，切忌直接告诉学生应该做什么。除此之外，还要及时对学生在讨论过程中的表现作出评价，包括课堂讨论策略、角色扮演、竞争、协同、伙伴等。上述 5 种协作式教学策略在学习过程中均要求学生积极参与，因而学生的主体作用均能得到较好的体现。但是五种策略的实施特点又各有不同，前两种（"课堂论"与"角色扮演"）对教师主导作用的发挥要求更多一些，因此比较适合于以教为主的场合；后面三种更强调学生之间的相互激励、相互切磋和学生自身的独立探索，因而比较适合于以学为主的场合。在线学习体验活动使用论坛、案例研究或文章评论，虽然这些活动在面对面的环境中也能成功，但是在线环境为讨论增加了反思和严谨的机会。此外，所有学生都有机会作出贡献。案例研究以现实生活为基础，所有学生都有机会分享他们的经验。学生能够对其他学生的贡献作出回应，并系统地借鉴社区成员提供的想法。

第五节　混合式学习考核方式

高校教育领域混合式教学模式方面研究成果颇丰，而混合式教学质量评价方面的研究略显匮乏，且缺少系统性与可操作性。首先从四个角度分析混合式教学质量评价体系构建的必要性，然后阐明混合式教学质量评价应遵循的四个原则，从而构建线上线下混合式教学模型与质量评价体系。依托土建类专业核心课程，依据线上线下混合式教学模型进行混合式教学设计，构建可操作、可量化的线上线下混合式教学质量评价模型，并具体演示质量评价指标、权重及赋值，以期为高校教育领域混合式教学及其质量评价提供借鉴。

大数据革新思维方式为慕课、微课程等信息化教学创造条件，不断推动高校教育向"以学生为中心"的教育理念转变，混合式教学的概念也顺势而为地产生。混合式教学是把传统的线下教学与信息化式的线上教学有机结合起来，实现课前、课中、课后三阶段教学模式，充分发挥教师在教学中的引导、监控、解惑等主导作用，极大地调动学生学习的"三创性"、积极性、主动性[1]。

---

[1] 刘兴红，张军翔，李全，等.基于MOOC的混合学习策略设计与实践[J].湖北师范学院学报（自然科学版），2016，36（4）：91-96.

一、混合式教学质量评价体系构建的必要性

混合式教学具有学习场所不固定、教学手段多样化等特征，对学生主动学习要求较高，如果评价方式不当，未能激发学生主动学习动力，则混合式教学便失去意义。

（一）质量评价是反映教学质量的有效途径

教学模式的创新是为了不断提高教学质量，而教学质量的优劣应通过科学的评价体系进行评价，因此，构建出可实施的、能够实现定量评价的质量评价体系是混合式教学顺利实施的要务之一。

（二）质量评价是混合式教学实施的保障

混合式教学对学生主动学习要求较高，而主动学习正是高校学生的短板。为保证混合式教学质量，必须激发学生主动学习动力。因此，构建能够激发学生主动学习的质量评价体系势在必行。

（三）质量评价可促进学习质量的提高

传统考核模式以终结性考核为主，不能体现出过程性考核的重要性，必须构建同时兼顾过程性考核和终结性考核的评价体系，并依据课程特征合理确定评价指标权重，使学生重视学习过程，从而提高学习质量。

（四）质量评价是对教师工作成果的尊重

混合式教学与其他教学模式不同，线上教学必须要有在线开放课程平台，而在线开放课程平台的搭建需要耗费教师大量的精力，同时，为保证线下教学的质量，教师也需要细心地设计，通过不同的教学方法、教学方式来调动学生学习状态。故而，加强过程性考核会使学生充分吸收教师传授的知识。混合式教学在高校的应用越来越多，而要客观评价学习效果，必须构建科学适用的教学质量评价体系。

二、混合式教学质量评价原则

教学质量评价可约束教师不断进行教学诊断与改进，也可不断激励学生的学习热情。混合式教学质量评价应遵循以下原则：

（一）差异化原则

学生具备的知识水平不同，接受能力也有较大差别，故标准化的评价方式不适用于爱好不同、天赋不一、层次差别较大的高校学生。为了培养学生的沟通能力、协作能力及专业能力，应对不同层次高校学生开展差异化教学，评价对象亦可分为协作小组与学生个体。

（二）双主体原则

传统教学评价是以教师评价为主，对学生进行评价时难免具有片面性，可能导致部分学生为获取高分只做面子工作，也可能导致真正努力学习但不善言辞的学生取得低分。为了准确、客观评价学习情况，并使所有学生能够积极主动参与学习活动，混合式教学应在不同学习环节采用互评、师评等学生与教师双主体评价方式。

（三）全过程原则

传统的评价方式以期末考试成绩作为主要的评价依据，导致大部分学生不参与学习过程、不重视平时表现，严重缺乏学习动力。混合式教学不但要引入过程性评价，还要提高其权重占比，突出过程学习的重要性。混合式教学包括课前、课中、课后三个学习环节，全过程评价也体现在这三个学习环节的量化评价。

（四）透明化原则

评价结果是课程学习的综合体现，是学生学习成就的直观反映，为保证评价结果的公平性，应保证评价过程公开透明，具有信服力。混合式教学线上学习活动可通过课程网络平台查询踪迹与统计结果，线下学习活动可实现实时量化赋分，定期公布统计结果，接受全体学生监督。

三、线上线下混合式教学模型与质量评价体系的构建

（一）线上线下混合式教学模型的构建

基于混合式教学质量评价原则，构建线上线下混合式教学模型。该模型包括课前线上学习、课中线下学习、课后线上学习三个环节，每个环节由教师和学生两个主体实施任务。

（二）线上线下混合式教学质量评价体系的构建

线上线下混合式教学质量评价体系以过程考核与结果考核并重为原则，充分考虑线上、线下学习活动情况。教学质量评价体系具体包括 1 个一级指标、3 个二级指标、5 个三级指标，评价要点依据课程不同而有所差异。

第六章 混合式学习的教师和学生

第一节 混合式学习的教师

教师要对学生及其学习过程中的教学内容和教学媒体进行总体的指导和把握，教师要根据学生的特点为其选择、设计特定的教学内容、教学媒体和交流方式，教师是教学过程的组织者、学生意义建构的促进者、学生良好情操的培育者。课堂教学是混合式学习的主要组成要素，置于课堂教学环境中的教师就意味着在这一时间内教与学紧密联系，是不分离的。教师在这一教学环境中要直接面对学生，采用面对面的教学方式，对学习内容进行串讲，并对重难点进行深入分析，充分发挥教师的人格魅力、语言魅力和情感及时交流等其他媒体所不具备的功能优势，把课堂教学精心设计成为与学习认知心理活动的规律相适应的教学活动，是教师主导作用的集中体现。

一、教师具备的能力

（一）提高信息技术能力

在这个信息丰富的教学环境中，每个学生在学习过程中可能会产生各种出乎意料的情况和问题，教师必须能够随机应变并熟练驾驭各种信息技术。计算机作为现代教学的工具，在现代教学模式中的地位越来越重要，也就要求广大教师掌握好计算机技术，为现代化教学打好基础。此外，还要增强信息技术的应用能力，主要包括对信息技术重要性的认识，对信息的判断、选择、整理、处理的能力，以及对新信息的创造和传递的能力。同时应加强课件制作，为提高课件制作的数量和质量，适应多媒体教学的需要，需提高教师的课件制作水平，内容包括 Photoshop、PowerPoint、微课程制作、多媒体素材的采集等。总之，教师的信息技术能力要体现在以下几个方面：第一，将信息技术作为准备教学的重要工具，从备课查找资料，到设计、制作教学软件都可以应用信息技术，从而提高教师的工作效率和质量。第二，利用信息技术提高呈现教学内容的质量和效率，创设更生动、逼真的问题情境，引导学生进入自主学习状态。第三，将信息技术作为总结教学经验的工具，用软件记录、管理教学日志，并定期通过网络发表自己的教学体会，与其他教师交流。

（二）混合式教学的组织能力

混合式学习活动的组织教师需要具备足够的信息素养和教育技术能力，因此部分技术水平较低的教师需要得到相关的培训。此外，教师在组织混合式学习活动时需要得到相关技术部门和管理部门的配合和支持。在混合式学习中教师具有多重角色。首先，作为传授知识的教师，不能忽视掌握知识的教学目标；其次，具有问题专家的角色，对网络教学平台的问题进行尽可能深入的分析、讲解，回复学生提出的教学问题；最后，在掌握课程重难点问题、整体性把握教学内容的基础上，明确不同内容主题的学习目标，并设计具有针对性的学习方法，以达到对教学过程的全面掌控，为后续课程学习做好全面设计和准备。既可以通过教师的言传身教、师生之间的思想碰撞和情感交流等帮助学生形成健全的人格，也可以利用网络学习的优势，如丰富的媒介资源、便捷的学习工具、友好的交流互动等满足学生的个性化学习需求。

混合教学的开展与教师的教学思想和方法是分不开的。信息技术应用于课堂，不仅仅要求教师掌握信息技术基本技能，更重要的是要改变原有的教学观点和思想。改变传统的教学模式思想，提高教师的教学理论素养，向现代教学模式中的教师角色转型，要树立新型教师角色[①]。具体如下：

---

① 廖喜凤，史小平，陈玲霞. 混合式教学模式下教师的数据素养内涵研究 [J]. 中国教育信息化，2019（2）：74-77.

一是由传统课堂教学中的主讲人转变为学生学习中的指导者，由信息源变成导航者。网络提供的信息不论是在质还是在量方面都将优于教师。由于学生对学习目标和过程的认识有很大的局限性，因此教师必须按照教学目标去组织学习的整个过程，安排有关细节，包括如何运用网络来激发学生的兴趣，如何有效地获取网上的信息等。教师将由传统教学中的主要信息提供者转变为学生正确获取信息方法和技能的指导者。

二是由信息传授者转变为学生与各方面关系的协调者。混合式学习使得学生不仅能在学校中进行学习，而且在家里也能有效地开展学习活动。教师从网络教学中摆脱了大量的备课、上课等重复性劳动，有时间和精力参与更多的学校管理工作。学生很多时间都在计算机前度过，面对面的交流减少，这对学生的情感、意志力甚至认知方式等都会产生影响。学生如何思考、如何同别人合作、如何同别人沟通，甚至如何做人等，都需要教师的指导。

三是发挥好教师的主导作用，处理好与学生主体性之间的关系。混合式学习要时刻处理好教师的主导作用和学生主体性之间的关系。学生离开教师的主导作用会无所适从，甚至在有些时候会多走弯路，产生畏惧心理；但若过分强调教师的主导作用，又会削弱学生的主体性，增加学生的依赖性。为此，教师应向学生介绍相关的学习方法和教学模式，渗透自主学习的意识，帮助其建立学习应积极主动、自己安排的观念，以便尽快成为学习的主人。教师应该认真钻研课程内容，明确课程开发的意图和体例及局部和整体的联系。教师只有在熟练掌握教材内容的基础上，才会有多余的精力去考虑学生的各种情感和心理需求，最终使学生在情感需求处于良性状态时获得最佳的学习效果。教师必须能够随机应变并熟练驾驭各种信息技术。同时，教师应认真钻研和领悟课程内容，是整个多媒体课堂教学的灵魂。

四是教师考虑课堂教学与网上学习两种活动的协调。教师要考虑课堂教学与网上学习两种活动的协调设计与互补，如何更好地设计整个教学流程促进教学优化，促进学习效率。网上教学意味着教师要参与网络课程设计，在很多情况下，教师如果本身对技术不够熟悉，就需要花费更多的时间去学习网络设计和操作课程。虽然教师可以通过技术人员的帮助解决一些问题，但教师自身的技术水平会直接影响到混合式学习的教学设计和其效能的发挥，这对教师而言是更深层次的挑战与考验。正如英国学者纽曼所说："任何学科的一般原理，大家可以足不出户，通过书本学而知之；可是细节、色彩、口吻、氛围、生气，使得一门学科融入我们血脉的那股生机，凡此种种，要从师长那里捕捉，应该就教于充满智慧的师长，这样智慧才能学而知之，我们应该远行至源泉之地，酣饮甘露。"

（三）教师具备创造性的教学智慧

混合式学习本质上是教师智慧融入网络学习空间，对于教学来说，就是教师智慧融入平台，学生智慧融入平台。教学智慧是教师面临复杂教学情境时所表现的一种敏感、迅速、准确的判断与行动的综合能力。教学智慧展示常常伴随着教学过程中的方法、内容、技能等，使教学成为一种艺术。有人把教学智慧比喻为"跳荡在教学情境中的灯火"，意指教学智慧的偶然性、个别性、特殊性与不确定性。教师的课堂教学行为只能依据课堂教学实际发展的情景，结合教师个人智慧，感知教学发展态势，辨别那些具有某种发展趋势的"记号"，进而顿悟出与此态势协调的行为对策，从而决定自己的教学行为，这个过程就是教学智慧的表现过程。

课堂教学是一个教师对多个学生进行授课，学生提出的问题具有多样性和变化性，这就要求教师具有灵活性和随机应变的教学智慧。教学智慧就是面对千变万化的教学实际情境，是在教学活动中处理预设与生成关系的智慧。教学智慧是教师施教的根木，凭借其神奇的光焰，点燃学生的灵感和创造的火花，而让教学收到神奇之功。教学智慧是不可学习与传授的，而是将原则反省的普适性和感觉的特殊性结合在一个特殊的教学情境中，其践行本身就是目的。学校集体成员可以朝夕相处，相互观摩，共同切磋，相互启发，相互帮助。大部分教育心理学家都认为，主动学习的效果要胜于被动学习[1]。

马克斯·范梅南将这种教学智慧描述为："为了创造一种积极的言语气氛而形成的言语调和智慧，无声胜有声的沉默调和智慧，当眼睛和嘴巴相互矛盾时表现的眼睛调和智慧，身体和动作初次相遇时表现的动作调和智慧，营

---

[1] 王锦. 混合式学习背景下高职学生创新能力培养的教师角色研究 [J]. 科技资讯，2019，17（23）：139-140.

造一种专门的气氛来调和的气氛智慧，用榜样加以调和的教学智慧等。"创造性的教学智慧取决于教师能在不断变化的教育情境中随机应变的综合素质，是内化于教师的自身信念、价值与方法之中的实践能力，是教师对意想不到的情境进行崭新的、出人意料的塑造，是将教学活动中的所谓小事生成"意义"。所以，创造性教学智慧不仅是经验的产物，不仅是灵机一动，而且是立足于教师的才学、能力、教学艺术水平，特别是创造能力而生成的教师智慧。

（四）教师要主动适应混合式教学

混合式教学期待技术的变化促进学生课堂互动的数量与质量，但需要教师主动适应，采取有利于发挥混合式教学功能的教学方法，才能带来有利于提高学生参与度的教学改变。教师从线下走到线上的转变过程中，会有一段辛苦期。转变习以为常的教学方式，对教师来说是一个挑战，很多原本需要反复讲的学习内容，现在不需要了，这将大大减少教师在课堂上重复操练的时间，让学习更加富有成效。在网上学习过程中，也有学习者反映教师提供的学习资源太难或太简单。学习资料太难容易使学习者产生挫败感，导致学习者放弃学习；学习资料太简单容易使学生产生厌倦情绪，造成学习者缺乏学习兴趣。实际上，以上现象都是由教师的教学设计与学习者的内在特征不匹配造成的。

（五）创新开展多种混合式教学活动

教师要考虑课堂教学与网上学习两类活动的协调设计与互补，如何更好地设计整个教学流程促进教学优化及学习效率。教师越来越成为一个幕后的策划者与监控者，弱化了存在，但仍然是无形的操纵者，不可或缺，并需要更高素质与能力。

1.组建教师教学团队

混合教学的实施需要建立一个团队，由组建的专业教师工作团队整合专业相关的教学资源，遵循教学资源内容短小精悍的原则，定期更新订阅号信息，通过网络教学平台、微信公众号、手机远程直播平台公众号助手的群发功能，将教学资源信息快速及时地推送到学生的手机等移动终端，使其能有效地辅助课堂教学。不论什么教学平台，平台教学资源涵盖了多少内容，教师资源永远是教学资源最核心、最具活力的因素，要鼓励专业

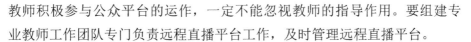

教师积极参与公众平台的运作，一定不能忽视教师的指导作用。要组建专业教师工作团队专门负责远程直播平台工作，及时管理远程直播平台。

2. 教师行为的混合

要想提高课堂教学的质量，关键在于对整个教学过程的控制。教师的指导作用不能弱化，教师要对学生课前、课堂、课后这三个阶段的学习进程进行控制，可实行外部控制与内部控制相结合，教师控制与学生反馈相结合，课前、课堂、课后的"三结合"方式。在整个混合教学过程中，教师按照已做好的教学设计，准备课堂讲授的内容，通过多媒体课件或板书呈现，根据学生的反应适当调整教学进度，改进教学方式。以混合教学理论为指导，发挥教育者的群体智慧，精心制作微课程。设计开发基于平台的微课程，确定学习者资源和学习任务的发布方式，对学生通过平台的提问进行合理的解答，并及时发送出去；通过平台，对学生的学习情况进行监控，加以记录和分析，以便应对后面的挑战。

3. 教师还要在网络上实施一系列的教学活动

教师的角色不再是一名教师，而更像是一名顾问或是教练。教师将较少关注对知识内容的确定和传授，教师的主要精力将放在对学生的主动学习过程进行鼓舞、激励和管理上，如网络课程制作、网上答疑、网上布置（批阅）作业、网上组织学生的自主学习活动、提供学习资源等。教师角色中"知识来源"的作用将部分由网络替代，即技术也可承担部分的教师角色，如自动答疑系统可以为学生回答常见问题、学生间基于论坛讨论减轻了教师的讲解、自测系统的自动改卷减轻了教师批改作业的负担等。信息资源获取机会的均等使得教师不再拥有控制知识的"霸权"，教师工作重点将不再是分发信息。虚实不同的教学活动空间让教师的行为呈现多样性，教师既可在真实的学校中体现教师的角色行为，也可在虚拟的网络中体现教师的角色行为。

二、教师的教学技能

（一）促进有效交互

计算机网络提供的论坛、博客、电了邮件、QQ、微信等社交工具，增加了交流渠道，使网上教学的交互更个性化，且不受时间和空间的限制。网上活动的虚拟性和隐匿性削弱了交互的情感性，造成了交互的不到位。在混合式学习中，教师的参与对有效交互仍然非常重要。首先，教师在交互过程中要注入情感因素，即使是在线交流也要体现亲和力。尽量避免命令式、权威性语言的出现，应多采用问题式、对话式，尽量减少发表评价性意见。尽管在网络交流中教师和学生的地位趋于平等，但教师的评论仍然具有结论性的效果，可能会阻止进一步交互的形成。其次，对于学生提出的问题或疑问要及时反馈。由于网络交互的异步性，学生不能像课堂教学那样直接得到教师的反馈，反馈存在一定的滞后。如果反馈太慢，学习者在反馈之前又学习新的知识，则会使知识发生断层，削减学生的学习兴趣。再次，教师要在学习者不同的学习阶段（如学习的准备阶段、学习过程中、学习结束时）提供不同的交互策略。最后，在混合式学习中，在线的交互要与课堂交流结合起来。

（二）学习过程管理

网上学习时学生的注意力不容易集中，自我管理约束能力下降。因此，在混合式学习中，教师对学习过程的管理是充分发挥教师的主导作用的重要体现。在学习的准备阶段，教师要提供学习支持和管理，如选择学习指导书，学习指导书包括了课程的内容和具体的学习指导；管理和更新学习资源，对各种资源进行采集、整理、检索和利用；鼓励学生使用平台提供的个性化服务，如个人日记、笔记本、书签等，根据学生的能力和需要引导学生选择合适的学习内容等。

在学习过程中，教师要监控学生的学习过程。在传统的课堂教学过程中，教师监控的作用主要是控制和调节，以保证教学能够顺利进行。在网络环境下，学习常在一定的学习情境中进行，并以任务为驱动的方式来完成学习，教学监控必须从课堂监控转到情境监控，从对集体监控转到对个人监控、小组监控和同伴关系的监控，特别是要监控学生的小组协作学习情况，适时加入他们的小组讨论，及时解答小组问题，明确小组分工，防止"搭便车"现象的出现，督促小组完成任务。

在学习结束之后，教师要根据前两个阶段的跟踪和监控，对学生的学习过程进行评价。在混合式学习的环境下，教学测评不应该只局限于考试，应该从关注考试转变为关注学生的成长，从关注结果转变为关注过程，对学生进行发展性评价。教师应采用多元化的评价方式，如发展性评价与总结性测验相结合，课堂学习的评价与网上学习的评价相结合，学生自评、小组他评、教师评价三者结合，知识目标掌握的评价和情感态度的评价相结合等。

（三）学习空间设计

在混合式学习中，教师不仅要为学生创设传统校园中的校园文化，还应该注意学生在网络环境下学习的虚拟文化氛围。网络环境下的虚拟校园文化建设主要是指网络学习社区学习文化的构建，要创造自由、平等的交互环境。混合教学的在线教学主要依托于网络课程平台和学习资源，它们是实现混合式学习的重要依托。目前，网络课程平台的功能设计主要由开发商完成，教师更多关注于知识点内容的选择和资源的设计。教师在使用开发商提供的网络课程平台之前要对其功能有个系统性的规划，发挥平台的个性化定制功能，使网络课程满足不同的需要。同时，教师可以根据自己的教学需要重新安排知识点的顺序，可以删除或添加知识点，以适应个性化教学的需要。对于学习资源的选择，教师要从关注"以教为主"过渡到"学教并重"，不仅要开发素材、课件类资源，更要开发支持自主探究、协作交流和研究性学习有关的资源；资源的内容不仅包括与课程内容相关的课程资源，还包括试题资源库和问题资源库[1]。

（四）提高行动知识

有一些激励性的想法吸引了学者的目光和注意力。一是行动知识。行动知识可以理解为一种为实际工作提供指导的知识方式。如果从不同的角度来考虑行动知识作为研究工作目标的真正价值，如谁需要什么知识，他们需要什么类型的知识，就能最好地理解行动知识的真正价值。例如，在学习经验中，行动知识可以用来塑造和解释学习者如何利用其经验知识，设计其学习环境的启示和其正在执行的学习任务。在学习空间设计领域，

---

① 冯晓英，曹洁婷，黄洛颖 ."互联网 +"时代混合式学习设计的方法策略 [J]. 中国远程教育，2020（8）：25-32，54，77.

行动知识可用于设计和评估的所有阶段，但其性质随发展阶段而变化。在概念发展阶段，学习空间的使用者与建筑师在概念形式化过程中所需要的知识是不同的。它不同于空间建设过程中所需的知识，也不同于评估哪些工作做得很好，哪些没有做好。一旦学习空间被使用，但被发现并不十分正确，确定对现有空间的功能差距的正确认识并加以解决，即使是以小的方式，也能从根本上改善人与空间之间的关系，为他们提供新的相互关系，以适应所需的学习和协作方式。强调利益相关者的角色、知识使用和知识创造实践、不同的思维方式以及不同方法所采取的哲学立场，所有这些都有助于人们理解可操作知识框架。

第二节　教师 TPACK 发展

一、教师 TPACK 研究现状

教师知识研究兴起于 20 世纪 80 年代，是随着教师专业化运动和认知心理学的发展而发展起来的。1987 年以来，舒尔曼（Lee Shulman）等国内外专家提出一名合格教师应该具备的专业知识结构。美国密西根州立大学的 Punya Mishra 教授和 Matthew Koehler 教授在舒尔曼提出的学科教学法知识（Pedagogical Content Knowledge，PCK）概念基础上，加入了技术元素，于 2005 年首次提出整合技术的学科教学知识（Technological Pedagogical Content Knowledge，TPACK）框架。科勒（Koehler）和米什拉（Mishra）认为，要实现有效的整合技术，教师需清楚怎样利用技术来表征相关的概念；要具备以建构主义理念应用技术并传授知识的能力；要了解如何利用技术简化学生所面临的问题与困惑；要弄清楚学生原有的知识结构，以及在其基础上应用技术同化或顺应原有的知识结构。值得注意的是，科勒和米什拉指出研究者需要结合特定的教学情境来理解与发展教师的 TPACK。譬如，教师需要根据学生、学校制度与文化、现有的基础设施与技术环境等实际因素来调整或完善其自身的 TPACK，以达到最优化的教学效果①。

随后，TPACK 的研究者致力于提高和扩展舒尔曼的 PCK，将之视为信息技术有效整合到教学和学习活动教师所必须具备的知识，这也引起国内外学者对 TPACK 研究的关注。"全美教师教育学院协会"（American Association of Colleges for Teacher Education，AACTE）是全美各大学的"教师教育学院"之间的联合团体，"创新与技术委员会"则是在该协会内专门为促进教育中的技术创新而成立的一个领导机构。委员会主编的《整合技术的学科教学知识：教育者手册》（*Handbook of Technological Pedagogical Content Knowledge for Educators*）于 2008 年出版，被美国教育界普遍认同。TPACK 是信息技术支持下的学科教学知识，它考虑到了教育研究领域的复杂性，是指导和解释学与教中教师对技术思考的一个分析框架。它有助于人们理解信息技术整合到学科教学中时教师知识的复杂网状关系，有助于人们确定熟练地将整合技术融入教育中所需的教师知识的重要成分，有助于人们确定教育教学中的复杂现象。TPACK 也提供了一种交流语言，使人们有方法去有理有据地讨论和界定复杂的网状关系。TPACK 是一种情境知识，深深地扎根在学科内容、教法和技术的互动关系中。该手册第二版于 2016 年出版，主要研究 TPACK 的概念和实施，即帮助教师将信息技术与特定教学有效整合的知识和技能。手册给读者梳理了 TPACK 发展概观，希望框架的理论、研究和应用方面在多重学习情境中有独特洞见。该框架为使用数字技术促进学生发展方面的应用和研究提供了一个明确而有指导性的教师知识框架，也为职业教育信息化进程中教师发展机制提供了借鉴。

我国对 TPACK 的研究始于 2008 年，此后在我国教育界对 TPACK 的研究逐渐兴起。TPACK 作为教育信息化进程中教师知识体系的一个框架，为国内教育专家、学者广泛关注。通过对国内教师 TPACK 相关研究文献进行梳理发现，目前，国内的 TPACK 研究大体上可以分为理论研究和应用与实践研究两大类。相关研究内容和研究状况包括 TPACK 的概念、教师的教学

---

① 魏志慧，胡啸天，邵晓婷. 慕课教学实践如何促进高校教师 TPACK 发展 [J/OL]. 现代远程教育研究：1-10[2021-10-15].http：//h-s.kns.cnki.net.libvpn.hainnu.edu. cn：3519/kcms/detail/51.1580.G4.20210527.0907.002.html.

设计、教师的培训方法、研究的前景等。

二、教师 TPACK 的结构

TPACK 是信息技术时代对教师专业知识结构的全新界定，是教师使用技术辅助进行有效教学所必需的知识。TPACK 给信息技术时代的学科教师提供一个设计框架，它由八大部分组成，其中包含三大核心要素，即技术知识、学科内容知识和教学法知识；四个复合元素，分别是学科教学法知识、整合技术的学科内容知识、整合技术的教学法知识和整合技术的学科教学知识；一个外围因素，即情境。

（一）学科内容知识

学科内容知识是对舒尔曼的学科教学法知识（PCK）中的学科内容知识的继承和发展。舒尔曼认为学科内容知识包括概念、理论、观点、组织框架知识、证明和证明知识，以及发展这些知识所建立的实践和方法。科勒和米什拉在舒尔曼研究的基础上，对学科内容知识进行了重新整合界定，他们认为学科内容知识应包括两个层次：第一层次是具体学科的概念性、理论性和程序性知识，组织和联系观点的解释框架知识，证明和校验的规则性知识。第二层次是教师应该掌握所教学科的实体性和句法性学科结构，其中实体性学科结构就是学科中具体的概念和规则被组织的方式，用以解释学科中的一些事实；而句法性学科结构就是学科中正确的和错误的、有效的和无效的规则集合。简而言之，一名教师所必备的学科内容知识，不仅仅是学科本体所包含的概念、理论和方法等基本知识，还应该包含对学科本体更深层次的理解，以及相关学科之间的联系。

（二）教学法知识

教学法知识就是指教师所具备的一般性的、与学科无关的教学策略和教学活动方面的知识。它包括教师对教学过程以及教学实践认识的策略和方法方面的知识，关于课堂管理、课程计划开发和实施、课程评价方面的知识，以及关于教学目标、教学设计、教学中所用的技巧和方法、教学评价方面的知识。具体的教学策略包括激发学生学习兴趣的策略、课堂信息呈现策略、与学生和家长沟通的策略、课堂组织管理策略等，教学活动包括探究式学习活动、协作学习活动、问题解决学习活动等。需要特别说明的是，这里的教学法知识一定是与具体学科无关的，能够被应用到任意一门学科的一般性的教学法，教师通过对此类知识的掌握，能够更有效地组织课堂教学，采用有效方法呈现课堂教学内容，了解学习者的学习习惯和倾向。因此，教学法知识是在对学习科学理论全面理解的基础上，将具体理论应用于课堂管理、课程设计和实施、学习者评价等教学活动之中的知识。

（三）学科教学法知识

学科教学法知识就是指教师所具备的，在具体学科的教学过程中，如何选择合适的教学法去呈现学科内容知识，建立起学习者原有知识水平、学科内容知识和学科教学目标之间的联系，从而实现有效教学。学科教学法知识包含两类知识：一类是某一学科一般性的教学法知识，这类知识一般可以在学科内跨知识点使用；另一类是特定主题的教学法知识，这类知识一般专门应用于某一概念、理论和方法的教学。学科教学法知识的核心理念就是转换学科内容而为教学所用，这种转换发生在教师寻找多种途径表示学科内容知识、重新编辑和整合教学资源以适应不同的教学内容和不同学习基础的学生的时候。它通过建立学生的知识基础、不同学科的内容概念与教学策略之间的联系，然后运用教学策略对学科内容知识进行重新组织与加工，从而对学科内容知识进行有效的表征，以促进学生对知识的理解。

（四）技术知识

技术知识主要指的是信息技术知识，可以分为初级和高级两个层次。初级信息技术知识是有关信息技术的具体使用和功能的适用性的知识，而高级信息技术知识是有关思考和使用信息技术的方式的知识，更多地指的是一种理念。信息技术知识的掌握也不是静止的，而是一个动态发展的过程，依据教学目标、教学对象和教学环境的变化，而在合适的时间、选择合适的方式将技术整合于教学的一种思维方式。从内容来说，技术知识包括两方面：一是关于技术本身的知识，即对诸如白板、计算机、网络等具体技术的实际操作方面的知识；二是应用技术的知识，即教师利用技术进行信息处理、交流和有效解决教学问题等方面的知识。技术知识是 TPACK

框架中动态性最强、最不确定的因素，不同学者对于技术知识的理解也不尽相同，主要表现在对于技术知识的广度和深度的理解差异。技术知识能够帮助教师更好地表征学科内容，方便地与同行、学生、家长等进行沟通和交流，利用技术优势高效地解决教学问题。

（五）整合技术的学科内容知识

整合技术的学科内容知识（TCK）是由技术知识和特定的学科内容知识相互影响和相互限制而形成的一类新知识。TCK 是指教师在对学科内容知识深刻理解的基础之上，在教学活动中，选择合适的技术去表征学科内容知识，让其在学习者面前变得更加通俗易懂，是教师对技术知识和学科内容知识相互影响和相互制约的方式的一种理解。教师对于此类知识的掌握，往往要求其不仅要了解和掌握自己所教授学科的内容知识，还要对技术的特点、使用方法、应用范围和限制有着深入的理解。技术的选择在表征学科内容知识的同时，也限制了能被教授的学科内容知识的类型。同样，学科内容的选择也会限制所采用的技术的类型。

在教育形态刚刚出现的时候，人类学习知识是依靠人与人之间的口耳相传完成知识由教授者向学习者之间的传递。印刷术和造纸术出现以后，书籍就成为知识的载体，造纸术和印刷术这类新技术与学科内容知识的结合，可以被认为是最早期的 TCK 形态，这就说明技术知识与学科内容知识有着很深的历史渊源。随着书籍的普遍应用，书籍与学科内容知识的组合就不再被视为 TCK。技术的出现改变了传统学科内容知识的呈现和表征方式，让学科内容知识以一种更加便捷、直观的方式呈现在学习者面前[1]。

（六）整合技术的教学法知识

整合技术的教学法知识（TPK）是由技术知识和一般教学法知识双向互动形成的。一般意义上，TPK 是指教师在教学活动中使用教学法的时候如何使用技术辅助，以提高教学效率的知识，更进一步说是指具体技术应用于教学活动时，教师对于教学和学习将发生何种改变的一种理解，指"对教学和学习如何因具体技术的使用而发生改变的理解"。在技术越来越多地

---

[1] 贾雪姣.TPACK 理论框架下教师教学能力提升策略 [J]. 天津市教科院学报，2020
（4）：21-28.

参与到日常教学的时代，TPK 对于教师来说显得尤为重要。大部分技术设计的初衷并非针对教育目的，如 Office 软件，主要是为商业环境而设计的，而是教师在日常教学活动中对其进行了再创造，使其具备了辅助教学和学习的功能。再如，社交网络、微博、维基等互联网技术，教师在日常教学活动中对其功能进行了创造性改造，使其具备了教育功能。在 TPK 的学习和掌握中，教师往往是以一个"设计师"的角色出现的，他们并不只是实现技术知识和教学法知识的简单相加，而是要具备某种创新性思维，思考如何实现技术知识和教学法知识的有效融合，进而促进学习者的学习。内隐知识是一种存在于个人头脑中，在特定的情境下难以明确表述的知识，它必须在特定的情境下通过个人亲自实践获得，且具有经验性、模拟性等特点。它之所以"不可言传"，在一定程度上是因为它不能脱离所镶嵌的情境。因此，有效的方式就是将这类知识连同它所镶嵌的背景一起呈现出来。只有有效地将学科知识与媒体技术合理整合，避免单一、枯燥、重复和交叉的模式，才能使学生的内隐知识得以提升。

（七）情境

TPACK 研究专家马里奥·凯莉博士对 TPACK 框架中的境脉因素是这样界定的，她认为境脉因素是指学生和教师组成的一个具体班级中，由包括课堂的物理环境（软硬件基础设施），学生的家庭背景、认知特点、心理素质和班级的精神面貌等诸多因素结合在一起的协同作用。境脉是整合技术的学科教学知识框架中一个较为灵活和松散的因素，对于它的理解可谓是仁者见仁，智者见智。TPACK 在创立之初是不包含境脉因素的，但随着研究的逐渐深入，研究者越来越多地认识到它的重要性。境脉因素与 TPACK 的其他要素的互动，会对教师的教学和学习者的学习产生促进或阻碍的作用。教师对于此类知识很难达到像其他要素一样的掌握程度，更多的是对于具体境脉因素的一种回应，使其和其他要素良性互动，促进教学和学习。

（八）整合技术的学科教学知识

TPACK 是一种对学科内容知识、教学法知识和技术知识以及三者之间的相互作用关系的理解的知识，是专家级教师在教学过程中需要经常用到的一类知识形式。Mishra（米什拉）等认为 TPACK 包括以下内容：使用技术的概念表征；以有建设性的途径使用技术来教授学科内容的教学法技能；有关是什么使概念难以或易于被学习的知识，以及技术如何帮助解决学生面临的一些问题的知识；有关学生的先前知识和认识论的知识；有关技术的使用如何依赖现有知识，以及技术的使用如何发展新的认识论或者强化旧的认识论的知识。

传统观点认为，学科内容知识决定教学法知识和技术知识。然而，在 TPACK 框架中，技术的更迭，可能也会引起学科内容知识和教学法知识的重构。因此，学科内容知识、教学法知识和技术知识在框架中是一种双向互动的关系。另外，不同学科、不同背景和处于不同情境下的教师对于 TPACK 的理解和掌握不尽相同，教师面临每一个具体的教学问题的时候，都需要对学科内容知识、教学法知识和技术知识进行重新组合和设计。因此，不存在一种万能组合能够适应每一门学科知识、每一个课堂。真正具有较高 TPACK 水平的专家型教师往往不是学科内容知识、教学法知识或技术知识掌握得最好的教师，但他们是最能够将自己所掌握的三类知识有效融合，维持一种动态平衡的教师。TPACK 作为信息时代教师专业发展的一种新的知识形态，成功地阐明了学科内容知识、教学法知识与技术知识三者之间复杂的交互关系；它不仅仅是一种策略性的思维方式，更是教师资格认证和培养向度的核心成分。

现阶段职教师资队伍整体素质难以适应职教信息化的快速发展要求，课堂观察结果也是如此，在教学中主要利用 PPT 或微视频，其他技术表征软件如学科专业软件、社会性软件、MOOC 等应用比较少，也缺少相应的学科教学资源。

三、教师 TPACK 提升策略

（一）完善教师实践制度，提高教师的工作过程能力

教师 TPACK 的实践特征决定了 TPACK 的学习与掌握发生在特定情境，作为信息时代教师知识的一种形式，是一个高度个人化的动态的情境知识。这些知识很可能分布在行业、企业、学校等不同的地点和社会环境中，这

将是设计教师学习经验的关键。TPACK 框架的有效性主要表现在用不同类型的技术知识来实现不同的教学目的。特别是针对中职生，基础较薄弱、自制力不强的状况，若能充分展现技术的优势，创设出新颖且别具一格的课堂教学情境，对调动学生的学习兴趣、激发学生的学习动机、调节课堂的学习氛围及提高课堂教学的效率都具有重要的作用。

（二）构建教师学习社区，促进教师 TPACK 知识的交流与共享

协同知识建构为教师 TPACK 学习和发展提供了一个新的视角，即如何借助信息时代提供的网上学习环境，借鉴协同知识建构的理念和方法促进教师 TPACK 发展，满足知识社会发展对教师提出的高要求，更好地展示教师的教学实践智慧。知识建构是一个创建、分享个人知识并不断修正公共知识的认知过程。构建 TPACK 课程研究社区能够充分地调动全体教师的智慧和力量，有利于解决个体不能理解的问题，与此同时，教师的合作与交流能够进一步推动 TPACK 理论与实践的发展。搭建信息技术交流且能资源共享的高校与中小学教师学习社区，将有利于高校教师借助集体的智慧解决个体在教学实践中所遇到的困扰。多学科的专业教师，包括专业课、文化课教师，从事理论教学、实训指导、信息技术学科教师，都应该踊跃地参与同行高校教师信息化的教学设计，主动地打破学科之间的界限，以达到更为广泛的交流协作和更加及时的互助支持，并汲取有效的经验。

（二）提高教师信息化教学设计能力，加强 TK 和 TPACK 之间的知识联系

决定新技术是否被采用，是否能充分发挥支持学习的潜力，其中一个关键因素是教师在何种程度上知道如何使用这些技术来支持学生的学习。技术作用于教学的当代观点有三个：其一，技术哲学视角提出的技术中介理论观点，认为教师和技术积极地相互形塑，理论知识和实践知识相互促进，教师知识具有鲜明的个性色彩而又与教学实践交织在一起。其二，TPACK 知识发展的情境认知理论，认为教师通过正规知识和实践经验主动建构 TPACK。其三，从教学设计科学的角度认为教师是技术增强学习的设计者。教师并不是对 TPACK 中的每个元素进行单一思考，而是从整体上思考 TPACK 各元素之间的相互关系①。教师 TPK 和 TCK 等知识养成，这种中介变量会将中职教师所具有的单一维度知识在教学环境中进行衔接。教师教育技术课程培训提供信息化教学设计能力，帮助教师将 TK 与 TPACK 建立联系。同时，高校教师又可以通过信息化教学过程实施的挑战性，去提升技术应用的熟练性、多样性和适应性，从而达到三个单一维度知识的应用到两个维度知识的整合，再到最高阶的三维度知识的教学整合，尽快提高 TPACK 的整体水平。教师 TPACK 知识的获得很难通过传统的课堂听课来实现，多年的研究和实践证明：观摩示范、案例研究、参与教学和交流讨论等是促进其发展的有效途径。

（四）实行分层侧重培养，提高 TPACK 发展的教学实用性

由于在学校获得的正式知识和实践经验之间的互动，因此教师知识是高度个人化且与教学实用性交织在一起。定期开展以校本培训为主的中职"双师型"教师培训，是高校教师系统获取并完善 TPACK 知识结构的一个很重要的渠道。目前培训内容的实用性与针对性不强，培训往往侧重于技术的操作知识，缺少将技术与学科知识、教学法知识联系起来的培训内容。同时，此类培训也较少邀请企业技术人员到现场，很难实现教学、实践以及研究一体化的培训模式。

结合实际结果和哈里斯的观点，提出高校教师 TPACK 分层发展的途径主要有三条，这三条概念化的 TPACK 发展路径有助于理解技术整合知识的本质，这里指的是教师在信息化教学环境中经历专业学习体验时所构建的技术整合知识。

1. 从 PCK 到 TPACK

这条路径有助于教师利用现有的学科教学知识来发展整合技术的学科教学知识。这种路径比较适合教学经验丰富，但技术知识和能力薄弱、信息技术与教学整合能力比较弱的高龄专家教师，让他们在掌握传统教学知识的基础上适当地利用信息技术。对教龄在 16 年以上的教师，应首先侧重对其新技术的入门培训，以适应新技术的教学应用。建立在 PCK 基础上的

① 贾雪姣. TPACK 理论框架下教师教学能力提升策略 [J]. 天津市教科院学报，2020（4）：21-28.

TPACK 具有缄默性特征，需要教师在信息化教学环境中有足够的时间和体验才可以获得。而这两种知识的获得不太容易模仿，需要对教学有一种真正的体验。

2. 从 TPK 到 TPACK

这条路径建议教师在开始阶段使用现有的技术知识，在教育环境中学会分析和应用特定的技术，然后利用 TPK 讲授专题内容，通过数字化工具和资源的使用而使得专题内容得到更好的呈现和表征。对 1～5 年教龄的初任教师，应加强学科教学与技术知识整合的培训，避免单纯的技术性培训。他们的技术知识基本上处于以课件为中心、相对封闭的课程整合初级阶段，还没能有效地实现技术与学科教学的整合，技术更多的时候只是作为呈现教学内容的工具，未能借助技术工具变革传统的课堂生态。

3. PCK 和 TPACK 同步发展

该路径鼓励教师以学习设计的方式，与具有不同专业知识背景的教学经验丰富的同事合作，在实践社区中解决实践问题，并互动式地合作发展TPACK 的各个方面。对于 6～10 年教龄和 11～15 年教龄的骨干教师，以引导其积极尝试技术整合的方式以及反思自身的教学经验为主，培养他们在新技术的选择与应用上的敏锐性和创造性，以实现技术整合教学的最佳水平。这种发展途径适合我国大力推进中职教育信息化建设，但大多数中职学校信息化水平比较低的现实。目前，这部分中职教师能选用一定的技术与学科内容知识、教学法相结合，但课堂教学中选用的技术只是服务于讲授式的教学模式，未能发挥技术的优势对课堂进行有效的管理；对学生的学习评价倾向于采取传统口头评价的方式，缺少如电子档案袋等技术评价手段的应用。

第三节　混合式学习的学生发展

在混合式学习过程中，学生同样需要对自己的学习结果负责，学生也不再是单纯的知识接受者，而是学习过程的主动参与者。学生需明确学习目标及自身的需求，以便自我管理；能选择合理的学习步调，并能利用技术手段；善于在学习情境中加强师生、生生之间的沟通与交互，以便交换问题或建议并互相帮助；创造群组的动力，共同完成学习任务。网上学习避免了部分学生畏于教师的权威，以致教学互动因此受限制的情形，也弥补了学生之间的互动受时间、空间、害怕影响他人学习与上课秩序等因素的限制[①]。

一、提高学生信息素养

教育信息化就是要提高学生的信息素养，让其转化成为学生的探索能力、自己发现问题和解决问题的能力，以及创造性思维能力等。学生若缺少必要的信息素质，构建混合式学习就会成为一句空话。首先，学生应具备一定的计算机应用能力，不仅能够使用一些基础的软件，如上网浏览、文字处理、Office 软件、电子邮件的使用等，也应掌握使用搜索引擎，进行信息资源的查找和收集，更快捷和正确地使用网络资源，来更好地为自己的学习服务。这是混合式学习的基本技能，学生一入学就可通过计算机基础知识课程进行学习和掌握。学生平时要提高使用软件、进行网络搜索、利用电子邮件和公告板等通信方式操作的熟练程度。其次，要具有网络交互能力。这表现为人机交互和人与人交流两个方面，人机交互主要表现在计算机应用能力上，人与人的交流也是要通过计算机进行的，尤其是通过网络参与协作式学习，交流的能力与技巧也很重要。

二、树立混合式学习理念

在混合式学习中，学生的角色地位已从原来的被动接受知识的对象转变为主动自主学习的主体，他们应当适应新的教学模式的特征。

（一）由原来的被动接受知识的对象转变为主动自主学习的主体

混合式学习中学生不再被动地接受信息，而是要主动思考、主动探索、

---

① 李艳丽. 混合式教学模式下学生自主学习能力发展策略研究 [J]. 科教文汇（上旬刊），2020（5）：46-47.

主动发现，由原来的被动地接受知识信息成为知识信息的主动建构者。正如建构主义学习理论认为，学习过程不是学习者被动地接受知识，而是积极地建构知识的过程，学习活动是以学习者为中心的。因此，学生应具有较强的兴趣和动机，同时，学生要尝试培养批判思维意识。在网络环境中，教师的主要作用不再是提供信息，而是培养学生自身获取知识的能力，指导学生的学习探索活动。这就要求学生发挥主动性和积极性，在教师指导下进行主动思考与探索，由原来的被动接受知识的对象转变为主动自主学习的主体。

（二）学会自主学习，开展协作学习

网上学习进行的是个别化的自主学习和协同学习，学生可以按自己的知识结构选择相关的知识内容进行学习；学生还要在很大程度上支配自己的学习时间、过程和空间，并强化自己所学的知识和所掌握的技能，具有进行及时测试并得到及时反馈的意识；在学习过程中，学生要培养和加强实时与教师和学习同伴进行交流、开展协作学习的能力，学生可以通过网络通信技术与同伴、专家及其他读者合作，发布作品并进行交流；学生可以建立个人主页或小集体主页，创设个性化的学习讨论平台。在网络支持下，学习者通过互相协同、互相竞争或分角色扮演等多种不同形式来参加学习，这对于问题的深化理解和知识的掌握运用很有好处，而且对认知能力的发展、合作精神的培养和良好人际关系的形成也有明显的促进作用。

（三）注重创造性学习，形成一种不断创新的思维模式

互联网是世界上最大的知识库、资源库，它拥有最丰富的信息资源，而且这些知识库和资源库都是按照符合人类联想思维的超文本结构组织起来的，因而特别适合于学生进行"自主发现、自主探索"式的学习，这样就为学生思维发散、创造性思维发展和创新能力的孕育提供了肥沃的土壤。在网络环境中学习，学生的学习过程不再由教师统一控制，不再像课堂教学那样强调集中思维、求同思维和正向思维，学生具有很大的自由空间，在学习中能更多地进行主动学习和独立思维，因此除了消化和吸收前人的知识与经验，还应更加注重创造性学习。

（四）培养组织能力和自控能力

现代教育技术手段为课堂教学所提供的教学环境，使得课堂上信息来源变得丰富多彩，教师和课本不再是唯一的信息源。多种媒体的运用不仅能够扩大知识信息的含量，还可以充分调动学生的多种感官，为学生提供一个良好的学习情境。在网络环境中，学生面对的是整个网络世界提供的大量信息，身边没有教师和各种规章制度的监督，学生的学习活动完全在自身的管理控制下进行。因此，学生要完成网上学习就必须有较高的组织能力和自我控制能力，这体现在自定学习目标、自定学习进度、自选学习内容、自定学习路径、自定参与讨论和协作学习时间等。

（五）增强参与意识，增加教学中的互动性

交互性是网络的特征之一。互动式教学网络的设计使师生之间在教学中以交互的方式呈现信息成为可能。学生在网络中不仅在接受，同时也在表达；不仅可以与其所在学校的教师发生交互作用，还可以向提供网络服务的任何一位教师请求指导，提出问题，并且发表自己的看法，使得互动学习可以扩展到世界各地。虚拟课程还要求学生之间有一定的合作，而不像人们所熟悉和喜爱的大教室，学生们常常互不知底细。此外，在网络中，学习者与学习环境、学习资源之间的关系也不再是定向的，学习者可以有自己的选择，自由进退，自主架构。

第四节 混合式学习体验学

一、学习体验相关概念

（一）何为"体验"

"体验"一词最初起源于哲学，随后进入心理学家的研究视野。在日益强调"尊重人、理解人、关心人"的社会背景下，"体验"在众多领域如商业、心理学、教育学等领域得到应用，形成了用户体验、学校体验、课程体验、学习体验等不同的术语。哲学视域中的"体验"最初由生命哲学家狄尔泰引入，并诠释为一种反对主客二分法的取向。体验被理解为人认识客观世界和生命感悟的过程，即表现为主体和客体之间的一种关系。人作为主体，必须与一定的对象交互作用才能产生体验，诚如狄尔泰所言："体验活动是一种特殊的、独具品格的方式，在这种方式下，实在为我地存在着。体验并非如一种感觉物或表象物那样对立于我：它并非被给予我们，相反地，只是由于我们内省到了它，只是由于我将它看作为某种意义上属于我的东西，从而直接占有它，实在体验才为我们存在着，只是在思维中，它才成为对象性的。"在这里，把"体验"看作是一种实在，但又不是一般意义上的客观物，而是要通过"内省"直接地而非中介性地据有的实在，体验活动使实在成为"为我地存在着"的"为我之在"。

现象学家胡塞尔和存在主义哲学家马丁·海德格尔等人则认为体验具有认知性，将其推进到认知领域，并开始从认知的角度来理解体验。体验的心理机制表明，体验的产生离不开一定的刺激对象，体验的心理现象正是在这种主客体消融的直观活动中，如其所是地呈现着。体验植根于人的精神世界，以精神世界的特性——想象为基础。体验是个人的"内在感受"，是与个体的认识、情意、经历、感受等相关，并指向内心世界且关涉精神生活的复杂的、多维的心理活动。体验旨在主客观世界的交流与融合，是认识活动与生命活动、理性与非理性活动的协调与整合，是"意义的建构"。心理学领域关于体验的理解主要表现为两个方面：一是将其作为情绪情感的核心成分，认为体验是人在情绪情感方面的主观感受，如强度、快感度和复杂度；二是将其理解为人的一种心理活动过程，认为体验是主体在亲历感受和深刻理解基础上对事物产生情感并生成意义的心理活动。

在教育学领域，研究者倾向于把体验看成活动及其结果的结合体，它既是主体亲历某件事的活动过程，也指通过活动获得认识和情感的结果。教育型体验要求观众有更高的主动性，为的是增进个人的知识或技能。还有逃避现实的体验，观众完全沉浸其中，积极参与整个体验的塑造过程。在狄尔泰的"体验教育"论中，他认为教育由三个基本要素构成，并按顺序依次存在，其分别是"体验→理解→表达"。大卫·库伯（Kolb）在其体验式学习中，提出的体验学习圈概念也体现了体验机制思想。关注学生体验的教学是以学生的经验与活动为基础，以学生的积极参与、身心投入为前提，以学生的自主体验和自我体验为核心，以提升学生的生命质量、促进学生和谐发展为目标的教学活动。

目前对体验的研究更强调体验是一种对身体的现象学体验，即体验是身体造就的，由此才产生了具身认知的概念，强调认知、心智对身体的依赖性。具身性就是体验性；具身性的研究不再只是有关身体的研究，而是关于文化和体验的研究。认知是通过身体的体验及其活动方式而形成的，未来的具身认知研究，必将深深地打上体验的烙印。体验是个体以身体为中介，以"行或思"为手段，以知情相互作用为典型特征，作用于人的对象对人产生意义时而引发的不断生成的具身状态。

（二）用户体验及其相关研究

"用户体验"（User Experience）这一术语于 20 世纪 40 年代出现在人机交互领域。目前，用户体验已经成为交互设计、产品设计、游戏设计等领域最为重要的研究内容，一般指用户在与产品的交互过程中形成的对产品完整的心理感受，包含的内容主要集中于产品的可用性方面，其目的在于通过评估用户体验以促进产品优化。国际标准化组织（International Organization for Standardization，ISO）提出，用户体验是指"人们对于针对使用或期望使用的产品、系统或者服务的认知印象和回应"。这一定义强调用户体验的主观性，且注重其过程的愉悦度和价值感，因此该定义得到了各领域学者的广泛认同。用户体验是一种纯主观的在用户使用产品或服务的过程中建立起来的心理感受。

《哈佛商业评论》提出："体验经济就是企业以服务为舞台，以商品为道具，以消费者为中心，创造能够使消费者参与值得记忆的活动。其中的商品是有形的，服务是无形的，而创造出的体验是令人难忘的。"体验经济"以用户体验为中心"，用户个性化意识增强，主动参与到信息服务中，通过持续、有效的交互表达自身需求，从而获得满意的个性化服务。按 James Garrett 的说法，用户体验包括用户对品牌特征、信息可用性、功能性、内容性等方面的体验。用户体验以价值实现为核心，由有用性、可用性、满意度、可寻性、便利性以及可信度六个因素构成。

体验怎么分级？当前，学术界根据体验深度将体验划分为三个层次；第一层次指持续不断的信息流向人脑，用户通过自我感知确认体验的发生，这是一种下意识体验；第二层次指有特别之处且令人满意的事情，这是体验过程的完成；第三层次指把用户体验作为一种经历，作为经历的体验考虑到使用的特定环境，能帮助用户与设计团队之间共享其发现。体验的最佳境界就是心流体验，是指个体全心投入于当下所从事任务时，内心产生的一种美好体验，此种体验使人忘却外界的眼光，不在意事情的成败，单纯地享受任务所带来的乐趣。心流理论为最佳体验提供了一个框架，一个同样整合了认知和情感领域的框架。心流理论确定了九项标准：明确的目标、即时反馈、技能和挑战的平衡、深度专心、问题被遗忘、可以控制、超越感、对时间的意识改变、经验变得不可或缺。这些标准一直被认为是最佳体验的共同特征。

（三）课程学习体验

课程学习体验评价的基本目标就是要从已知或者容易测量的影响因素来预测难以直接测量的课程学习体验。为了更好地研究课程学习体验与其影响因素的关系，我们需要将课程学习体验进行量化，也就是要建立课程学习体验到实数的映射关系，这样就可以研究课程学习体验关于其影响因素的函数模型，从而更准确地反映课程学习体验与其影响因素的关系。

课程体验，也称之为课程学习体验，相关研究开始于 20 世纪 90 年代。一般认为，课程体验是指学生在课程学习过程中和学习之后的感受。美国内力美教育基金会资助建设的美国教育改革术语表，将学习体验界定为：学生在学习过程中与课程、教学活动、教学交互、学习环境等所产生的体验。学习体验是体验的具体化，来自对课程教学活动的参与和投入，是教师教学与学生学习互动的结果。课程学习体验指学生在一定的客观环境中对所使用的课程内容或者教学活动的整体感知，表现为认可程度。据体验的生成过程及心理机制，可将课程体验简化为三个主要阶段：

1. 环境感知阶段

这一阶段的主要特征表现为学习者对课程环境及其学习活动的初步感知和认识，包括对课程内容与资源、课程的组织与管理、课程平台的功能、学习活动形式等外在环境的认识和感受。

2. 活动体验阶段

学习者在进一步参与课程的学习活动中产生学习需要和学习情感，并在完成学习任务和挑战的过程中形成对学习支持与服务、师生交互、学习自由度等方面的理解和感受。

3.效果评估与价值判断阶段

学习者对在线课程学习过程及结果的整体体悟与心理反馈，也是学习者对目标是否达成、学习效率以及收获等方面形成的感受和评价。

（四）混合式课程学习体验

基于对体验及其相关概念的分析可以发现：学习体验是学习者在学习前、学习中和学习后产生的感受和印象。不同的刺激对象会有不同形态的感知和反应，学习体验正在超越传统面对面扩展到远程学习、混合学习的范围。远程学习者使用网络课程学习时与教师、同学、教学材料进行交互所产生的上述主观心理感受称为网络课程用户体验。学习者对智慧学习环境、学习活动和学习支持服务等学习过程中涉及的诸多教学要素的感知、反应和行为表现，界定为智慧学习环境的学习体验。混合式学习体验可以理解为学习者对混合课程学习过程及结果的感知与体验，它是学习者对混合课程环境、混合式学习活动、学习交互等多方面的感知和反应。

"混合式学习体验"一词，从整体意义上解释就是：学生在实现其教育目标时所经历的各种因素的组合。这些因素包括学生满意度、参与和动机，知识的成功获得，课程完成度（持久性），课程传递方法等。在混合式教学环境中，从体验的两个方面系统地探讨"学习体验"是至关重要的：一个是在学习管理系统中自动记录的行为体验，如 Web 日志，另一个是可以在每个学习事件过程中测量的心理体验。通过结合学习体验这两个维度，我们能够分析每个学习者在网上学习中的体验，并进一步提供最优化的学习体验。

（五）课程体验问卷

课程体验问卷（Course Experience Questionnaire，CEQ）是目前应用最广且最受认可的学生评教的调查工具之一。最初是由拉姆斯登（Ramsden）在 20 世纪 80 年代初在英国就读博士开展教学质量评价研究时开发的，后经不断修订发展成为成熟的教学质量评价工具。CEQ 类型的调查在西方的大学中很普遍，近年来已被广泛应用在澳大利亚和英国的高等教育教学质量评价中，该问卷能够在课程层面对不同学科、不同学校的教学质量进行比较。CEQ 还被用来反映大学生所处的课堂层次的学习环境，或者被当成院校资源配置的依据、系科比较的衡量标准以及用来改善本科生课程的形成性评估方式。课程本身通常极具体验性特征，因此，学习者自身的体验感知很大程度上影响其对课程的态度、看法和使用决策。

二、学习方式相关研究

（一）学习方式的分类

根据学习者的学习方式及其所达到的理解层次，学习可划分为深度学习与浅层学习两种学习类型。深度学习一词最早出现于 20 世纪 70 年代，是基于学习本质的层级理论提出。通过研究学习者如何感知特定阅读任务，然后开始学习，提出了"学习方式"这一强有力的概念，这成为新出现的概念框架的出发点，一般称为"学生学习方式"理论。它有两个主要方向：现象学和建构主义与系统理论。然而，所有 SAL 子理论都普遍认为学生的感知和与学习有关的活动对教学至关重要。此后 Biggs（比格斯）和 Collis（科利斯）的可观察的学习结果的结构（Structure of the Observed Learning Outcome，SOLO）分类理论，发展了深度学习理论，至此对深度学习的理解达成共识。此后，关于深度学习的研究日渐增多，不同研究者也从多样化的角度阐释了深度学习的概念。

不同学习方式在记忆方式、知识体系、学习投入程度、学习中的反思状态、思维层次和学习结果的迁移能力等方面皆有明显的差异。其中，深度学习是学习者利用深度学习法来获得高质量学习结果、实现有意义学习的一种高阶学习，其最终目标是促进全面学习目标的达成和高阶思维能力的发展，其预期的结果类型主要集中在认知、动作技能和情感态度等领域。研究认为，在学习上害怕失败和注意力不足的学习者倾向于采取浅层学习法，同时得到表层学习结果；而采取深层学习法的学生能够将自己融入材料，获得高度体系化的知识。深度学习指通过应用批判性思维与问题解决能力、沟通与合作能力、创造与创新能力等高级技能以及积极的学习态度来掌握严密的学术内容知识并学会如何学习。本质上看，深度学习是一种主动的、探究式的、理解性的学习方式，要求学习者掌握非结构化的深层知识并进行批判性的高阶思维、主动的知识建构、有效的迁移应用及真实问题的解决，进而实现元认知能力、问题解决能力、批判性思维、创造性思维等高阶能力的发展。

掌握核心学术内容能力是学习者在对学科知识理解的基础上，能够将知识应用于其他情境中的能力；批判性思维和问题解决能力是利用工具和技术收集核心知识、信息来形成并解决问题的能力；学会学习能力是监控、指导自己学习的能力；学习心志能力是发展维持积极态度和信念，从而提升学术坚韧、促使有效学习、攻克难关，最终实现目标的能力；协同工作能力是与他人合作，以识别和创建学术、社会、职业和个人挑战的解决方案的能力；有效沟通能力是清楚地组织与表达自己的数据、发现、想法的能力。这些能力是对学习者在快速变化的工作和公民生活中获得成功的关键能力，它们的有效混合应用于核心内容的掌握时，将会极大助推预期学习结果的达成。

（二）学习过程问卷

问卷调查法是评估深度学习最常用的方法。常见的问卷类型有学习过程问卷、认知过程问卷、学习过程调查、学习技能量表等，这些问卷大多着眼于学习过程，考查学生在学习过程中是否运用了深度学习的方法。由于研究者对深度学习的理解和研究视角的差异，其评价维度也各有不同。目前，SPQ、LPQ 已经产生了世界性的影响：作为学习方式的测量工具，它们的信度与结构效度接受了不同地域和不同文化的检验，世界各地的许多研究者都将它们视为评测学习方式的有效工具。

比格斯的学习过程问卷（SPQ）将深度学习解构为高阶学习、整合性学习、反思性学习三个维度来编制调查问卷。问卷调查的方式能以较高的效率调查出学习者的学习情况。然而，调查结果完全取决于学习者对自身学习方式的主观判断，存在较大的主观性，其效度也值得怀疑，因此不少研究会综合多种类型的问卷或整合多种评价方式来提升研究结果的可靠性。基于学习过程问卷及其最近更新的版本，比格斯和他的同事修订了学习过程问卷，以测量学习者的学习方式。许多研究考查了大学生的学习方式及其与其他结构的关系，如个性、认识论信念、学习观念和课堂环境。学习者的学习方式与他们的个性和学业成绩相关。

三、学习体验与学习方式的关系

学习者对课堂教学情景的感知对他们的学习方式有显著的影响。根据体验和目标实现之间的对应关系，学习方式实际上关注的是认知目标实现，体验主要是参与学习过程后的行为体验和认知体验，以情感体验的方式表达，任务和能力的协调、挑战和自我效能的一致。按照比格斯的学习理论，非常注重学习者在教学环境的核心方面的体验，因为这些体验往往与学习者的学习方式及带来的成就密切相关。

对学习结果和过程质量的关注，揭示了学习者如何看待两种学习方式——深度学习和浅层学习。从教育的角度来看，深度学习和浅层学习涉及设计教育环境，其明确目的是获得更高层次的学习成果，前提是情境决定了学习者的学习方式。形成学习方式的两个最重要因素是评估和内容量。首先，学习者将会以奖励的方式对待学习。也就是说，如果你只进行回忆测试，学习者将以浅层学习的方式来学习。如果你希望学习者深入学习，那么学习者必须参与讨论和协作任务。然而，如果学习者因内容太难而被压垮，或没有机会讨论、反思和消化所呈现材料的意义，他们将几乎没有机会深入有意义的学习。教师可以通过设计和管理课程内容来影响学习者的认知和学习方法。也就是说，学习成果的质量在很大程度上受到教育设计师和学习社区的影响。

基于比格斯的预测—过程—产品（3P）模型，Lizzio（利齐奥）等构建了 CEQ、学习方式和学术结果之间关系的理论模型，提出了浅层和深度方法作为学习者课程体验对其业成绩影响的中介变量。这一模型的有用性也得到了实证数据的结果。关于学习者的课程体验与他们的学习方式之间的关系，以往的研究结果一再表明，对良好教学的看法、明确的目标和标准、强调独立性和一般技能通常与深度学习方法有关，而繁重的工作量和不适当的评估通常与浅层方法有关。体验与学习方式的关系十分复杂，心流体验的产生是任务挑战和实现能力的协调，需要全身心地投入，是愉快的体验，指的是行为、情感投入，不一定包括认知投入。深度学习要求认知投入，是实现认知的高阶目标，浅层学习是认知的低层目标；浅层学习目标对有些学习者需要全力参与，对有些学习者不一定达到心流体验，不同的内容和不同的学习者，达到心流体验的程度也不一样；经历同一教学过程，学习体验也不一样，目标的达成也不一样，这与学习者的个性特征有关。

第七章　混合式学习课程实践

第一节　学习辅助

　　教师所扮演的角色是构建一个成功的混合式环境的关键，而其中"辅助学习"这一特定要求是必不可少的。相比之下，在没有教师在场和互动的情况下，通过在线访问课程文档和内容材料所创建的混合式学习体验不仅是内容的混合，更是学习体验的混合。教师必须学习和运用"在日益网络化、技术化、数字化（和面对面）的教室中进行教和学"的技能，让在线虚拟教室也成为混合式课程中的教学空间。

　　混合模式通常比完全的在线模式或面对面模式更加复杂和多元……教师必须知道什么时候该换挡，什么时候该增加新的任务或资源，什么时候该让学习者离开去探索自己的兴趣点。这点明了混合式教育中教师的辅助功能，即在面对面和在线课堂上安排和支持学习者的活动和学习。辅助是教学活动的核心，存在于由师生活动而产生的探究性教育共同体中[①]。不论学生还是教师，两方所做出的辅助行为均可以创造气氛、支持话语并且监控学习，以便于探究行为的出现和发生。通过辅助的行为，学习者与其他学习者以及教师之间都可以建立联系，也可以共同参与到教学内容中，以知识载体的身份出现，并执行所有对发展和维系学习共同体而言至关重要的活动。

---

① 林广凤，周秋淑，赵海波.混合式教学模式的发展应用[J].科技视界，2018（14）：116-117.

一、教学存在的重新审视

教学存在是创建和维系探究共同体的必要元素，可为探究过程的连贯、平衡和发展提供框架结构、便利辅助和前进方向。教学存在的目的和意义在于应对和处理 CoI 协作框架中认知存在和社会存在所面临的挑战，旨在促进探究，以实现个人价值和教育价值。教育存在是 CoI 协作框架中的核心，其三要素——设计与组织、辅助、直接指导——虽然各不相同，但并非相互排斥。具体而言，设计和组织这一要素所包含的活动需与共同体辅助、学习环境构建以及师生参与相适应。辅助这一要素通过促进反思和话语为学习者提供必要的支持和指导，可确保共同体内的成员之间建立社会存在，并转而将认知过程推向能够体现个人意义和教育价值的学习成果。直接指导不同于主导和支配，原因在于教师的过度支配将会令学习者产生畏惧心理而减少课程参与度。适度的直接指导应为学生提供必要的领导力，以确保内容的准确性和边界。

在一个混合式探究共同体中，辅助这一关键要素会由于在线环境的介入而变得更加多元化。首先，教师需要面对面创建适用于辅助在线探究共同体的所有基本要素。其次，教师需要确保在面对面和在线交流两种情境中，都能够从氛围设置、话语支持、学习监控和规范等方面给予恰当的辅助。最后，通过辅助的方式，学生将体验到在线探究共同体与面对面共同体之间具有连续性和一致性。换言之，在混合式环境中，虽然两者可以依次单独出现，但必须融合为一个整体。

需要注意的是，"教学存在"不能等同于"教师存在"。"教学存在"一词指的是教学活动和教学作用，而不仅仅是登记在册的教师。在适当情况下，每个人都有机会通过辅助和直接指导来作出贡献，辅助者可以是学生、辅导教师或校内外专家。但不论辅助者是谁，都必须承认和支持教师在学生中的作用。例如，作为辅助者的学生，可以以一种促进自身或其他学习者的自我管理能力和监控能力的方式参与进来。在一个混合环境中，无论是在面对面还是在线教学情境下，教师必须为类似的同辈互动提供机会。当然，在互动开始前，教师可先创建一个适当的、相互尊重的氛围；而在互动期间，教师需要在场或在线，以便于在学生出现任何不恰当或不相关行为时重新将活动内容和轨迹引导回正轨。

二、辅助的原则

希腊哲学家 Heraclitus（赫拉克利特）曾说过："唯一不变的是变化。"当在线和面对面交流的融合产生了一个新的混合式教育环境时，教师就需要因时而变，着手对自身的角色进行重大的调整。这不仅对于混合式环境而言是必要的，而且对于当代这个新型社会中的教育而言也是必要的。换言之，为促进混合式环境下探究共同体中学生的社会存在和认知存在，教师需明确辅助需遵循的相关原则，这也是变化中的一部分。

（一）辅助社会存在的原则

为了让学生在社会中存在，他们必须有机会进行互动。社会互动和学术互动对于学生体验极其重要，而且可通过认知存在对深度学习产生影响，这些均已经得到了广泛的证实。

1. 原则内容：创建共同体，形成凝聚力

若要创建并维持一个探究共同体，团队成员之间必须进行有目的的参与、互动和联系。在创建共同体时，辅助者可以通过适时鼓励、建立模式或支持活动等方式帮助学生启动探究共同体的任务，从而使每位成员都相互熟悉并找到与其他成员之间的联系。这些联系的强度和进展模式，将会成为衡量每个群体内部凝聚力的标尺，进而决定了此团队是否可以成为一个共同体。具体而言，团体成员的参与和互动越具有发展性和意义，其联系就越紧密，而凝聚力也会越强大。那么，一旦共同体建立起来，就越有可能进行深入和有意义的学习。在一组学生的首次会面中，辅助者在确保共同体的发展方面扮演着关键角色。在混合环境中，为各种线上线下活动建立模式和实施鼓励同等重要。在混合环境中维系一个探究共同体同样充满挑战。仅仅依靠在线环境建立社会存在是不够的，还需要通过面对面的方式进行培养和管理。若要在现实中，尤其是大课堂中实现这一目标尤为困难。社会存在要求每一个人以诚实有效的方式在社会交往层面和情感层面上展现自己。这种自我展现可从教师开始，这就要求教师设定公开、公平、安全和思辨的基调①。在混合课程或项目中，教师可在面对面和在线环境中施以辅助，以培养此种基调的形成。

2. 实施策略

在此原则的实施过程中，教师须依据不同情境和课程进行的不同阶段采取相应的实施策略。通过列表的方式展示了一系列在面对面和在线情境中辅助促进社会存在的策略（表 7-1），一目了然，可供教师参考和借鉴。

表 7-1　面对面和在线情境中辅助促进社会存在的策略

策略	面对面情境	在线情境
为首次介绍以及进行中的社会互动提供机会	当学生人数众多时，这可能会很有挑战性。首先，向学生承认互动很重要，尤其是在网上。其次，至少前几次课程中为小组互动提供统一的支持。如果可能的话，持续地提供支持。教师传达得越少，学生参与度就越高	要求并创建适当的虚拟空间以用于存储和展示成员的介绍内容，包括文字、照片、音频或视频。明确表示成员之间需要相互了解，鼓励成员之间进行与学业讨论无关的在线社会互动
为同一学习共同体的成员设定共同认可的规范	最好在第一节课进行。学生之间进行了一对一的互动之后，让其回想一下他们最有价值、最令人满意的课堂经历，并思考在这种环境下，哪些非正式的规则或规范在起作用，征求意见并记录下来。例如：每个人都需出现；每个人都需参与；准时开始；遵守时间；尊重个人观点；可以进行反对；不要对个人或团体发表具有伤害性的恶意评论。一旦记录在案，询问是否有人对任一规范有重大的担忧，可根据需要进行加工和改写。告知学生此规范同样适用于在线环境。在学期初提醒学生每节课的规范，必要时可采用提醒器	确保学生理解面对面制定的规范同样适用于在线环境，但如果有独有的实施方法，需要明确指出。需要多少帖子？什么类型的帖子？多大的发帖量会算作过量？这些都要在虚拟教室中进行明确和公布。必要时需提醒学生相关规范
讨论每种学习模式的独特性质及融合性	明确面对面环境和虚拟环境之间的异同，以及对学生参与两种情境的期望。在适当的情况下，分别列出参与两种情境的分数。及时处理学生有关此方面的所有问题或顾虑	在网上发帖讨论面对面与虚拟环境的异同。重申对学生参与两种情境的期望。在适当的情况下，在网上公布与参与情况有关的分值

① 冯晓英，吴怡君，曹洁婷，等 ．"互联网＋"时代混合式学习活动设计的策略 [J].
中国远程教育，2021（6）：60-67，77.

（续表）

策略	面对面情境	在线情境
概述所需的活动，并为关心角色要求的学生提供支持	记录问题和关注事项。学生在网上学习时，会经历显著的角色调整。数据显示，在线的学生面临着学习者的新角色认同、学习技术的使用、新学习活动（如基于文本的讨论）的设计、互动水平的提高以及在线教师的角色等方面的挑战。 在混合环境中，角色调整同样重要。在学生参与重要的在线学习之前，面对面地讨论这些可能的问题，会防止这些担忧，并增加在线学习的适应性和舒适性	讨论学生在网上学习时经历重大角色调整的可能性。提供机会让学生陈述与网络环境或与课程有关的问题。在网上创建一个 FAQ（常见问题）区域，提供有关技术和在线工作的信息
讨论每种学习模式的独特性质及其融合性	传统的面对面课堂是不允许社交活动的（课堂上不能窃窃私语或传纸条）。在线环境为社交互动而非基于内容的学业讨论提供了机会。 如果可能的话，为学生提供面对面自我介绍的机会。还要强调允许甚至鼓励学生在适当的领域或网上论坛进行社交互动。随着共同体的发展，学生们会利用课前和课后的时间互相问候和交谈	设立不同的讨论区将两类讨论区别开来：一类与社交讨论和共同体发展相关，另一类与依据材料和学习目标而产生的内容和关键问题有关。在课程早期，就应该明确这些期望
为所有课程活动提供明确的方向；概述和讨论课程内容、技能、活动目标和期望	利用课堂早期的面对面时间概述和回答有关活动、阅读、作业和时间表的问题。创建一个明确的教学大纲，包含详细的学习成果、期望、作业和时间表。这份文件可以写下来，并发布到网上	在线发布面对面互动中出现的关于活动、阅读、作业和日程安排的问题以及答案。同样，也需发布明确的教学大纲、详细的学习成果、期望、作业和时间表
明确学习者的选择权和灵活性	可能的话，给学生提供在活动、作业、内容和领导力方面的选择权。在第一堂课上需向学生明确表明存在这些机会	明确在线学习者在活动、作业、内容和领导力方面的选择范围。例如，学生有机会辅助讨论，提出与课程主题相关的有趣和有价值的问题和资源
为教师和学生提供分享经验和相互支持的活动	安排师生互动的机会（一对一或以小组为基础）以便于进行社会和学术互动。师生之间的互动可以培养信任，减少学习障碍。要求师生作为真实的、有感情的人出现在社交场合。随着时间的推移和共同体的发展，社会互动将融入学业话语	使用同步和异步工具支持师生互动（一对一活基于小组）以便于进行社会和学术互动。安排虚拟办公时间进行同步聊天。确保学生知道如何使用这些工具。作为一个真实的、有感情的人在社交网络上出现

（二）辅助认知存在的原则

辅助的作用是多重的，可通过促发社会存在而达到培养认知存在的目的，最终帮助学生实现深入而有意义的学习。具体而言，首先，对社会互动进行辅助可以提升探究共同体中成员的参与度、信任感、安全感和熟悉感，从而有可能出现社会存在——这为接下来所进行的严谨的辩论、话语和协作活动营造了氛围。当然，辅助的作用并不止步于此，实际上，持续的辅助会促发社会互动进入学术互动和思辨话语，并将社会存在与认知存在之间的交流转化为深入而有意义的学习。

1. 原则内容：建立探究动力（有目的的探究）

探究过程既深嵌于有凝聚力的学习者共同体中，又是此共同体的结果。实践性的探究过程是认知存在的基础。由于各类问题、话题和主题等客观存在所包含的因素和内容极其复杂多样，而且其含义从表面到本质存在多个层次，因此，探究的动力就在于对其复杂程度和意义在多个层次上的介入和互动。层次越高，难度就越大，探究者付出认知努力就越多。当然，仅仅依靠探究者自身的好奇心和能量储备是不足以促发这种复杂性变化的过程的，必须通过构建恰当的话语来进行辅助，使探究过程从触发事件、探索、整合进行到解决问题阶段。辅助在互动的最初阶段是最为关键的；但是随着复杂性的增加，直接指导会变得越来越重要。换言之，辅助机制对于启动和建立探究动力是非常必要的，但当话语辅助不能够将探究导向整合和解决阶段时，教师可以采用直接指导的方式。

此外，在混合环境中，在线环境通过增加互动、提供及时反思和具有可持续性的辩论等方式为探究动力提供了一个支持性环境。Garrison（加里森）团队提出了九种支持面对面和在线探究的辅助表现：维系舒适的学习环境；集中讨论具体问题；确定同意 / 不同意的领域；寻求达成共识 / 理解；鼓励、承认和加强贡献；吸引参与者，促进讨论；评估并明确流程的有效性；参考相关资源，例如教科书、文章、互联网、个人经历；总结讨论的过程和内容。

2. 实施策略

为确保建立并维系实践性探究的动力，使学生在历经四个阶段的探究过程后，得到认知水平的提升，教师需采用适当的策略来辅助认知存在。

Garrison 团队在实施策略方面为教师提出了具有很高参考价值的建议，如表 7-2 所示。

表 7-2　辅助面对面及在线环境下认知存在的策略

策略	面对面	线上
辅助机制需基于合作和谈话；在小组讨论和联合项目中使用合作学习原则	将应用学科主题作为触发点来提供探究动力。在触发事件之前，必须关注问题答案所需的内容或对材料的好奇。教师可以通过将关注点引入要点的方式，激活阅读等学生活动。这可以通过图像、故事、提问、问题和信息演示的方法来实现。学习活动的合作包括对大群体的指导（例如，提出问题，展示图像或视频片段），还可以包括小组作业。协作学习可以超越触发因素，扩展到探索和整合阶段，最终达到解决问题的目的（例如：会 / 可能 / 应该发生什么事？）	话语是指以对话互动为特征的在线讨论。要使话语具有协作性，教师角色必须从专家转变为过程领导者和学习支持者，将学生评论与内容、例子和每一个人相关联。在作业和活动中创建小组讨论和联合项目的机会
在与学生互动中塑造和鼓励学生的反应性和即时性行为	提前到场，准备引领班级。负责任地与学生进行眼神交流、点头、微笑和互动，及时处理问题	经常在网上发言，不要打断讨论。与其对每一篇文章作出回应，不如提供综述和鼓励
通过在讨论中分享经验和信念，建立并鼓励情感表达	在教育环境中会产生情绪，尤其是当环境与成就、动机和参与相关时。适当的情感表达是可以接受的，也可能是有益的	要真实、有感情，而不是冷静、审慎和客观。在网络环境中，由于缺乏传递大意和情感信息的非语言线索，教师需要作出调整，需根据情境和内容分享你的想法、感受和经历
通过让学生总结讨论来分担对话语的辅助作用	通过允许学生主导讨论和 / 或呈现内容，提高认知参与的可能性。在课堂上分担引领作用	在线实施此项策略更需要技巧。如果学生在总结中偏离了主题，教师需要监督并认真改正，原因在于这些总结是文本形式，具有半永久性
引导和鼓励思辨性提问和发散性思考，并通过具有挑战性的开放式问题从多个视角进行讨论	在课堂上提出反思性和思辨性的问题（例如：这意味着什么？这缺少了什么？还有什么可能会影响这一点？）	你也可以在网上提出反思性和思辨性问题。此时，相关材料的链接变得尤为重要，因为学生得不到即时的解释和立即的回应。可以通过引用例子等方式对抽象的开放式问题进行补充

（续表）

策略	面对面	线上
在小组讨论中对知识的应用、制定问题和解决问题等任务树立模板并提出要求	使用一种基于问题的方法，为学生提供机会去探索和应用主题内容，并将其融入众所周知的、有意义的问题中以开展群体活动	通过提问的方式促进学生将当下所学的知识进行实际应用。这里的文本可能会很乏味，因此尽可能使用音频或视频。提供辅助以促发学生解决问题
通过触发事件、探索、整合和解决问题四个阶段鼓励和支持在讨论中以及小组活动中的探究进程	明确认知过程。通过辅助分层活动促发学生进行触发事件、探索、整合、解决问题四阶段的任务。让学生体会相对性：让其知道权威知识的多角度和层次，进而选取并捍卫自身的立场	再一次明确认知过程。分层讨论，以便让学生经历触发事件、探索、整合、解决问题四个阶段。再次强调相对性：让其知道权威知识的多角度和层次，进而选取并捍卫自身立场
通过开发和构建内容以及过程来推动话语从整合阶段过渡到解决问题的阶段	运用不同程度的问题、辩论、引文和证据向学生展示多种论证策略	与 Perry 的相对主义观念一样，这是重要的论证原则。提出问题，鼓励学生用不同程度的证据进行辩论，向学生展示多种辩论策略
运用讨论总结来确定知识创建过程中的各个步骤	对学生在内容和过程中的重要观点进行反馈，反馈可涉及以下方面：哪些起作用了？哪些还需改进？	网上采用此项策略更容易！然而，总结必须具有包容性（试着从每个学生的帖子中找到一些内容），并且要仔细更正
使用讨论材料阐明课程内容，并鼓励学生在作业中融入讨论内容	识别讨论内容中与课程内容相关联的部分；运用课程资料，并以学生体验和额外的参考资料作为补充	当满足了准确性和学术性时，可把论坛变成课程内容。确保学生在他们的学习活动和作业中认识到并使用有价值的论点
通过同辈评测，让学生参与到实践探究的循环中	一旦理解并使用了实践探究循环，便可允许学生相互提供相同级别的反馈、观察和支持，将协作活动的效能最大化。例如：以解决问题为目的的任务、项目和小组讨论。随着时间推移，教师参与讨论的机会越来越少，逐渐增加由学生主导的学业讨论	在线实施此项策略更需要技巧。审查操作规范，在相互尊重和支持的氛围中进行同辈评测。为学生提供机会来辅助他们自己的论坛，将协作活动的效能最大化。例如：以解决问题为目的的任务、项目和小组讨论
通过同步交流最大限度地提高虚拟连接和协作，可采用聊天、协作式电子白板、互动视频、博客等		文字会很无趣！使用这些技术来增强互动，但要确保学生有能力或适应——不要假设所有人都能使用或舒适地使用任何技术工具

三、辅助融合

讲述式的授课形式长期以来一直主导着面对面的学习环境，老师讲课，学生被动地听课。近年来，教育者们愈来愈意识到这是一种促进学习的无效方法，并提出了多种策略来改变这一现状，例如任务型教学法、内容教学法、以问题为导向的教学法、翻转课堂教学模式等。无论采用哪种策略，其目的都在于将教师的角色由主导者和控制者转换为辅助者和引导者；而教育目的已不仅是传输和构建知识，而是通过提供高质量的教育体验促进学生进行深入且有意义的学习。换言之，教师依据学科进程和学生发展的不同阶段，通过设计和组织课程、提供适时辅助和直接指导的方式提供教学存在；进而帮助学生进行开放式交流，提升群体凝聚力，建立情感，为其创建和维系探究共同体提供社会存在的基础；最终，当学生能够在教学存在和社会存在的双重助力下推进和完成探究的四阶段过程，其认知存在就会得到体现和提升，以实现深入且有意义的学习。

在教育信息化的大背景下，在网络环境中进行交互、讨论和辩论的机会为探究共同体的建立和教育目标的实现提供了巨大的动力和技术支持。因此，作为教学存在的关键，教师的辅助功能还应体现在将在线环境和面对面环境进行深度融合这一方面。

首先，教师应给予面对面的环境和虚拟环境同等的权重，并依据各自的优势采用不同的设计方法和实施策略。但这并不意味着将两种环境完全割裂开来，而是应在两种环境中的活动之间建立明确的联系，使之相互呼应、相辅相成。例如，如果条件允许的话，可将面对面活动的音频／视频剪辑上传到在线课堂中。换言之，应在面对面的环境中参考当前和关键的在线活动，反之亦然。这可以修补两个环境之间可能出现的任何缝隙，从而使探究共同体无缝相连。

其次，在每种环境中，教师必须考虑到与创建社会存在和认知存在相关的预期结果。实际上，教师不可能也不需要将辅助融合看作是在每个环境中都执行相同的操作。同样，教师也不愿看到学习者在网上和面对面交流时均采取同样的方式创建社会存在和认知存在。因此，无论在两种环境中教学活动是否相同，教师需在融合各理念的引导下，实现对每种存在的辅助作用。虽然没有必要在两种环境中进行全部相同的内容和活动，但可以尝试进行部分相同的内容和活动，并同时参考在其他时间以其他形式进行的活动，以便于实现两种环境之间的连续性。

最后，通过共同的目标、协作性活动和互动，探究共同体得以创建和维系。教师必须通过识别、阐明和培养共同体的这些共同点来辅助其推进。

第二节 直接指导

作为教学存在的要素之一，直接指导对教师提出了更高的要求：教师需要经验丰富、有责任感、对专业知识具有持续需求。他们可以识别值得研究的想法和概念、提供概念序列、组织学习活动、引导话语的进程、提供额外的信息来源、诊断错误观念并在必要时进行干预。当然，直接指导并不等同于讲课。虽然两者皆可以提供信息、建议和方向，但直接指导的目的是在帮助学生避免不必要的挫败感的同时及时取得预期的学习成果，这是任何正规教育经历中的重要组成部分。

直接指导是探究共同体中教学存在的一个关键的发展组成部分。首先，在教学设计层面，由于其具有复杂性，因此直接指导可提供领导力，将话语的焦点集中在讨论并解决问题的方面，这不是仅靠辅助就能够实现的。其次，学生需要结构框架搭建和学术上的领导；同时，学习进程和满足感与强有力的领导力相关。最后，正规教育环境所具备的话语应是有目的的、严谨的并富有成效的。这些均需通过直接指导来实现。

从社会存在的角度来看，直接指导旨在维系教育和学术的氛围和方向。由于教学存在本身有着自然的发展过程，因此，正如第二章中所探讨的那样，在创建探究共同体时，设计和辅助的功能发挥得最为充分。但是，在维系开放式沟通、团队凝聚力和焦点探究时，会不可避免地需要直接指导的介入，以保障建设性的社会存在，这是探究共同体的基础。

除此之外，直接指导在聚焦和解决认知存在的问题这方面发挥着重要作用。直接指导通过"识别值得研究的想法和概念、提供概念序列、组织学习活动、引导话语的进程、提供额外的信息来源、诊断错误观念并在必要时进行干预"等方式，确保有效和高效的教育体验，而教师即是发挥以上功能的不二人选。

一、社会存在

直接指导的第一个原则从两方面给出了具体的指导：一是如何维持支持性环境；二是解决可能破坏群体内信任和归属感。

（一）原则内容：保持尊重和责任感

这一原则与社会存在所应承担的诸多责任相关联。教师需要提醒自己，社会存在具有开放式沟通、团队凝聚力和人际关系构建三大属性。若要维系一个开放的且有凝聚力的探究共同体，教师需要时刻保持敏感性和持续关注。因此，这一原则的精髓是在营造氛围的同时致力于发展协作过程和人际关系。共同体创建之初，教师所发挥的辅助功能主要体现在建立探究共同体的所有属性方面。而共同体一旦建立，教师所面临的挑战就转化为确保这些属性得以发展并解决那些可能会破坏学术话语氛围的问题。

若从社会存在所具有的三个属性出发，直接指导具有以下三种责任。

首先，直接指导的第一项重要责任是积极确保开放式沟通不会受到冷漠的、批判性过强的、毫无效果的个人评论或网帖的破坏。为实现这一目的，教师需指导参与者在尊重他人的基础上质疑信息本质，并建设性地提出学术见解。相对于面对面情境而言，在线环境所面临的一项特殊挑战即是如何维系沟通并建立信任，因此教师需要特别关注共同体和学习小组是否保持着平等合作的氛围，以确保其能够团结协作，专注于任务本身。也就是说，只有共同体中的每位成员之间相互信任，对群体有认同感，时刻保持清晰的目标和团队凝聚力，才能成功完成协作性任务。

其次，直接指导的第二项重要责任是维系人际关系，进而增强团队凝聚力。维系人际关系的方法有很多。除了上述保持开放性沟通、相互尊重、建立信任等方法之外，及时解决沟通中出现的问题是教师发挥直接指导作用的另一种体现。换言之，如果共同体各成员之间由于观点相悖、意见相左或性格差异巨大等原因出现了沟通不畅、误解频发等问题，教师须及时通过直接指导的方式，鼓励学生换位思考、增强社会适应性和心理相容度等方式改善现状。至此，参与者将自然保持联系并发展人际关系，以支持课程进行期间和课程以外的学习。此外，在异步在线环境下维系人际关系和解决关系冲突更具挑战性。互联网能够提升人际联系和组织性的参与。但与此同时，大多数网络共同体的参与行为尚停留在"浅层参与"层面，归属感不强。因此，教师需要通过直接的教学指导来确保在线环境中共同体成员之间的有效协作。

最后，直接指导的第三项重要责任是加强学术参与。参与是混合式教育体验的核心，而混合模式的力量即在于提升学生对探究共同体的参与度，这就需要教师的直接指导。直接指导可确保人际关系不会妨碍学生挑战现存的观点并提供建设性的替代方案。在此过程中，若要维系生产性话语和认知存在，教师需要恰当平衡社会存在的总量。过多或过少的社会存在都可能会破坏探究过程。具体而言，在面对面环境中，学生可能会碍于同辈情谊，不愿对彼此的表现进行诚实的批评。此时，过量的人际关系因素就阻碍了学生的探究进程。反之，在虚拟环境中，由于缺乏面对面的情感交流和表达，学生可能会提出过于苛刻和冷漠的评论。此时，过少的人际关系因素也阻碍了探究过程。因此，教师的直接指导需要以面对面和在线两种情境的优缺点为基础，在确保开放式沟通（营造氛围并培养信任）、凝聚力（适时关注并促进协作）和积极的人际关系（熟悉能力并建立信仰）方面发挥其重要作用，以解决问题和提高学习成果。

（二）实施策略

针对这一直接指导原则，教师可采取的有效教育策略包括：通过使用基于探究的项目工作指导原则、学习契约和评估活动三种方式为学生提供讨论的机会并明确团队成员的期望、角色和责任。

首先，基于探究性的任务需要学生组成共同体来探究一个有价值的疑问、话题、问题或想法。这是一种模拟现实世界情境的极具真实性的任务类型。实际上，在课外真实的学科领域中，那些从事与学科相关工作的人员承担着创造或构建知识的任务，这需要团队成员进行认真地参与和调查。Garrison 团队推荐了两种对指导基于探究的工作任务极具价值的资源，分别是"基于团队的学习合作"（Team-Based Learning Collaborative，TBLC）和"伽利略教育网络"（Galileo Educational Network，GEN）。TBLC 将个人任务、小组工作和即时反馈进行排序，以创造一种教育环境。在这种环境中，学生需要对彼此的学习和学业成就负责。对此感兴趣的教师可访问"TBLC"网站。该网站是由来自世界各地的教育工作者所组织建立的，通过提供教学资源和专业发展，旨在鼓励和支持在各级教育层次中使用基于团队的学习方法（Team-Based Learning，TBL），使教育者的生活更有价值、更有趣。该网站提供 TBL 的详细定义和内涵以及相关资源（专著、模块、在线实践等）、研究（论文、项目、研究授权书等）、新闻和事件（会议资讯等），为教育者提供了非常全面和专业的辅助和支持。"伽利略教育网络"GEN 由加拿大阿尔伯塔省卡尔加里大学教师 Sharon Friesen（莎朗·弗瑞森）创建，通过鼓励探究性学习、运用数字技术、提供高质量评估、尊重合作和团队精神等方式来提升思维能力、促进教学学术并为职前教师提供极具启发性的实践指导。GEN 团队最关键的成果之一是开发了一套由八个维度组成的标准和规则，为基于探究的项目提供评测角度和依据。为便于国内教师参考，依据 GEN 英文原稿将其译成中文，如表 7-3 所示。

表 7-3　基于学科／跨学科的探究研究的标准

	一级（入门阶段）	二级（发展阶段）	三级（形成阶段）	四级（成熟阶段）
真实性	研究范围由指定课程所决定	研究范围虽是由指定课程所决定，但将学生的兴趣和关注点考虑在内	研究范围源于对学科具有重要意义的疑问、问题、主题或探究；在学校之外建立联系；与指定课程相呼应并将学生的兴趣和关注点考虑在内	研究范围源于对学科和当地、省、全国或全球共同体具有重要意义的疑问、问题、主题或探究；对学生而言是具有意义的和相关的；与指定课程相呼应

（续表）

	一级（入门阶段）	二级（发展阶段）	三级（形成阶段）	四级（成熟阶段）
真实性	作业、活动和任务包含较少的角色，仅能够反映一个角度	作业、活动和任务包含一些独立的角色，能够反映有限范围的角度	作业、活动和任务需要具有一系列复杂的角色和多样的角度	作业、活动和任务要求学生参与并提出不同的想法；创造一个动态的环境，在其中，各种想法的对比、竞争和互补是显而易见的；创造一个丰富的环境，使多种想法演变成更精确的新形式
学术严谨性	本研究中的作业、活动和任务仅用来获取事实或已知信息 本研究中的作业、活动和任务要求学生记忆和回忆信息和步骤	本研究中的作业、活动和任务有助于获取和应用更广泛的理解 本研究中的作业、活动和任务要求学生熟练运用信息和步骤，并发现概念之间的关系	本研究中的作业、活动和任务要求学生反思由疑问、问题或话题所反映出来的学科内不同的认知方式 本研究中的作业、活动和任务要求学生发现和理解概念之间的关系，并将其理解迁移到陌生的环境中	本研究中的作业、活动和任务要求学生运用由疑问、问题或话题所反映出来的学科内不同的认知方式，对学生在学术上、智力上和个人上都具有挑战性 本研究中的作业、活动和任务要求学生培养和运用良好的思维习惯，以提出关于以下几方面的问题： 证据（如何知道我们自己已知道了什么？） 视角（谁在发声？） 模式和联系（什么导致什么？） 假想（事情会有什么不同？） 重要性（谁在意这件事？）
支撑深度学习和教学提升能力的评估	运用评估手段给学生的作业打分	运用评估手段给学生的作业打分，并在一定程度上引导教师的教学计划	从一开始就将评估手段动态地融入研究的设计中，提供及时的、描述性的反馈，并利用包括同伴评估和自我评估在内的一系列策略以推动学习向前发展	评估手段是动态的、嵌入式的，能够引导学生的学习和教师的教学；借此，学生拥有多种机会根据具体反馈改进自己的作业，并为同辈的学习作出贡献

（续表）

	一级（入门阶段）	二级（发展阶段）	三级（形成阶段）	四级（成熟阶段）
支撑深度学习和教学提升能力的评估	学生对预期目标有模糊的认识，对如何提高自己的能力缺乏认识或认识有限	学生理解预期目标；对于他们目前所处状态与目标之间的关联无相关证据，对于如何缩小两者之间的差距也无指导	学生理解预期目标；对于他们目前所处状态与目标之间的关联有一定的相关证据，对于如何缩小两者之间的差距给予有限的指导	学生理解预期目标；对于他们目前所处状态与目标之间的关联具有相关证据，对于如何缩小两者之间的差距给予指导
	作业、活动和任务没有给学生提供反思学习的机会	作业、活动和任务给学生提供有限的反思学习机会	作业、活动和任务给学生提供反思学习的机会	作业、活动和任务给学生提供多种反思学习的机会
校外增值	给学生布置的作业、活动和任务不太可能在校外完成	给学生布置的作业、活动和任务在一定程度上与校外成年人的工作有关	给学生布置的作业、活动和任务能够解决一个疑问、探究、话题或问题，与课程成果相关，基于校外的生活和工作。校外的成年人对这项研究很感兴趣	给学生布置的作业、活动和任务得到那些在本学科领域内工作的人的认可，换言之，从事本学科或专业的人实际上可能会解决类似的疑问、问题或探究，并解决课程问题
运用数字技术学习	轻率运用数字技术，对学生的学习无价值	有效运用数字技术，使学生享受学习乐趣	数字技术的运用方式与其在学科、校外世界中的运用方式相适应，并为学生的学习增值	数字技术的运用方式反映了其在学科、校外世界中的运用方式，并延伸、拓展和深化了学生的学习
学生积极探索	学生从教师处听到或读到相关信息，或由教师提供资源	学生可以与演讲者交流，也可以与课堂之外的专家交流	学生可对具有相关专业知识和经验的成年人进行观察和互动，并可体验多种情境	学生可与课堂之外的专家和专业人士进行交流，以加深理解，提升表现和成果
	教师独自设计任务（缺乏外部专家的意见）	教师在设计任务时，会直接或间接地征求专家的意见	教师直接或间接地与专家合作设计任务。本研究要求成年人相互之间以及与学生之间就研究工作的设计和评估进行对话	教师通过与专家/专业人士的交流，为学生改进工作设计提供了机会

（续表）

	一级（入门阶段）	二级（发展阶段）	三级（形成阶段）	四级（成熟阶段）
详细的沟通形式	学生缺乏与他人讨论作业的机会	学生有机会分享彼此的想法	学生有机会彼此分享想法，并在小型或大型的群体讨论中协调对话流程	学生有机会并希望改进思路和想法；模仿本学科思想者在收集和权衡证据时所做的工作，能够确保所做出的解释与证据相一致
	作业、活动和任务要求学生与教师交流所学知识（例如：作为作业上交）	作业、活动和任务要求学生与课堂其他同学交流所学知识	作业、活动和任务为学生提供机会与课堂外的共同学习者交流所学知识	作业、活动和任务要求学生提供机会与本学科内的相关者交流所学知识
	交流形式达到学校要求，但与本学科脱节	交流形式达到学校要求，并与本学科内运用的交流方式部分类似	交流形式达到学校要求，并与本学科内运用的交流方式类似	交流形式达到学校要求，并有效反映了本学科内运用的交流方式

此外，学习契约这种方式非常有助于学生设计和完成以探究为基础的任务。这些契约可以先由学生起草，然后由教师审阅后提出建设性的反馈和建议，以作进一步修改。师生双方可在学习契约的最终稿上签字，此契约可作为学习进程的提纲和评测环节的依据。

二、认知存在

直接指导的第二条原则是针对认知存在提出的，以学术领导力为主体，并与实践探究各阶段中的思辨话语、反思和进展有关。

（一）原则内容：维系探究，将其推动至问题解决阶段

直接指导是为了确保探究的体系性和规范性而建立的。在维系目的性探究时，许多责任都是相互重叠的，而其中最为重要的责任是确保参与者适时地经历探究的各个阶段。Garrison 认为教师履行这一责任的过程中会面临众多的挑战和困难。除了在课堂设计阶段可能存在缺陷外，从提出问题到得出解决方案的过程中可能会缺失直接指导这个环节。因此，为确保协作性探究情境下各个环节的顺利进行和渐进发展，首先，参与者需要对任

务给予持续的关注，而且各项问题需得到有效解决。除了"焦点"和"进程"这两个重要因素之外，在完成计划内教育目标的前提下，探究中还应包含计划外但有价值的探究途径。其次，教师需持续关注一系列相关问题，例如及时诊断错误的想法，提供基本内容和概念序列等，必要时还需与学生重新协商教师期望。为维系探究共同体的参与度和凝聚力，教师需以合作和非支配的姿态介入探究过程来处理错误概念和无效做法。当然，如果参与者能够承担起这个责任会对整个探究过程更为有利，但教师仍需适时提供课程内容和教学的专业知识。

在混合模式中管理话语是非常具有挑战性的。在面对面讨论中，教师需要依据具体的任务对时间这个宝贵的因素进行谨慎的监督和管理；而在小组活动中，我们期待参与者而非教师承担起指导和辅助讨论的责任。另一方面，网络话语所具有的反思性本质对参与者的直接指导作用提出了更高的要求，这也是参与者培养自身基本能力的好机会。在两种情境中，参与者都需要时刻意识到任务目标和时间限制。

直接指导在提升学生元认知意识和行为方面也起到了重要作用。在探究共同体框架内包含知识、监督、管理三方面的元认知架构。在探究共同体中学生之间通过互相解释、质疑、阐释、证明和提供策略可以在元认知层面上逐渐成熟起来。培养元认知意识始于对元认知这个概念的内涵理解和意识提升，因此学生们在理解概念的同时还需要建构话语框架，以进行深入的、有意义的思考和学习，并对其进行监管（评测）和管理（计划）。当参与者具有了元认知意识并承担起对自身能力进行自主发展、监控和管理的责任时，探究的各阶段就会实现更高的完成度。

表 7-4　元认知框架

探究共同体中的元认知		
认知的知识 （输入知识 / 动机）	认知的监督 （评测 / 任务知识）	认知的管理 （计划 / 策略）
任务前的反思： 有关探究过程的知识 有关思辨性思维和问题解决的知识	对于行动本身的反思： 陈述；判断 对任务、问题或讨论的主线进行评论	在行动进行时的反思： 程序化；设定计划 确立目标 应用策略

（续表）

探究共同体中的元认知		
认知的知识 （输入知识／动机）	认知的监督 （评测／任务知识）	认知的管理 （计划／策略）
有关将自我作为学习者的知识进入动机状态 有关学科的知识 有关以往经验的知识对成功的期待	提出问题以确认理解 对自身或他人的理解进行评论 对内容的有效性进行判断 对于所采用的策略进行评论或作出判断 对行进过程或拖延状况提出问题 评测动机状态和所需要的努力	提供／寻求帮助 挑战自我／他人 提出问题进行深度思考 进行澄清 自我质询 对进程和成功进行质询 掌控动机和努力 辅助／指导探究

（二）实施策略

但是，在探究共同体中培养元认知能力是非常具有挑战性的，因为在监控和规范层面既要考虑个体又要兼顾群体。在线学习共同体中的元认知指用以监控和管理自身以及他人显性认知过程的一套高阶知识和技能。培养元认知需要通过话语体系来分享反馈，这与教师存在所具有的合作性和分布性特征十分契合。教师必须鼓励学生运用策略解释自己的思想，并说明这些想法在解决问题过程中是如何起到辅助作用的。在面对面课堂中，能够提升元认知能力的实践方法包括同辈评测、集体反思和建立元认知过程模型。此外，日志记录的方式也有助于学生在元认知层面上反思自身的学习过程，有利于学生正规地监控和管理各项讨论主题。在网络讨论情境中，教师可以采取多种策略促使学生监控自身的参与度。

第三节　技术融入

在建构和确认知识方面，未来人才能够进行持续性协作，进而提出具有启发性和创造力的解决方案。在这样的教育实践新时代，探究性共同体既是未来工作的真实环境，也是高等教育中理想的学习环境。值得庆幸的是，随着信息技术的不断涌现和发展，教育者们有机会实现这个高等教育的历史理想，让学生在协作的探究共同体中实现深入学习。最新的《2018年地平线报告》（高等教育版）认为，全球高等教育正面临着提供真实的学习经验、为适应未来的工作而调整组织设计、重新思考教育工作者的角色等方面的挑战，而适应性学习技术、混合现实、在机构间共享数字课件、人工智能和开放教育资源等尖端工具和技术，可以帮助教育机构应对这些挑战。

若要实现技术对于新型教育实践的助力作用，其关键在于理解并使用这些技术进行相关的教育设计和教学方法。从混合式探究共同体的角度而言，主要问题已从如何获取和共享信息转变为如何设计探究共同体，并让参与者积极参与到深入而有意义的学习中。因此，信息技术的真正潜力在于对同步和异步的探究共同体进行设计、辅助和指导，以支持有价值的教育目标和更高层次的学习活动。实际上，信息技术可将人们聚集在学习共同体中，具有共同兴趣的参与者（教育中的学生和教师）在有目的的活动中进行交互和协作。

教育的探究共同体是由个体组成的，个体共同参与有目的的批判性话语和反思，构建个人意义，确认相互理解。从教学存在的角度，重点探讨了教师在混合课程的设计和组织、辅助、指导混合课堂进程等方面所应遵循的原则以及实施时可采用的策略。其中所提及的信息技术方法（如课程网站、智慧课堂工具等）的着重点在于教师如何创建以及融合面对面课堂和在线课堂。本节将进一步从学生学习的角度探讨技术如何通过激发协作而实现混合式探究共同体，并帮助学生实现更积极、更具有协作性的学习体验。

一、协作

在诸多技术工具中，社交媒体应用程序（Social Media Application）具有支持协作学习活动的巨大潜力。让学生参与到深度且有意义的学习中来的关键是通过协作式探究，而非目前主导高等教育的被动式授课方式。参与协作性对话和反思一直是高等教育的标志，而社交媒体工具可以作为催化剂，通过重新设计混合课程，帮助学生以获得更积极和更具有协作性的学习体验。

协作性探究的特点是分享个人意义和通过话语验证理解，这种方法是建立在社会建构主义学习理论的传统之上的。学生需承担个人责任，理解新的概念和想法，并在一个由同伴和教师组成的协作性共同体中获得支持和反馈。社交媒体工具的功能已经"将人们的注意力从获取信息转向接触他人"。这些应用程序帮助人们在协作性学习共同体中走到一起。探究是协作性学习体验的核心，而大量的社交媒体应用程序可用以支持混合课程中的协作性探究活动。

二、社交媒体应用和教育策略

社交媒体指"一组建立在 Web 3.0 的思想和技术基础上的基于互联网的应用程序"，这些技术和设计的目的是增强创造力、信息共享，尤其是用户之间的协作。学习本质上是会话性的，包括对话和共享活动。此外，社交网络可以成为探究性方法和协作的动力。社交软件的应用促进了积极参与、学习者自我导向和个人意义建构。从应用效果上而言，所产生的积极影响包括加强了学生在学习活动中的合作、提高了学习热情和参与度、创造了更多学习的机会、降低了教学成本、进一步促进了教学模式的变革等；而负面影响包括对学生的独立自主、诚信和创造性形成挑战，造成学生学习注意力分散、缺乏韧性和反思，教学容易受到不当信息的干扰，影响学生在真实环境下学习交流能力的发展等。

（一）社会书签

正如在阅读纸质书籍时，读者使用书签夹在书里以便于标记阅读进度一样，电子书签是由浏览器提供的一项服务内容，便于网页浏览者记录和利用网址。具体而言，用户可以对所记录的网址进行增删、分类、排序、下载或保存等。但其缺陷在于一旦用户使用了不同的终端、操作系统或者浏览器，就会丢失原来的书签信息。为弥补这一不足，社会书签（Social Bookmarking）应运而生。这类书签指由网络提供的书签服务，用户通过社会性软件来收集、分类、聚合感兴趣的网络信息，同时能方便地与其他人分享所收藏网址，并从其他用户收藏中采集信息。目前，国内外常用的社会书签网站包括 Diigo、Pinterest、博采、ViVi 收藏夹。

社会书签的基本理念是：用户不是将书签保存在浏览器中，而是将书签保存到可公开访问的网站，因此，其他人可以看到书签。此外，一些社会书签网站还采用投票系统，允许用户指出他们感兴趣的书签。随着一条书签获得越来越多的选票，其在网站上的重要性会逐渐增加，这反过来又吸引了越来越多的选票。社会书签这种网络服务具有不受地域限制、便于集成信息、个性化的知识管理、共享信息、注重信息的筛选、便捷的标签管理方式等优势。因此，这种分享和利用他人资源的能力有助于高等教育课程或项目中培养概念与人之间的关系。具体而言，社会书签应用程序可帮助学生生成课程阅读列表、辩论、个人和小组项目。

1. 课程阅读清单

若要运用社会书签工具来辅助课程阅读，教师可参考以下两种策略：

（1）学生自制阅读清单

在每学期开始时，教师可以指定学生小组查找与特定课程概念或问题相关的资源，而不是预先确定阅读清单。然后，小组内成员可以使用社会书签工具来共享和注释这些资源。

（2）获取课前阅读资源

教师在安排课前阅读任务时也可提示学生运用这些资源。例如，citeULike 这样的社会书签系统现在可以为学生提供基于网络的相关文章和资源。

尽管表面上看来，这些社会书签网站能够帮助学生很容易地获取相关的学习材料，完成阅读任务，但实际上教师面临的真正挑战是让学生有意义地参与课前活动。从探究的角度出发，课前活动可作为探究第一阶段，即"触发事件"的重要组成部分之一。因此，学生只有认真投入，才有可能继续探究之旅。

在教学实践中，在课前活动中使用社会书签工具这种策略可与"适时教学技术"（Just-in-Time Teaching Techniques，JiTTT）相结合。JiTTT 是建立在"基于网络的学习任务"（Web-based Study Assignment）和"学习者的主动学习课堂"（Active Learner Classroom）两者交互作用基础上的一种新型教与学策略，是一种适合时宜的、能适应学习者发展时机与特点的教学。前者指学生在课前按照教师精心设计的预习要求，在网上完成教师指定的预习任务，并通过电子邮件在课前反馈给教师。教师在课前要及时通过网络检查学生所提交的反馈，然后根据学生的理解程度和存在问题，对本节课的教学设计作出适应性调整，实施有针对性的、切合实际的教学，以达到适应不同学习者的认知发展水平与认知发展特点的目标——这正好体现出适时教学名称的本意。后者指教师在前者的基础上，开展各种各样的讨论与辩论，同时穿插一些角色扮演、演示或实验等活动，旨在促进学生对知识与技能的深入理解与掌握，营造出"学习者的主动学习课堂"。

2. 辩论

无论在实体课堂中还是在网络课堂中进行的辩论，都是一种有效的让学生参与更深层次学习的方式。学生可以使用社会化书签应用程序收集和注释辩论活动的资源。例如，在混合课程中，学生团队可以在课余时间收集一系列支持特定立场或意识形态的资源。在课堂上，可以要求学生站在辩论的对立面，并使用其他学生小组所收集的资源来准备他们的论点。

3. 个人和团体项目

Delicious 等社交书签系统使学生能够创建自己的个人图书馆，然后与同学共享。使用这种服务的好处在于学生可以在整个大学经历中不断地构建和共享他们的资源集合，这使得学生们能够有意识地将他们在不同课程中完成的项目和作业联系起来。

4. 博客和自我反思

博客是一种基于网络的个人日志，包含对网站作者经常访问的其他博客所进行的反思、评论和超链接。用户可以通过使用 RSS（Really Simple Syndication，真正简单的整合）来订阅博客，以接收自动的内容更新。博客可以为学生提供获得外部反馈的机会，为他们自身的研究领域作出贡献。在混合式学习课程中，博客可以用来支持课程作业的自我反思和同辈评审，通过将自身作品公之于众的方式，让学生对自身学习有更深入的了解。

5. 课堂讲义

许多接受高等教育的学生现在都在课堂上使用笔记本电脑，而诸如 Google Drive 和 TitanPad 等 Wiki 应用程序可以用来共同构建一组课程笔记。这可以是一个单独的活动，也可以是教师分配给学生小组的任务，为特定的课时创建笔记。使用像 TitanPad 这样的应用程序的优点是，学生可以在同一文档上同时工作，而不会覆盖彼此的工作。学生们还可以为他们的 Wiki 文章指定一个特定的文本颜色，以便跟踪自己的工作。

6. 在线讨论总结

在一系列面对面的学习课程之间穿插进行由学生主持的在线论坛，有助于促进学生的个人反思和思辨性对话。具体而言，在学期初，每三到五名学生组成小组，自选一个与课程概念或主题相关的话题。每个小组负责在一段时间内（通常是一到两周）主持和总结他们选定的在线讨论。

（二）社交网络和在线课堂管理平台

社交网络系统（Social Networking Systems，SNS）可帮助用户在自己的个人网络中分享想法、活动、事件和兴趣，这有助于具有共同兴趣和活动的用户发展网上共同体。在混合式学习课程中，微信、QQ 等应用程序可以辅助学习小组和在线论坛活动。

相对于其他教育形式而言，在小组中学习的学生倾向于了解更多的教学内容，而且对这些内容的留存度更高。如今，在中小学课堂中，大部分学生的居住地都相对分散；即使在大学课堂，学生们也来自不同的专业、宿舍和校区。因此，学生们面临着在课外寻找时间和地点来进行学习小组活动的挑战。在国外，Facebook 已成为目前最流行的社交网络系统；而在国内，微信以其构建的完善生态系统成为移动互联网环境下一个新的学习平台，具有庞大的用户群体。因此，越来越多的在校学生已经开始使用这些社会网络应用来支持虚拟学习小组。

基于社交网络应用的这一缺陷，中国多家教育机构开始研发以助力智慧教学和深度学习为目的的教育管理系统。目前，以雨课堂、课堂派等软件为代表的在线课堂管理平台，已将这些社交网络应用的虚拟社交功能融入其中，并结合面对面课程的特点，增加了班级管理、作业在线批改、成绩汇总分析、课件分享、在线讨论、出勤记录、评估测试等多种功能，覆盖了课前—课上—课后的每一个教学环节，为师生提供完整立体的数据支持。

（三）微课、慕课、微视频

微课和慕课无疑是近十年来教育改革中最热门的新兴教学资源。微课是指按照新课程标准及教学实践要求，以视频为主要载体，记录教师在课堂内外教育教学过程中，围绕某个知识点（重点／难点／疑点）或教学环节而开展的精彩教与学活动全过程。微课具有内容短小、设计精巧、呈现的微视频多样、可以多次反复播放等特点，便于学生自主学习。

微课的优点是短小精悍，但存在碎片化、不系统的缺点；慕课的优点是大规模、系统化，但缺陷在于难以监控学习过程。目前，能够将这两类资源与面对面课堂进行较好融合的教学模式莫过于"翻转课堂"了。在翻转课堂上，知识传授通过信息技术的辅助在课外完成，知识内化则在课堂中经教师的帮助与同学的协助而完成。这与由教师在课堂进行知识传授、学生在课后通过作业进行知识内化的传统模式刚好相反，从而得名。微课和慕课与面对面课堂的融合点主要体现在翻转课堂的课前活动中。

在课前活动中，教师可以采取实践探究模型为基础，以慕课为平台，以微课为资源，以监控和激励为保障的教学策略。具体而言，在学期初，师生可围绕课程的核心概念和重点，共同制定每节课的学习内容和顺序。在每个课程模块的面对面授课之前，可由教师制作或学生自主选取与本节课的主要内容紧密相关的视频资源，以获取相关知识并提出核心问题。视频资源可包括上传至课堂教学网站的各类微课（例如，学习型微课、练习型微课或实验型微课），以便于学生进行知识的自学、巩固和自我诊断；也可包括慕课平台上同类课程的相关节段以及学习拓展资源。在面对面授课即将开始之前，教师可通过教学网站和慕课平台的记录、作业检查、小测验等方式，对学生的课前学习情况进行评测，以达到监控和激励的作用。除此之外，教师还需记录学生们的疑点和难点，将其作为协作探究的触发事件。

微课和慕课之所以称之为"课"，是因为两者皆是由教师或教育机构制作和发布的，具有一定的权威性。但即使是以构建在线协作共同体为目的、交互性较强的慕课平台，也仅是通过在线测试、布置作业、在线论坛的方式收集学生的反馈。在以学生为主体的今天，需要更丰富的方式传递学生的想法和真实的声音。因此，一些教师已经开始要求学生使用各种视频制作软件来创建他们个人或小组的微视频，并将其发布或链接到课程网站的在线论坛区。这些微视频的内容可以是对课程内容的理解、应用或启示，也可以是对具有争议性话题的讨论。其他学生需要在课前查看和评论这些微视频（例如，演讲的 PPT 演示文稿和短视频），而面对面的课堂时间则用来讨论和辩论微视频提出的问题。

（四）混搭

混搭是指整合网络上多个资料来源或功能，以创造新服务的网络应用程序。近年来，国内外许多公司和研究机构都进入这个领域研发混搭技术工具和解决方案。混搭工具可以帮助非技术用户混合不同类型的数据以发现新的含义，或者以非传统的格式显示信息，旨在提供增值的、创新的内容。从教学角度而言，混搭可以用于分析课堂和在线讨论，以及数字叙事。

1. 词云：课堂分析和在线讨论

许多高等教育的学生可以带着笔记本电脑和移动设备进入教室。通过使用像 TitanPad 这样的应用程序，学生可以进行协作型课堂笔记。课后，学生可将这些笔记复制并粘贴到混搭应用程序中，以创建词云。词云对于帮助学生识别与课程概念和问题相关的核心主题非常有帮助。例如，在一节课开始时，教师可以让学生头脑风暴他们已知的课程概念。教师将文本复制粘贴到 Wordle 中以创建一个词云，将频率较高的词和短语以不同的颜色和较大的字体显示。随后，教师可以辅助围绕这些关键词和短语所展开的讨论，并解释它们如何与特定的课程概念相关。

这个活动也可以在课程模块结束时再次使用，以展示学生在概念理解上的变化。具体而言，教师可以展示在课程开始和结束时所创建的词云，然后让学生在课程结束后通过在线论坛的方式比较和对比关键词。当然，也可以反其道而行之。即教师可以一句某个特定主题的论坛帖子中的内容创建云，然后将其显示在课堂上进行进一步的讨论。

虽然词云在教学中的应用实践刚刚起步，但这种将关键信息可视化的方法不仅提升了学生的参与兴趣，更重要的是帮助师生过滤掉了大量文本信息，为高效地抓取核心内容进而进行高层次的认知活动助力。

2. 数字故事

数字故事指的是将简短的故事以多媒体（文字、图片、音频、视频等）的方式进行讲述，并通过数字化形式进行保存和传播，是故事艺术和数字化技术完美的融合。相对于传统的口头或纸质的叙事方式而言，数字化叙事具有资源复制的快捷性、形式的混搭性、创作工具的多样性、受众参与的广泛性等特点。英国摄影师、作家和教育家 Daniel Meadows（丹尼尔·梅多斯）认为："这种数字表达形式的美妙之处在于，这些故事可以由世界各地的人们以任何主题创作，并在全世界范围内以电子方式分享。"

三、预测未来

技术的发展如此之迅猛，以至于若要预测在技术及其可能的应用方面的未来，是极其具有挑战性的。各类教育技术进一步融合，助力教育者重新设计学习空间，使课堂更接近真实世界的工作和社会环境，以促进主动学习。

近两年内，各个大学正在实体课堂中将数字化元素与主动学习结合起来，重新设置物理环境，以促进教学方式的转变。具体而言，越来越多的高等教育环境以支持基于项目的交互为设计准则，关注更大的移动性、灵活性和多设备使用。为了改善远程通信，各机构正在升级无线带宽，并安装大型显示器，以便在数字项目上进行更自然的协作。同时，人们正在探索将 3D 全息内容融入物理空间进行实景模拟，并实现与物体的多面交互。随着高等教育继续从传统的以授课为基础的课程转向更多的实践活动，课堂开始变得类似于真实世界的工作和社会环境。

交互和协作是高等教育人才培养的重要目标之一，也是探究共同体的核心要素，对社会存在的构建和维系起到了重要的作用。本书第三章和第四章所提到的各类教育技术和工具将会得到进一步的融合和升级，通过支持实体课堂和虚拟课堂的无缝链接，使创建和维系探究共同体的工作不受时间和地点变化的影响，为探究过程的推进提供近似于真实世界的环境和高度灵活的空间，最终激发学生认知能力的提升。

创建新的教学模式和技术，推进创新文化。校园已成为创业和发明的孵化器，高等教育也已成为推动创新的工具。传统的学习目的是理解前人探索新思想的过程和所具有的价值；而今，学习的焦点已经转移到自我实践上了。为了跟上时代的步伐，院校必须思辨地评估自己的课程和文化，改变评估方法，消除限制新思想发展的障碍。

具体而言，传统的等级制度和权力动态已逐渐转变为参与式学习的文化，这使教师和学生更加平等。教师应鼓励以合作的方式解决问题，以表达更多不同的声音和观点，实现信息和思想的流动。在人工智能、虚拟现实和机器学习等越来越智能的技术时代，新的教学模式和技术在世界范围内拓展了学生获得优质教育体验的机会。

以实践探究共同体为核心的混合教育模式即是应信息时代而生的创新型模式。在本质上，探究过程中的四个阶段（触发事件—探究—融合—解决）即是检验已有知识并以此为基础创建新知识的过程。教师在此过程中是以组织者、辅助者、指导者和监控者的身份存在，学生和教师通过有目的的合作来解决问题。

混合教育模式虽然具有完整的理论框架，但在实践过程中，将不可避免地导致更大的多样性和学习机会，因此需要教师依据课程性质、要求等各个方面的具体情况进行定制性设计。开放式教育资源和教学平台所具有的开放和共享的特性，为实现混合式教育模式中多样化的教学目标和教学方法提供了可能，为不同层次和类型的学生在混合式课程中取得成功提供了多种途径。

第八章 传统教学和 MOOC 的
混合式教学模式

第一节 MOOC 与混合式教学概述

一、相关概念

（一）传统教学

传统教学指教师通过系统地讲授知识，使学生完成由陌生、了解、掌握到深入理解知识的过程。传统教学的地点发生在教室，通常是教师站在讲台上授课，学生在教室被动地接受知识。传统课堂的教学方式比较单一，通常限于讲授法、讨论法等，但随着信息技术的迅猛发展，使得多媒体教学法在课堂教学中逐渐普及。

传统教学以教师、教材、课堂为中心，充分体现了教师的主导地位。教师给学生系统地传授知识技能；传统课堂不仅有教师的监督，还有学习同伴的带动；同时，传统教学中面对面的因素有利于师生之间的情感交流，教师通过肢体语言和面部表情和学生进行交流，对学生的情感态度与价值观的形成有着潜移默化的作用。我国学校教育自兴起沿袭至今，传统教学中的教学环境和教师等隐性资源给学生的成长带来不可估量的作用，培养了学生完善健全的人格和个性。

传统教学作为我国应试教育背景下的主流教学方式，有着无法取代的地位。但同时也存在一些不足：过度夸大教师的主导地位，在教学过程中忽视了学生的创造性的培养，导致学生过分依赖教师的知识传授；统一步调的传统教学方式使教师难以实施因材施教，束缚了学生的个性化发展和全面发展；对于概念性知识的形成过程，通过口述和板书难以充分表达，而学生由于缺乏经验对知识的理解不够透彻，大量板书也浪费了很多时间，效率低下。为了改善传统教学的缺陷，可以采纳吸收在线学习的优点，在教学实践中做到扬长避短，互惠互利、才能解决教学中存在的各种问题，有效提高学生的学习效果。

（二）MOOC

MOOC 的全称是大型公开在线课程，是 Massive Open Online Course 的缩写。维基百科里将 MOOC 定义为"大规模的、开放的、针对大众通过网络进行在线学习的课程"。最早将"MOOC"翻译为"慕课"，并获得国内教育学界的普遍认可。MOOC 的定义便体现了 MOOC 的特征。Massive 体现在 MOOC 的课程资源丰富、参与者人数众多；Open 体现在 MOOC 对学习受众、学习资源的全面公开；Online 意味着 MOOC 的教学过程从教师的授课、师生互动、批改作业，以及学生的学习、生生互动、完成作业都是通过互联网完成的[①]。Course 是指 MOOC 包含学习视频、笔记等学习资源以及一系列教学设计，是一门完整的课程。

MOOC 的特征决定了它的优点，大型、在线且开放的课程。MOOC 作为一种新型的学习资源，具有学习对象广泛、学习资源丰富、申请学分认证需要低廉的费用、学习形式自主化、交互良好、容易使用等优点。MOOC 的缺点是辍学率高、完成率非常低、缺乏教师监督、学习者单独学习；而且 MOOC 作为一种在线教学形式，教师和学生缺乏情感交流。

二、融合传统教学和 MOOC 的混合式教学的优势

MOOC 不仅带来了技术革新，更带来了教育革命。若将 MOOC 融合于传统教学中，这种混合式教学对于发挥传统课堂和 MOOC 的优势、共享优

[①] 何鸣皋，谢志昆．混合式教学设计——基于 MOOC（慕课）的 SPOC 教学改革实践 [M].昆明：云南大学出版社，2018.

质学习资源、扩大学校知名度，都具有重要意义。

（一）实现课堂教学和 MOOC 优势互补

传统教学可以便捷地传授知识，同时面对面保障了师生之间情感的顺畅交流。但是传统教学中"以教师为中心"的教学方式不利于学生的个性化发展。而 MOOC 在线学习资源丰富、公开免费、学习自由，特别是教学视频短小精悍，可以根据学习者的进度观看，方便学习者快速掌握知识。但是 MOOC 缺乏监督机制和面对面交流，而且对学习者的自觉性和自控力要求很高，大多数学习者难以坚持，导致 MOOC 的完成率极低。

根据传统教学和 MOOC 固有的特点，将二者进行完美融合，发挥 MOOC 和传统教学的最佳效能。融合传统教学和 MOOC 的混合式教学既可以利用学校严格的制度和教师的监督机制来改进 MOOC 低完成率的缺陷。同时，传统课堂中同伴学习和协作交流能有效提高学生的学习效率。传统课堂能在真实情景下让学生感受到校园文化，教师的言传身教也对学生的情感态度与价值观产生一定的引导，从而培养学生形成独立的人格。

（二）共享优质资源

随着互联网与通信技术的发展，各种在线学习资源纷纷涌现，从国家精品课程到视频公开课，再到 MOOC，在线学习的平台和资源也在不断改进与发展。除 Coursera、Udacity 和 edX 三大国外 MOOC 平台以外，另外还有学堂在线、爱课程中国大学 MOOC、优课联盟、超星慕课、网易云课堂、果壳网、慕课网、好大学在线、淘宝同学平台等。

MOOC 依托于网络平台，把来自世界各地的优秀教学资源在互联网上开放，全世界的学习者都可以使用这些资源，这使得优秀课程资源实现共享变成可能。尤其对偏远山区的学生、教育落后地区的学生以及行动不便的学生意义重大，MOOC 给他们提供了教育公平的机会。

（三）扩大学校知名度

学校通过在 MOOC 平台发布高质量的课程，或者建立自己的 MOOC 平台，提供给广大师生使用，对于学校形象的树立及其教育水平的彰显非常有帮助。同时还可以提高本校的竞争力，帮助学校宣传招生，从而提升学校的知名度。而且通过开展融合传统教学和 MOOC 的混合式教学实践，进而推动其他课程的改革。

第二节　融合传统教学和 MOOC 的混合式教学模式构建

一、总体思路

融合传统教学和 MOOC 的混合式教学模式是建立在课堂外的 MOOC 学习和课堂上的传统教学相结合的基础上的一种混合式教学模式[①]。主要从教学资源、教学环境、学习方式、评价方式四个方面进行混合。

（一）**教学资源的混合**

混合式教学的教学资源来源较广泛，主要有来自传统课堂的教材、课件等资源，以及在线教学资源，如自制的 MOOC 课程和其他 MOOC 平台的课程资源等。混合式教学模式中的教学资源多样化，教师和学生可以根据不同的教学内容选择不同的教学资源进行教学。

（二）**教学环境的混合**

混合式教学中，教学环境是在线学习和课堂面对面教学的混合。在线虚拟环境和面对面的真实环境的混合也是课外非正式学习和课内正式学习的混合。学生通过课外的 MOOC 学习来完成知识的传递，结合课堂教师的引导和帮助完成对知识的建构和内化。在线环境中，可以实现线上自主学习、线上协作学习、线上发帖、线上教师答疑、线上测试等多种教学方式。而在课堂环境中，师生、生生之间可以进行面对面的交流，弥补了在线环境中的情感因素。

---

① 钱玉琢．结合传统课堂与 MOOC 的混合式教学模式构建与实施 [J]．传播力研究，2019，3（8）：168.

（三）学习方式的混合

混合式教学模式中，学习方式包括自主学习和协作学习的混合。自主学习是最常用的一种学习方式。混合式教学中，通过自主学习能有效启发学生的独立思考能力，发挥学生的主观能动性。协作学习也是很重要的一种学习方式，一个人的能力有限。协作学习对于掌握知识和提高同学之间的交流能力与合作能力起着重要作用。

（四）评价方式的混合

在混合式教学中，评价方式包含了诊断性评价、过程性评价以及总结性评价方式。有机地将形成性评价和终结性评价结合起来。

在进行混合式教学实践之前，对学生进行学习风格、初始能力、一般特征分析，即诊断性评价。根据诊断性评价的结果实施相应的课程设计，因材施教。过程性评价中考虑到学生在学习过程中的显性表现和隐形表现，既考虑到学生的成绩的提高，又考虑了平时的表现，以及学生对课程的感兴趣程度、动手能力等隐形能力的提升。总结性评价是在一个学习阶段结束后进行的评价。

二、混合式教学模式构建

在前期剖析了混合式教学的理论基础上，参考前人关于混合学习的设计思路。美国学者 Josh Bersin（乔希·柏森）构建了一个关于混合学习设计的四阶段模型：学习者需求分析、制订学习计划、开发学习内容、学习结果测评四阶段。我国学者李克东教授对乔希·柏森的四阶段模型作了深入的研究，并以此为基础，将其细化完善为八个阶段，如图 8-1 所示。

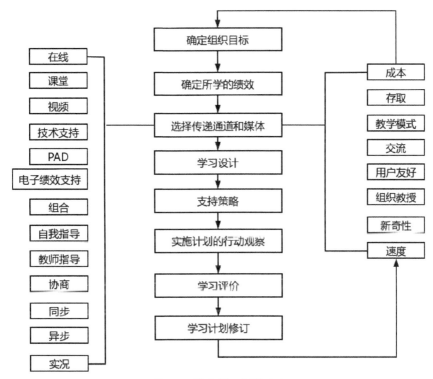

图 8-1　混合学习设计步骤

　　构建的混合学习设计步骤图包括八个步骤，分别是确定组织目标、确定所学的绩效、选择传递通道和媒体、学习设计、支持策略、实施计划的行动观察、学习评价、学习计划修订。最后通过修订学习计划反馈到第一个步骤。

（一）前期分析

　　前期分析是整个教学活动设计的基础，要开设一门混合式教学课程，在开课前必须要详细分析教学条件和环境，以检验这种教学的可行性。前期分析具体从教学目标、学习者和教学内容三个角度进行。

　　1. 教学目标分析

　　教学目标是对达到预期的学习效果的具体表述，是希望学生通过学习，在知识与技能、过程与方法、情感态度与价值观等方面朝着目标所规定的方向变化。教学目标分析是教师在授课前需要完成的任务，也是课后教学评价的参考指标。

2. 学习者分析

学习者是教学活动的主体，教学效果的好坏都会影响学习者的学习效果。为了达到理想的教学效果，教师首先要分析学习者的特征，确定课程教学起点以及对学习者实施个性化教学。学习者分析在教学设计过程中是不可忽略的一个步骤，它关系到混合式教学是否可以有效实施。学习者分析包括初始能力、学习风格以及一般特征三个方面。

首先通过采用实地观察法和访谈法了解学生的学习风格是场独立型、场依存性、冲动型还是沉思型。其次利用访谈法分析学习者现有的知识水平。最后通过访谈法、实地观察法对学习者的一般特征进行分析，了解学生在学习不同学科时所产生的心理行为，包括学习者的学习动机、生活经验和社会背景等。

3. 教学内容分析

教学内容是指在教学过程中为达成教学目的而让学习者学习的知识、技能以及行为经验等。教学内容分析为制订教学方法提供了参考。教师只有在鉴别各知识点的类型和对应的教学目标后才能挑选切合的教学方式，设计出合适的教学活动。在融合传统课堂教学和 MOOC 在线教学的混合式教学中，教学内容包括传统教学的教材和其他课本资料，也包括 MOOC 平台的教学视频、课件等。教学内容可以划分为相应的课程、单元、知识点。

4. 教学资源

教学资源是指学习者在学习过程中可以被利用的所有显性或隐性资源。传统课堂教学的资源包括教材、参考书、教师的讲义等，也称作线下资源。为了提高孩子们的学习效果，我们引进了线上的教学资源作为课堂教学的补充，如各大 MOOC 网站、我要自学网等。教学资源可以划分为设计型资源和利用型资源两类。设计型资源是指教师为了完成相应的教学任务而自行开发制作的资源。常见的设计型资源有 PPT 课件、讲义、教师自制的高质量的教学视频等。制作 PPT 时要做到简洁美观，不堆砌过多文字；录制微课时，要留意视频的播放时间长短，尽量控制在 5 分钟左右，同时要保证视频中声音和画面清晰。利用的资源即现成的资源。比如中国大学 MOOC

网、好大学在线、网易云课堂、学堂在线等MOOC网站。这些可利用的资源丰富多样、方便使用，但是教师在给学生使用前需要根据教学目标进行筛选，以便学生观看。另外，还有学校的精品课程等。这些可利用的资源和自己建设的资源都构成了混合式教学的资源库。

（二）课程设计

课程设计中最重要的就是教学活动设计。教学活动是教师为了完成课程中特定的教学目标而进行的操作总和。教学活动的设计要充分表现教学内容，并有机联系学习者的认知水平。在混合式教学中，既要考虑到教师的主导性，又要重视学生的主体性。教师的教学活动不应该局限于传统教学中简单的授课或是让学生在纯网络环境下单调的自学，而是应该帮助学生获得更加丰富的学习体验，支持学生进行多种形式的学习。教师就需要设计线上、线下的多种学习活动，以帮助学生顺利地完成学习目标。此次混合式教学的实践主要从课前、课堂、课后三个环节来展开教学活动设计。

1. 课前

课前教学活动主要为教师和学生的准备阶段，在这个阶段学生需要完成知识的传递。教师提前备好课，根据教学内容和教学目标制订出对应的教学计划。然后设计教学资源，确定哪些知识适合传统课堂教学完成，哪些知识需要通过MOOC教学实现，从而建设完备的教学资源库。教师可以根据教学内容决定是否需要可利用型资源，如果需要，则将筛选好的资源通过QQ群或者微信群分享给学生。接下来教师将任务单张贴到MOOC平台课程通知处告知学生。而学生在查看学习任务单后，通过观看教学视频或者课本预习知识，并完成教师布置的预习作业，然后把自己预习过程中遇到的疑问提出来，由小组汇总。这个阶段教师和学生之间的交流通过MOOC平台的讨论发帖区以及QQ群或微信群进行。

2. 课堂

课堂中的教学活动尤为重要，教师应该尽量把教学任务在规定的课堂时间内完成，利用好课堂上的45分钟，完成教学目标。在此次混合式教学中，传统课堂教学活动的开展流程为：前5分钟，给没有提前预习的学生在

MOOC 平台上预习本堂课的学习任务。20 分钟之内，学生把课前学习过程中碰到的疑问以小组的形式反馈到 MOOC 平台，教师了解学生比较难以掌握的地方后，通过讲解知识、给学生解析预习作业、解答疑问等教学活动构建本堂课的知识，完成知识和技能的传递。学生在教师答疑的过程中不断反思、内化知识，达成了过程与方法教学目标。接下来的 20 分钟，教师通过提问、课堂测试的方式检测学生的学习效果，在小组互动和师生互动过程中，学生的情感态度与价值观得到了升华。教室里面对面的交流方式让教师和学生无阻碍地进行互动，有助于教学三维目标的达成。最后，教师进行本堂课的总结，再次讲解重难点，学生也不断总结和反思学习内容，并依据学生的最近发展区来布置课后作业。学生应该尽量在课堂上完成课后作业。

3. 课后

课堂结束后的这段时间，学生可以进一步巩固知识，教师也要不断地反思总结教学经验。在传统课堂中，课堂的结束意味着本堂课的教学内容已经完毕，即使教师在课后发现需要修改的地方也不便及时反馈给学生。而在融合传统课堂教学和 MOOC 的混合式教学中，课后教师将教学重难点发布到 MOOC 平台中，供学生再次复习。另外，根据学生的课堂表现和掌握情况给予学生个别化指导。学生在课后也要及时完成教师在 MOOC 平台上发布的课后作业。通过对比学生的课前测试和课后练习，找出问题学生，给予个别化帮助和指导。而学生在完成课后作业后，针对自己还未完全掌握的内容在 MOOC 平台的讨论区与同伴交流或者在线请求教师的指导。

（三）多元考核评价

考核评价对学生的学习有着重要的影响，它是对学生的学习成果的重要体现。开展混合式教学时，采用多种评价方式激励和引导学生，促进他们的情感、态度、价值观的全面均衡发展。本次研究运用了诊断性评价、过程性评价和总结性评价结合的方式，在混合式教学开展前调查学生的知识水平，了解他们的初始能力和认知水平。混合式教学结束后，采用过程性评价方式，既考虑到学生的课堂表现，又注重他们在 MOOC 学习的完成情况。如观看视频的时间长短、提交作业的质量、参与讨论发帖的次数等。

最后采用总结性评价综合学生的整体表现给予考核评价。融合传统教学和 MOOC 的混合式教学实践的开展依托于 MOOC 平台，平台上的记录可以帮助教师跟踪学生的在线学习情况，方便教师统计数据。为混合式教学的开展提供便利，也给过程性评价提供了依据 [1]。

MOOC 学习包含学生是否完整地观看教学视频，是否在规定时间内完成各个章节的课前测试和课后作业，是否有在讨论区发帖交流或回帖等，以及参加在线期中和期末测试。传统课堂成绩包括学期考勤和课堂表现，以及平时的实验部分。这种考核评价制度几乎全面考虑到了学生在各个方面的表现情况。相对于传统课堂学习的期末测试定总成绩的考核评价方式来说更公平，颇受学生的喜爱。

第三节　融合传统教学和 MOOC 的 混合式教学模式实践

一、概述

MOOC 教学模式与传统教学相比有其自身的优势，传统的课堂教学有在线课程不可替代的特性，如果将二者有机结合，发挥各自模式的优势，势必有利于改革的探索。构建两者混合式的教学模式，不但可以有效运用各种优质资源，而且可以充分发挥学生主体、教师主导的特点。该混合教学模式中可以充分实施自主学习、协作学习、探究学习等多种学习模式，教师的角色从传统课堂的主讲者转变成了课程的主导者，学生从原先被动的课堂灌输变为主动自主学习，在该混合教学模式中把优质的 MOOC 作为传统课堂教学前自主学习的资源以及课后学习的延续，丰富的教学手段以及教学资源有利于提升教学水平。

---

① 林莹莹，魏安娜，陈盈.结合传统课堂与 MOOC 的混合式教学模式构建与实施 [J]. 台州学院学报，2014，36（6）：79-83.

二、MOOC 与传统教学相融合的优势

MOOC 与传统教学相融合才能真正实现优质资源的充分共享与使用；国家长期花费了大量的人力、物力、财力建设优质在线课程，然而单一的在线学习模式缺少学习的监督，学生自控力差，学习效果大打折扣，如果二者融合，充分利用传统课堂主讲教师的主导作用，通过传统课堂课前课后的学习监督，使课下利用 MOOC 资源的效率更高，反过来又会提升课堂教学效率。

MOOC 与传统教学相融合才能真正实现教学形式多样化，有了 MOOC 资源的有益补充，既可以在传统课堂开展面对面的知识点讲授、学生情感的培养、教师的言传身教；又可以开展形式多样的讨论学习、任务驱动学习、自主学习，让学生的参与感更加强烈，每个学生都是学习的主体，学习兴趣大大提高，学习效果才会不断提升。

三、MOOC 与传统教学相融合的模式构建

MOOC 与传统教学相融合的混合式教学模式构建基于相关的学习理论和教学设计理论，遵循一般的教学规律和过程，符合高校大学生的学习者需求以及课程的教学性质。主要试图探索如何从教学资源、教学环境、学习方式、评价方法等方面进行两者的混合。

本书结合上述四个主要的混合式教学模式，从教学分析、教学过程、学习评价三个方面构建如图 8-2 所示的混合式教学模式框架。

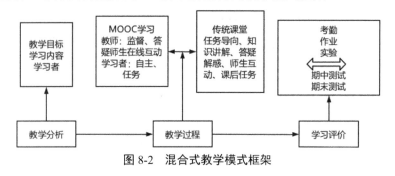

图 8-2　混合式教学模式框架

第四节 在线开放的混合式教学

一、"在线教育"与互联网思维

以互联网为代表的新一代信息技术在教育领域的跨界融合，既可以实现传统教育所关注的规模，又可以实现优质教育所关注的个性化，从而解决教育中"规模和质量"无法同时兼顾的永恒矛盾。"'互联网 +'教育"的跨界融合，将对环境、课程、教学、学习、评价、管理、教师发展、学校组织等教育主流业务产生系统性变革影响。互联网与教育的深度融合，能够构建互联网时代的新教育业务流程，可实现灵活、开放、终身、个性化的教育新生态，培养满足第三次工业革命时代所需的各类创新性人才。

互联网的问世，刺激了人类的思维活动，使得人们的思维方式发生了改变。人们按照思维发展的基本路径，从工业时代"大而全"的整体观，逐步变为后现代的解构观，进而又以螺旋式上升的方式发展为互联网思维的全局观。这是人类思维方式提升可能性的必然实现，标志着人类思维方式的进化和智慧水平跨时代的发展。它反映了世界被解构之后又回归到更高层次的融合与系统化。新的关系意味着新的可能，这正是互联网的本质特性。互联网思维方式是指由互联网规定的人类反映世界的形式，是人类认识世界的方法论。简而言之，互联网思维方式即带有互联网特征的思维方式。这种新型思维方式的实质则是运用互联网的模式思考和解决问题。这种思维方式并不只是针对互联网世界，而是面向整个人类世界的方方面面。"互联网 +"的理念，赋予教育新的形态，进而催生出了人类反映教育现象的独特方式。未来已经来临，并且已经流行。对于高校教师而言，需要把握住以下几种互联网思维方式：

（一）关联式思维

关联式思维是"世界普遍联系"原理与"互联网特性"相结合延伸出的思维方式，是指在解决和处理问题时看到事物的本质属性和内在规律，理性地将原本看似不相关的事物有意识地彼此关联起来。关联式思维的深刻意义在于可以打破人们固有的思维定势，以与原先不同的视角观察事物，更多地探索和生产新的事物。

在互联网语境中重点强调关联式思维，是因为"万物互联"已经从理想成为现实。而有效互联产生的前提则是在人们的思维中首先"关联"，这是一个"思想实验"的过程。"+"就是典型的关联式思维，即把"互联网"的先进性特征与教师自己所从事的"事"关联起来，探索其中可拓展的发展空间。有的高校教师借用社区网站"豆瓣"的交流功能，来延伸课堂讨论，"社交软件"与"教学讨论"二者的关联产生了独具特色的教学模式，获得意想不到的互动效果，甚至强于许多专门为教学而设计的平台。目前，人类思维的内容、过程已被严重地"碎片化"，这就极大地增加了人类建立自己的认识体系、形成抽象概念和价值观以及人生观的难度。人的大脑会将思维材料体系化，利用自己所建构的体系认识世界、改造世界。很显然，作为教育工作者如果建立不起自己的思想体系，如果大脑中的材料都是具体、零散的问题，则无法进行深入思考。学生所进行的碎片化学习，不利于形成知识体系和整体性学术观。因此，教师需要采用关联式思维，与学生一道，将已被碎片化的世界，按照自我逻辑进行重新加工，形成自己独特的思想体系。

（二）包纳式思维

互联网时代要求个体以"包纳"的态度对待世界，并为形成包纳式思维提供了必要条件。包纳不同于简单的包容，包容可以是"不明确反对"但却"置之不理"，是一种软抵抗或一副高姿态的感觉。"包纳"在内心深处尊重他者存在的理由和价值，是胸怀博大的一种体现。

互联网时代，由于不同社会文化的作用，不同的人包纳内容、能力、限度是不同的。

在我们的文化里，通常会对持有异见者挤兑、打压、不给发展的条件，这是人性自私基因所致，必须予以注意。现实中，高校教师通常个性鲜明、自我意识强大，是最自我的群体之一。反对别人的观点，首先必须彻底了解别人的观点；否定一个学科，必须真正熟悉这个学科。真正学者的学术观点可能不同，但都在共同满足着相同的需求，都怀揣高远的学术精神。

这种精神来源于学者自身认识的价值，一位学者的价值不应影响另一位学者的价值，也不可裁判学者所采用的技术与方法的优劣。只能说各方存在差异，或对此话题存在异议。不同的流派之间，由于多种研究要素不同，因此，存在矛盾与碰撞。持不同观点之人可谈自己的观点，但应从内心尊重他人的观点，他人的存在是自己存在的条件，应该善待他人的学问。

为师者应该提高自己对多元化存在的包纳能力。教师影响着学生的灵魂，间接影响着未来社会的形成，教师所面对的是充满各种可能性的年轻学子，每一个学生都是"可能性"的集合体，可能性是现实性的必要条件，教师的作用是将学生的可能性转化为现实性。而这种转化的前提就是教师"包纳"学生的多元可能性，即接受并认可学生的多元化特质。必须充分认识到，成功的标准不再是外在的，互联网时代每一个学生都能成功，"天生我才必有用"的时代已经到来。如果教师思维中缺失包纳性，教育在某种意义上将是对学生个体本质力量的破坏，是对学生个体人格世界的挤压。

（三）生成式思维

人与世界的关系是生成性的。教师已有的知识体系是预成性的存在，教师的责任之一就是向学生"授递"知识，但是人类不可能停留在已有的认知水平上，必然朝更加深刻、更有意义的方向前进，这就突显出"生成性"的必要性及价值。因此，教而不能只当知识的搬运工，而更应是引导学生成为"可能生成现实"的激发者。互联网技术，使得人们的大脑获得了比以往更多的信息刺激，在思考问题、学习和教学的过程中，极易产生突发认识、思想与观点，这恰恰就是需要关注的生成性思维。因此，"教育即生成"绝非是一个简单的口号，而是有着深刻的人类学意义的。

互联网语境中从教师发展的视角而言，"生成"具有三层含义：

1. 关系的生成

"物体是实在的，具有自足性、完整性，是本体论意义上实在的自然存在。"但"作为实体的事物是自足的、封闭的、孤立的"。这些封闭的、孤立的碎片借助互联网的关联功能寻找同质性要素并与之对接构成关系，提升自己的生存度，这是互联网最让人着迷之处。教育系统是在与社会其他事物的共存中进化的，进化中充满了不可预测性、不确定性和偶然性。事物之间存在着无数种排列组合方式，在没有产生关系之前，它们的作用非常有限，甚至很容易被损耗掉。在互联网上聚合的关系，表面上看起来非常之弱，但其中的潜能却不可估量，"弱关系"发挥着非常强大的作用。因此，切不可因其"弱"而忽视它。大学教学以"去中心化"的教学关系为本质，以学生为中心和以教师为中心的教学具有同等的不全面性，使用"以……为中心"句式本身就存在着根本性问题，这种非此即彼的思维方式已经不能真正把握和解释教学活动。教学是师生以及相关者共同组成的一种教学关系，教学活动的一切结果皆在这些关系中生成。教师善于有效重构各教育元素之间的关系，是教育智慧的体现。尤其在互联网时代，大学课堂日趋走向线上线下、课上课下的融合式生成教学，互联网更有利于师生形成相互作用的教学关系，高校教师必须"善假于物"，充分借助互联网技术的优势成就当代教育。

2. 意义的生成

互联网时代，新事物层出不穷，如何将不断涌入眼帘的新事物融入自己的意义世界，是一个非常重要的生存问题。作为高校教师，有责任帮助学习者生成对世界的理解，这种生成不同于将固有的世界观体系复制到学习者的头脑中，而在于让学习者生成自己的意义世界。

3. 现象的生成

在教育教学过程中，关系和意义要通过现象呈现出来才能被学生感知。"现象"在形式上一向被规定为作为存在及存在结构显现出来的东西。这是现象学的表达，它们共同构成了事物是"是其所是"。事物自身无法表现自身，是人对它的认识构成了其表现形式。事物的表现方式总是多于人们的认识方式，因此，人类认识才永无止境。这一点对于教育而言非常有意义，教师将"符号之所指""意识之所涉"变换成学习者能理解的"现象"，"生成"既是对事物本身的探索，也是教育责任之所在。互联网是十分理想的"现象生成"工具。借助此平台，师生彼此向对方呈现自我，思想进入对方的意识时，意义被快速显性化出来；师生的思想变成文本、录制成语音或者微视频。从这个意义上说，生成是无形向有形的转化。

在教学实践中，由于受到"关系、意义和现象"生成思维方式的影响，卓越教师会意识到"教是为了不教"是教学目的和教学艺术的最高境界，教师所扮演的角色是汽车的点火器，学生才是发动机。师生应该在课堂上做应该做的事情，教学应该充满生气与活力。大学存在的理由是，它使青年人与老年人融为一体，对学术进行充满想象力的探索，从而在知识和追求生命的热情之间架起桥梁。教师应该激发、刺激学生，与学生进行互动研讨，使学生获得方法论上的收获，适度增加课堂教学的深度、难度、广度、强度、高度和温度。

二、"四位一体"——"互联网 +"时代下的课程模式

是自主学习，不是放任学习。有任务、有要求的自主学习：基于 SPOC 平台，要让学生自主学习，绝对不是把资源放在网上，然后告诉学生去网上"放羊式"自由学习。而是有学情分析、有教师辅引、有学时要求、有任务驱动、有在线考评、有激励措施的线上自主学习课程。学生课前线上自学，建议占用 1/3 学时，学习考核合格是课程总成绩的必备条件之一。资源设计与开发由教师团队主导，包括课件、教学资源、课堂交流讨论、单元测验、单元作业以及期末考试。学生注册后，在课程开放的周期内，按照每讲的具体要求自行完成学习。SPOC 版上线"中国大学 MOOC 平台"后，高校院校共享，覆盖五个教师教育类专业。

是合作学习，不是"闭门学习"是课程主体，建议占用 2/3 学时，采用翻转课堂教学，学习方式以小组研讨、案例分析、作品展示为主。课前，教师通过 SPOC 平台记录了解学生自学情况，确定学习疑难点；课中，学生进行合作探究，为学习中发现的问题提供多种解决方法，必要时教师在旁适时点拨；课后，教师指导学生组队完成真实实践项目。

是个性化学习，不是"一刀切"。独立思考后的拓展学习：基于手机 App，本模块为加分项，建议不占学时。利用微信、播客推送的便捷性、有效性，以及信息推送直达个人移动终端的特点，每天为学生推送集声音、文字、图像、视频于一体的多模态微型学习内容。学生通过手机及时补充更新学习内容。

是全方位育人，不是技能的简单运用。真实环境下的体验学习：基于真实项目，实践项目以"支撑教学，服务社会"为原则，以"德为先、术于专"为宗旨，以增强学习的社会性、情境性、参与性和表现性为目的，要求学生在课程学习期间至少参加一项，结束时颁发参与证明。

"四位一体"的课程效果。营造了"全时、全域、全互动"的学习环境，实现了学生学习三满足。满足了学生根据自己的特点与喜好进行学习时间和空间选择的心愿；满足了学生与同伴、教师随时互动的需求；满足了教师根据自己的作息规律陪伴学生成长的期望。

"四位一体"课程把知识传授过程放在线上、课外，学生选择最适合自己的方式接受新知识，实现个性化的自主学习；把知识内化过程放在线下、课内，师生之间可深度沟通和交流，实现团体化的合作学习；把阅读思辨过程放在掌上、校内，学生通过手机及时补充更新学习内容，实现碎片化的拓展学习；把能力提升放在项目、校外，让学生在做中迁移，实现项目化的体验学习；把立德育人寓于专业技能学习之中，实现了"立德"与"强能"双功效，有利于培养学生情怀，增强社会责任，有利于增长学生的专业技能。

三、"互联网＋"时代的远程教育

"互联网＋"时代的到来，给远程教育带来了前所未有的机遇。远程教育本身教学灵活、多样，丰富的数字资源和先进的技术，可以服务更多的学习者，覆盖更广的范围，符合当前我国经济社会发展对教育在发展规模与质量上的需求，对提升我国教育生态系统的生态承载力具有重要意义。但是"互联网＋"时代给远程教育带来机遇的同时也带来了挑战。"互联网＋"教育不是教育资源向线上转移，而是一种变革的思路，以互联网为基础设施和创新要素，创新教育相关的服务模式、组织模式、教学模式等，进而构建数字时代的新型教育生态体系。质量观就是质量定位，是先驱性问题，是远程教育发展的指路灯塔，在既定的质量观的指导下，才能进一步探讨连接远程教育和传统教育的资质框架，才能进一步深入探讨远程教育内部的质量保证相关政策和措施。

"互联网 +"有四个核心特征：一是先进的技术和基础设施，云计算、移动互联、物联网以及 3D 打印、智能可穿戴技术等设备及工具，云、网、端一体化的数字化、智能基础设施为创新和发展提供了支撑；二是新的生产要素，数据与信息资源已成为各行业的核心资产，大数据的到来不仅改变着企业的运作模式和人们的生活工作方式，甚至还引起科学研究模式的根本性改变；三是新的社会空间，以互联网为基础，利用信息通信技术（ICT）与各领域、多维度的跨界融合，形成了互联互通的社会网络关系，虚拟世界与现实世界的边界越来越模糊；四是新的业态体系，在互联网的促进下，新分工、新体制、新机制正在形成，随着网络媒介和信息技术的快速发展，信息的创造、复制和传播都在提升，在引起事物外爆的同时也在加速内爆。"互联网 +"具有六大特点：跨界融合、透明互联、重塑结构、价值驱动、以人为本、优化生态。

（一）"互联网 +"的实质是一种新型连接方式

"互联网 +"不仅仅是互联网技术起到重要的支撑作用，更注重开放、协作、跨界等互联网思维。"互联网 +"有两层含义，第一层含义是融合；第二层是协同。也就是说以互联网为基础设施和创新要素，促进信息技术与各行业融合，不是简单相加，而是协同发展，创造传统行业新的发展业态，形成新的发展生态体系。

（二）坚持同一性质量观是远程教育的发展出路

"互联网 +"时代，远程教育能够匹配当前我国经济社会发展对教育在发展规模与质量上的需求，对提升我国教育生态系统的承载力具有重要意义。我国经济社会发展已进入一个新常态，不断增长的教育需求给能够支撑大规模学习的远程教育带来了前所未有的发展机遇。在"融合、协同"的理念下，各个行业逐渐融合，各类教育的界限也在慢慢模糊。我们很难清晰区分传统教育、远程教育，传统教育中越来越多地使用了远程教育的教学手段和教学资源，远程教育也不再是独一形态的教育，各类教育的界限模糊。终身学习和学习型社会提出以来受到全社会的重视和关注，同一性质量观是实现贯穿一生学习的必要条件。因此，同一性质量观在六类质量观中脱颖而出。另外，同一性质量观也是国际上较为认可的一种质量观，比如英国、澳大利亚等，都坚持在同一性质量观的指导下，开展评估和认证工作，只是在具体的评估指标和过程上所有差异。

（三）基于同一性质量观的中国远程教育质量保证体系

"互联网＋"时代带来了线上线下的融合，也为联通主义的学习提供了可能，而这种趋势势必要确立同一性质量观。如何实现同一性质量观，这是值得探讨的问题。在中国现代教育大背景下，不同类型的教育，如职业教育、继续教育、基础教育、远程教育，各类教育之间的社会认可度差异较大，如何使得各类教育形式地位平等，必须要保证各种教育类型的质量，因此建立基于同一性质量观的中国远程教育质量保证体系迫在眉睫。

我国远程教育的质量目标是培养应用型人才，即远程教育以应用型人才培养为质量目标，适应社会发展的需要，在高等教育大众化的背景下，以社会需求为导向，以满足社会需要和学生个体在知识技能、生涯发展、职业提升等方面的发展作为判断教育质量的依据。尽管远程教育与普通高校的生源有所不同，培养目标上有差异，但是远程教育也属于我国高等教育的重要组成部分，占比将近我国高等教育的1/6，其人口规模之巨大，影响范围之广泛，都要求我们不能对远程教育的学生培养质量上有所松懈。在"互联网＋"时代背景下，远程教育符合当前我国经济社会发展对教育在发展规模的需求，其原本的学习技术也为教育的扩展提供了有利的条件，对提升我国教育生态系统的生态承载力具有重要意义。坚持同一性质量观是远程教育的发展出路，对内可以明确质量要求，形成明晰的质量保证体系，对外形成社会公信力，有助于提升远程教育的社会地位。另外，坚持同一性质量观、构建不同教育类型的质量保证体系，在提升作为中国高等教育重要组成部分的远程教育的质量之外，也将促进资历框架的构建，统一国内的高等教育形式并与国际接轨，有利于中国高等教育的整体发展，也是中国高等教育的质量保证之重要手段。

第五节 翻转课堂的混合式教学

一、翻转课堂的演进

翻转课堂知识传授在课下、知识内化在课上。伴随互联网而产生的这种新型的教学模式——翻转课堂，在世界日益流行，吸引了大批学校和老师投身"翻转课堂"的教学实践中。亚伦·萨姆斯和乔纳森·伯格曼这对搭档对此深有感触："翻转课堂已经改变了我们的教学实践。我们再也不会在学生面前，给他们一节课讲解 30 ～ 60 分钟。我们可能永远不会回到传统的方式教学了。"传统的教学模式是老师在课堂上讲课，布置家庭作业，让学生回家练习。与传统的课堂教学模式不同，在"翻转课堂式教学模式"下，学生在家完成知识的学习，而课堂变成了老师学生之间和学生与学生之间互动的场所，包括答疑解惑、知识的运用等，从而达到更好的教育效果。

（一）"翻转课堂"的由来

翻转课堂可以追溯至 20 世纪 90 年代初哈佛大学物理学教授 Eric Mazur（埃里克·马祖尔）创立的同伴教学法（Peer Instruction）。马祖尔认为，传统讲授式教学模式只是注重信息传递，而对知识的理解并没有太大的效果。基于此，马祖尔提出了同伴教学法，要求学生课下自学课程内容，课上则以"提问—思考—回答"等课堂互动活动为主。如果学生答对的比例低于 70%，则进行同伴讨论以加深学生对知识的理解，最后教师再重申要点和难点。

1996 年秋，执教于迈阿密大学商学院的 Maureen J. Lage（莫里·拉吉）和 Glenn J. PIatt（格兰·波兰特）首次提出"翻转课堂"的设想，并将其运用于面向大二学生开设的"微观经济学原理"课程。莫里·拉吉和格兰·波兰特认为，所谓翻转课堂，就是将原本在课上进行的教/学活动放在课下进行，反之亦然。其具体做法是，先把教材的内容转换为若干专题，然后要求学生分专题学习，在此过程中，学生们可观看相关教学录像或课件。课堂上，学生就专题学习过程中遇到的问题向教师提问，教师针对这些问题展开教学并进行学习指导。之后，在教师的指导下，学生用实验以运用、验证所学知识，并在实验结束后由教师对实验过程中遇到的问题进行再度解决。

Jonathan Bergmann（乔纳森·伯格曼）和 Aaron Sams（亚伦·萨姆斯）两位化学教师在美国科罗拉多州伍德兰德中学开展翻转课堂教改实验。许多大学开始将翻转课堂教学模式应用于科学、数学、技术、社会和西班牙语等课程，并自发成立了翻转课堂联盟组织。

虽然翻转课堂兴起的初衷主要是为了解决现实的教学困境，但当翻转课堂得以真正推广，实质性地被多种课堂教学模式改革运动及其专业团体所接纳，并试图总结提升其理论内核之时，全球范围内的翻转课堂模式改革运动基本形成了一种关于翻转课堂的统一理论"范式"。该范式是对翻转课堂正功能较为一致的理论预期，但这种美好的理论预期之局限性却值得深思。

（二）翻转课堂的教学功能

第一，一切知识都是学习者自己发现的，学习者的自主发现行为是课堂教学追求的目标。

第二，学习者的自主发现行为有助于其直觉思维能力的发展。

第三，学习者的自主发现行为有助于引发学生学习的内部动机和坚定学生的自信心。

第四，学习者的自主发现行为有助于其记忆保持。

在课堂教学的过程中，教师的教学操作行为可以划分为自主支持以及自主抑制两种类型。教师的自主支持是指教师行为可以增加学生的决断感，鼓励学生自主探究，提升学生内部归因及自主发现学习的能力。

二、翻转课堂教学模式下教师角色的转变

翻转课堂就是学生把课堂上要学习的内容放到课外完成。翻转教学重点在于在课堂上学生参与课堂讨论和学习，通过自身的学习与实践厘清概

念、知识难点和疑点，从而建构学习，发生学习，完成学习。课堂从教师一言堂的枯燥授课中解放出来，教师在翻转课堂上变成了辅助者、观察者和课堂活动的组织者。

（一）多维度与多身份化的特点

第一，在翻转课堂以学为本、先学后教的教学范式下，课前教师要由教案的书写者转变为课程资源（含视频、音频、文本等）和教学活动的设计制作者或提供者，课上教师要由知识的传授者转变为交流互动的组织者与参与者，课后教师要由练习的局外者转变为学生学后反思的促进辅助者。

第二，教师角色需要从"单打独斗者"转变为"协作学习者"，从传统的"主演型教师"转变为"导演型教师"。

第三，教师在翻转课堂应该发挥"组织活动、监督指导、反馈评价"等教学角色，在设计教学活动、评价学习者的劳动成果、讲解教学内容、帮助学习者养成自主学习习惯等方面履行教师职能。

第四，教师角色扮演应从以教授为主的主角转变为以指导为主的配角，从学生角度出发深刻理解学生的需要，为学生有效利用课堂时间提供特殊指导，实现"个性化教学"。

由此可见，不同学者从不同角度对翻转课堂教学模式下的教师角色进行了重新定义，并赋予教师不同的身份，如设计者、制作者、组织者、指导者、辅助者、协作者、监督者、反馈者、评价者等。

（二）多重角色与多重教学能力的特点

课前：教师作为翻转课堂教学活动的策划者、设计者与组织者，先确定"让学生当老师"的翻转课堂教学方法，然后指导学生组成学习小组，分配好小组任务。每个小组控制在 3～6 人，由学生自愿组成。在每个单元讲授之前，教师要列出详细的小组分工任务单，为每个小组分配好小组任务，并给予各小组至少三天的准备时间。

课中：学生小组讲课任务包括四个方面：朗读课文、讲解长难句、翻译课文、总结课文段落大意，学生分工完成。教师先作为倾听者，倾听各小组呈现学习成果，然后作为评价者点评小组制作的 PPT 以及讲解效果，最后作为讲授者，纠正小组讲解中存在的错误，补充说明小组没有解释清楚的内容。

课后：教师主要扮演帮助者角色，通过 QQ 群等线上交流工具，与学生沟通和互动，解答学生在任务准备过程中出现的问题或困惑，明确学习任务，指导他们如何查找英文资料，甚至监督和督促不积极参与小组任务的学生或不积极完成任务的小组，鼓励他们完成小组任务，提高参与积极性。

在实施翻转教学的过程中，教师在每个班安排少数同学（7～8 名）以自愿的方式撰写个人感想和体会，以便及时收集学生对翻转教学的反馈意见，教师还应注意观察学生的学习状态及学习气氛，并据此调整自己的角色。

采集的数据为教师反思日志与学生调查问卷。为了真实记录教学过程及自己的心路历程，便于今后反思及总结经验，教师采用撰写日志的方式，记录自身角色转变的点滴变化及思考。在反思日志中，教师主要通过观察课堂上学生学习的积极性变化、学生的听课状态或者阅读学生撰写的内心感受后，记录对自己扮演的角色的感受和翻转教学效果的思考，以形成教师对自身角色转变认知的第一手资料。

课堂翻转后，教师讲解的角色并不是消失、削弱了，而是更重要，更加强了。翻转前，教师讲什么，讲的是不是重点，同学们不太关心，有时他们甚至觉得教师讲什么和他们关系不大。他们忙着发朋友圈，忙着看自己的书，甚至老师讲什么他们也不清楚。所以，老师讲课时觉得是在讲给少数同学听。翻转后，学生小组完成汇报后，他们很想听老师的反馈、更正和指导，想听老师讲解的意思和小组讲的是不是一样，想听老师分析的意思和小组分析的是不是一样。如果是一样的，小组成员会油然而生一种自豪感和成就感，而其他同学也会感到放心，他们从小组学到的知识是可以让他们感到信赖的。如果是不一样的，他们也会认真听讲。在这个过程中，教师的讲解和反馈与学生的自我评价、自我认同感和学生间彼此的能力认同有很大关系，他们会关注老师讲什么，强调什么，批评什么，表扬什么，甚至会在意老师的言语。这时教师的讲课不再是只讲给自己听，而是讲给全班同学或大部分同学听，教师"传道、授业、解惑"的角色能得到真正发挥。可见，在翻转课堂中，学生希望教师多讲，是希望教师在他们小组讲课后再将内容过一遍，在此过程中多对他们的讲课表现进行评价，对的予以肯定，错的予以纠正，以此增强他们的讲课信心，建立同学间的认同感，提高他们的学习积极性。在讲授方式上，教师要针对学生讲课中出现的问题进行讲解，从教师单向的"传道、授业、解惑"转变为师生双向的"评价、解惑、纠错、互动"，实现问题教学与个性化教学。

在翻转课堂教学模式下，教师需要承担多重角色，这与传统课堂中教师担负的单一的角色有巨大差别。在传统课堂中，教师的角色基本上就是讲授者与作业批改者，主要任务是上课和批改作业。教师担负了多重角色，体现在课前、课上和课后三方面。课前，教师是翻转课堂教学的策划者、设计者与组织者，需要精心谋划与部署安排；课上，教师是学生讲课的倾听者、评价者、纠正者和讲授者；课后，教师又是帮助者，帮助学生解决各种问题，包括课程问题与非课程问题。换言之，在翻转课堂教学中，教师必须向多维度、多身份角色转变。

多重角色要求教师具备多重教学能力。教师不仅需要具备基本的教学能力与作业批改能力，更需要具备课堂翻转意识及相关能力，如教学活动设计能力、课堂管理及小组管理能力（尤其是针对大班教学）、学习方法指导能力等。需要指出的是，教师在翻转课堂中扮演的"讲授者"角色问题。教师的"讲授者"身份在翻转课堂中不但没有被削弱，反而得到加强。

（三）问题教学法与个性化教学法的特点

第一，学生小组讲完后，教师仍需再过一遍。

第二，翻转课堂对教师讲课的内容与方式提出了新要求：在讲课内容上，教师除了纠正学生的错误与补充说明外，更要重视对学生表现的评价，以建立学生的学习信心和同学间的认同感。在讲课方式上，教师需要采取问题教学法与个性化教学法，结合学生问题或痛点进行讲授，致力于解决不同学生的学习问题。

第三，多重角色意味着教师需要承担更多的责任，完成更多的任务，也意味着教师更多的投入与付出。翻转课堂不是把课堂一翻了事，将学习责任与任务推给学生，教师坐在旁边观察即可。相反，翻转课堂需要教师课前精心设计、课上认真组织和课后周到服务，对教师的要求更高，责任更大，付出更多。在现实社会中，这样的付出往往是没有任何物质回报的，也不计入教师的绩效考核。因此，实施翻转课堂教学改革，需要教师拥有一颗平常心，需要有奉献精神。

第四，教师获得的成功经验与失败教训是一致的。教师在翻转课堂教学中无论担负什么角色，都要及时聆听学生意见、观察学生的课堂变化、回应学生的诉求、解决学生的问题。

三、翻转课堂在教学中的应用

翻转课堂可以优化大学院校的课程教学。大学课程具有较强的专业性和行业性特色，很多课程需要大量的观摩、实验和实践。但目前大学教学存在以下问题：课上以教师讲授知识为主，学生只是被动地接受知识，学生参与课程学习的积极性及教学效率低下。实训类课程操作过程繁多、操作步骤不易记忆，要求学生有足够的时间和精力练习操作。有些学生学习基础薄弱，学习习惯不好和自控能力差，课堂时间难以控制，任务情景无法充分模拟。

翻转课堂将传统教学模式中的课上知识传授和课下知识内化两个活动进行颠倒，让学生课前通过查看教学资源完成学习任务并发现知识内化时的疑难，课上通过师生间的互动交流解决疑难并彻底掌握知识与技能。在翻转课堂教学模式下，学生的学习时间更加自由，学生个性化的需求得以满足；同时可以将实训类课程做成微课程放在平台上供学生课前学习，课上教师就可以减少反复的操作演示时间，重点培养学生的动手能力和解决问题的能力，提高教学效率。翻转课堂还可以改善传统教学的考核方式，通过课前自主学习、课上合作学习以及作品展示等，综合评价学生，避免单一考核的片面性。

第九章 "互联网＋"高校课堂新型教学模式的探索

第一节 "互联网＋"新型教学模式的特征和意义

一、"互联网＋"新型教学模式

"互联网＋"教学主要是以超媒体技术为基础，以超媒体环境为支持的一种新型的教学模式。从学习环境上来看，"互联网＋"新型教学模式是以多媒体信息环境为教学基础的，这种基于超媒体的教学方式，其实质是一种多媒体信息教学。这种教学模式的出现，对高校课堂教学模式的探索与发展具有重要意义。在"互联网＋"新型教学模式环境中，信息是通过教学内容呈现出来的。同时，通过多媒体设备能将教师搜集到的这些信息传递和表达出去，在现阶段的教学中教师主要是通过图片、文本、动画以及声音等方式来传递教学信息。信息内容的获取与教学互动都是以超媒体环境为基础，学生通过运用多媒体平台可以实现教学内容的非线性获取，同时通过多媒体互动平台实现与教师、同学沟通交流。在"互联网＋"教学模式下，互联网教学系统中包含着丰富的教学信息，这种教学信息的组合属于非传统的线性文本。在"互联网＋"教学坏境中具有丰富的信息节点，这些信息节点之间的多页面链接则构成信息的非线性组合，并通过不同的分类实现这些学习信息的多维度导航。通过超媒体交互可以实现一系列的学习活动，例如，学生可以通过互联网进行白主学习，继而利用便捷的交互平台实现交互活动，教师则可以通过交互活动掌握学生的学习动态并及时更新信息。"互联网＋"教学环境的多种传递形式可以实现信息整合，而丰富的信息节点链接可以让学生进行实时访问，且信息的储存不受时空限制，充分满足了随时随地学习的环境与技术支持。"互联网＋"教学模式被称为极具发展前景的教学模式，互联网教学系统为教师、学生以及学者提供了新的教学和研究方向，通过在高校教学中融入"互联网＋"教学模式，有利于实现高校教学模式的新发展①。

　　首先，"互联网＋"教学模式是以教室为基本单位的互联网教学模式。在这种教学模式下，教师作为教学活动的主要引导者，通过利用多媒体技术将教学内容制作成教学课件。然后，借助教室的多媒体网络环境在计算机上进行授课，实现即时调度。在此种教学环境中，学生能根据自己的需求查看或保存教学课件中的相关内容或其他教学资料；教师也可以通过便捷的网络环境制作并上传测试习题，学生则通过互联网环境进行自主学习或练习；学生提交课堂作业也可以通过网络实现，学生只需要在局域网服务器将课堂作业上传至平台，教师通过下载即可收到学生的作业；同时，教师可以实时为学生进行答疑解惑，师生可以及时快速地获取资源信息，为师生交流提供了便利的环境基础以及技术支持。

　　其次，"互联网＋"教学模式是以互联网教学视频为传播载体的教学模式。在这种教学模式下，教师通过前期的设计与整理制作好教学视频，并通过互联网服务器将教学视频上传分享给学生。这些教学视频包括基础教学内容以及延伸辅助资料，以充分满足学生的学习需求。同时，教学视频通过丰富的影像画面将教师教学与教材内容紧密结合，充分符合学生联想记忆学习的特点；按照内容属性进行组合的视频，将大量的教学内容与信息资源囊括其中，具有学习需求的多样性以及连贯性特点。这种教学模式可以让学生根据自身需求进行自主学习，能够适应不同学生的学习时间、学习环境以及学习兴趣（需求）等多种差异，使得学生可以自行下载或观看教学视频，并自主利用视频调控学习节奏，实现高校学生对教学内容的

---

① 刘晓丽．"互联网＋"背景下地方普通高校混合教学模式的探索 [J]．湖北工业职业技术学院学报，2021，34（2）：79-81．

全面掌握以及巩固内化。

再次，"互联网＋"教学模式是以互联网为基础环境的教学模式。教师利用 Internet 网络和 WWW 链接技术下载教学资源，将制作的教学课件或教学视频上传至 Web 服务器；学生则可以进入网络平台进行认证登记，访问相关教学站点，观看或下载网络平台的教学资源。这种建立在互联网基础上的教学模式，打破了传统教学的时空限制，教师和学生可以实现实时互动、学习；同时，学生的学习资源也更加丰富多样。除了教师制作的教学课件、教学视频以及教学资源等，还可以通过站内链接直接访问相关站点，如其他院校的学习互动平台，了解优秀的教学案例，或请教其他学校的教师、学者；此外，除了提高教师的教学效率，还可以有效缓解部分高校校园教学内容相对滞后、教师资源相对缺之的状况。

此外，"互联网＋"教学模式是以教师个人网站为传播基础的教学模式。教师根据教学目标、教学内容、学生的学习水平及学习需求制作教学方案，从而根据教学方案进行教学设计、教学课件、教学资源的制作。教师通过个人网站将教学资料上传并分享给学生，学生则进入这个网站了解和阅读教学内容，实现教学资源（视频）的观看与下载。同时，学生可以通过多种网络互动形式向教师请教疑难问题；教师则可以通过网站互动平台收集学生的学习反馈、意见等，及时掌握学生的学习动态，帮助学生解答疑惑，并根据学生的学习情况进行学生自主学习以及课外学习的辅导和调控[①]。

最后，"互联网＋"教学模式还是以教师博客为传播媒介的教学模式。这种模式主要适用于教学交流过程。教师通过在互联网上注册博客，然后将博客网址分享给学生，学生则可以进入教师博客实现互动交流。教师也可以通过发表个人博客文章让学生了解到课堂延伸知识或其他教学内容，学生可以对遇到的问题进行留言，与教师或同学共同探讨。这种互动相对于教学平台的及时互动，可以给学生更多的思考空间，还便于教师收集整理学生的学习反馈。此外，由于博客媒介的教学环境较为轻松，学生能表达除学习外的多种疑惑，能帮助教师全面了解学生。在拉近师生距离的同

---

① 于薇 . 论"互联网＋"背景下高校智慧课堂教学模式设计与应用分析 [J]. 中国新通信，2020，22（22）：215-216.

时，利于教师教学活动的开展。同时，教师还可以观察了解高校学生的道德素质、学习能力、社会责任等，以更好地促进学生的综合素质培养。

二、"互联网＋"新型教学模式的特征

"互联网＋"新型教学模式充分发挥了互联网和多媒体在教学中的作用，结合文字、图形、声音、动画、视频等多种形式展现教学内容，丰富了教学模式，促进教学内容的全面展示，让学生能更好地理解和吸收教学内容，进而更好地实现教学目的。与此同时，"互联网＋"新型教学模式还借助网络的优势加强教学管理，实现了教学资料的远程共享和网络访问，为教学提供了诸多便利，其主要特征有：

（一）教学内容的丰富性

"互联网＋"新型教学模式在教学内容上具有明显的丰富性特征，这体现在教学课件内容的丰富多样上。通过网络链接，使得教学内容不仅仅局限于书本，学生也能够通过互联网浏览、下载教学课件、练习试题以及课外资料等诸多学习资源。

（二）表现形式的多样性

"互联网＋"新型教学模式在教学内容的表现形式上具有多样性。多媒体技术的应用实现了文本、声音、图像多种媒体的统一，通过多种形式表达教学内容，丰富了信息的表现力。通过多种表现形式共同作用于学生，教学内容通过声画传达出来，刺激学生的感官，帮助学生通过认知、联想、思考、反馈等活动学习知识，活跃思维，构建知识体系，优化学习能力。

（三）教学资源的共享性

"互联网＋"新型教学模式下教学资源的使用具有共享性。教师可以通过互联网下载相关教学资料制作教学课件，学生则通过网络平台观看或下载教师分享的教学资源。此外，这些教学资源不仅为教师和学生所用，还可以被任何互联网用户观看、保存和分享。例如，在不同院校的教师可以从互联网平台进行教学课件的共享，实现教学资源跨区域的优化组合。从教学资源的使用、学习等活动中，全面体现了"互联网＋"教学模式下教学

资源的使用共享性。

（四）教学信息的综合性

网络能够整合各种超文本和超媒体技术，有多种方式的表现形式，且在表达和传递信息的时候不会受到时间和空间的限制。随着社会经济的发展，教学的需求也在不断增多，根据教学的需要以及学生的需求，可以促使教学内容更加生动形象地表现在学生面前。能够促使学生自主地调动各种感官来配合以及更深层次地理解教学知识。同时，网络信息教学是运用多种符号进行的。信息的容量比较大，且知识比较全面，学生容易接受其知识，同时，在课后也能进行知识的拷贝，从而进一步提高学习的效果。

（五）教学过程的交互性

多媒体技术具有一定的远程功能，能够促使学生获得更多的图文教育信息。同时，因为教学过程是互动性的，能够促使学生对学习的知识产生兴趣，从而进行主动的而学习。在进行学习的过程中，实现教学过程的交互性也可以让学生及时地看到自己学习上的弱点，从而不断调整自己的学习状态，提高学习的效率和质量。同时，远程技术也能够为广大师生提供超越了时空限制的开放的教学环境以及提供更多交流的可能性。在这种比较宽松的环境之下，学生不用受到教材、教师教学进度以及知识的制约，而可以根据自己的需求来自己的制订学习计划，在学习的内容、地点以及时间等上掌握主动权。总的来说，多媒体网络教学的发展，促进了师生教学过程中的双向互动，有利于学生实现自我更好的发展。

三、"互联网+" 新型教学模式的意义

互联网教学方法是在互联网影响下的一种新的教学模式，互联网教学离不开计算机的使用，同时也必须使用一些多媒体设备以及网络技术，再结合现代化的教学手段来进行教学活动。互联网教学能够促进教学资源得到共享。

而"互联网+"的教学模式拥有很多优势，主要体现在以下几个方面：首先，在"互联网+"的教学模式当中，整个教学过程中包括了教师、学

生、媒体和素材四大要素。这四个因素之间是相互作用的关系，从而完整地构成了教学系统。而"互联网＋"下的新的教学模式就是要促进教学要素得到一定的转变，从教学的角色来看，教师的地位和角色都会发生改变，从教师的地位来看，在新型的教育模式当中，教师不再占据主导地位。从角色上来看，教师也从知识的传授者转变为学生学习以及教学过程中的设计者。并且教师也同样是学生学习的指导者以及学生参与课堂活动的组织者。而从学生角度来看，学生也从知识被动接受者变为主动参与合作以及知识的建构者。同时，运用于教学的多媒体设备也变成了学生获取知识的重要工具 [①]。总的来说，在多媒体网络技术环境之下，在教学设计、教学管理、课程实施以及教学评价等方面得到一定的完善和发展。而"互联网＋"新型教学模式的实践意义主要包括以下几个方面的内容：

首先，"互联网＋"新型教学模式具有很丰富的特征，教师能够在网上进行教案工作，在网上布置预习任务以及工作等。其次，在这种新型模式之下，还能不断扩展教育教学的内容，并且能够在计算机上面实现传输、存储、运行以及修改等以便于更好地运用多媒体课件资源。教师可以利用互联网丰富的资源展开教学设计，制作教学课件，编写丰富的教学资源库。同时，这些教学资源通过互联网平台可以实现即时快速的传播，为任何用户所接收，如此一来，学生就可以实时观看或下载教学资源。

其次，"互联网＋"下的新型教学模式还具有共享性的特点，能够更进一步扩大教学的空间。并且，这种新的教学模式因为网络技术的发展促使其传播信息的速度非常快，因此，这一教学模式的覆盖范围也非常广泛。在网上对这些资源和教学信息进行设置之后就可以实现资源的分享，同时，在资源的分享上是不受时间和空间的限制的，资源的分享会非常快。"互联网＋"新型教学可以实现双向互动，利用便捷的交互方式实现沟通交流，让学生能够利用多种学习形式进行自主学习、协作学习。学生通过互联网与同学、老师以及其他学科的专家进行交流和互动，能够对学习内容有更深刻的理解，并且能进一步开阔自己的思维，扩大自己的学习范围，并进一

---

① 王春丽，时小侬，王成云，等."互联网＋"视角下高职课堂教学模式研究[M].长春：吉林人民出版社，2016.

步提高自己的学习效率。

再者，"互联网 +"的新型教学模式非常注重发挥学生的主体性，其是以强调学生主动性为特征的一种教学模式。在这种教学模式之下学生可以发展自己个性，并且发挥自己的主观能动性进行学习。实现自己的个别化的需求，并且创造一个良好的学习氛围。在遇到问题的时候，培养自主的分析问题和解决问题的能力，并且能够创造性地采取一些措施来使得自己的问题得到解决。同时，值得注意的是，学习者还能够按照自己的需求来选择学习的时间和内容，促使学生在教与学的过程中能掌握绝对的自主权。

最后，"互联网 +"新型教学模式还具有多向性的特点，能够对传统的教学中的一些缺陷进行完善，同时，因为是网络教学因此其更加便于管理和组织。教师可以有更多的时间以及精力来进行教学设计，可以根据网上学生的学习情况，来了解更多学生的学习状态以及学习的偏好，从而具有针对性地制定一些预习任务以及教给学生一些自主学习的方法。网络教学在一定程度上也促使学生变成了自己学习的设计者。

第二节 "互联网 +"高校课堂教学的冷静应对

一、"互联网 +"对高校教育的冲击

"互联网 +"给高校教育带来的影响是我们不可预估的，更是不可低估的。这种影响随着互联网技术在高校教育中的应用更加显著和突出，然而如何应对这种冲击，实现高校教育生态系统的进一步发展则更为重要。因此，高校校园首先要正确认识"互联网 +"形态对高校教育的重要影响，同时在面对其带来的机遇和挑战的时候，尽量发挥"互联网 +"的作用，促进高校教育的快速发展。

"互联网 +"使高校教育由传统的封闭式教育转变为开放式教育形态。"互联网 +"高校教育模式下，改变了传统教学下知识垄断的状况，教师不仅是知识的讲授者，更是知识的传递者和教学的引导者。所有互联网用户

都能制作教学课件，获得教学知识；学生可以自主获取、分析和使用教学资源，实现了个性化教学和自主化学习。在现阶段互联网不断发展的大背景之下，社会也是开放的，随着全球资源库的形成，优质的教育资源能够得到极大的丰富和充实。人们通过同样的资源需求聚集在一起，互联网将他们联结成一个整体。让人们随时随地都能够最大限度地获得自己想要的资源。这样一来，使得人们获得知识的成本降低，使得人们愿意投身学习中，从而有利于推崇终身学习的建设①。

在"互联网+"的冲击下，教师和学生的关系出现极大转变。在传统高校教学中，教师教学是学生获取知识的重要来源，教师的地位具有权威性以及主导性特征，学生是知识的接受者，教师通过课堂教学在教学中占据控制权。然而，在"互联网+"高校教育环境下，学生除了教师课堂传授教学知识外，其知识获取来源更加丰富，也更加便捷快速。师生之间的教学互动也不再局限于教师讲授知识，互动式教学、探讨式学习、协作学习等多种教学方式让学生可以实现自主学习、独立思考等。如此一来，教师更重要的则是学生学习的引导者或是指导者，改善了传统的师生关系，师生互动的增加亦便于教师教学活动的开展。

在"互联网+"的冲击下，教育组织与非教育组织的界限逐渐淡化。高校教育的实践性与社会性需要更多教学资源以及教学思路的来源，而社会教育机构的灵活性、"互联网+"教学的便捷性都为高校教学提供了丰富的教学资料，有利于高校教学质量的提升。此外，"互联网+"高校教育更能适应经济社会发展的变化，不断更新教学内容，扩展教学的深度以及广度，且教学资源的制作者亦是使用者，实现教育共同体化，同时对于促进高校教育跟上时代的发展与社会经济的发展一起协同发展具有重要意义。

从本质上来看，"互联网+"对教育的影响主要表现在对教育资源的重新分配上，从这个角度来看，首先，互联网能够让人们注意到优质资源教育的重要性和作用，从教师的服务人数就可以看出来，以前，一个优秀的教师只能服务于少数的学生，现在随着互联网技术的发展，一个教师可以

---

① 张丽琼，杨珂. "互联网+"时代的高校课堂教学方法创新[J]. 福建教育学院学报，2020，21（1）：77-80.

服务于上百个甚至更多学习者的需求。其次，互联网也能够跨越时间和空间的限制实现各个地方的合作研究。从而进一步完善"互联网+"的新型教育模式。

"互联网+"同样也具备促进教育进行自我进化的能力。一个事物只有不断发展、不断进化、不断创新才能长久地生存和发展下去，传统的教育由于与社会经济的发展完全脱节，因此，存在自我进化能力较低的问题。互联网使得教育变得更加开放，人人都可以是教育者，人人都有可能成为被教育者。这种新的教育生态在适应社会经济发展的前提之下也会给高校教育生态圈带来更多便利。总的来说，在社会经济的发展之下，高校教育面临着很多的挑战，主要包括以下几个方面：

首先，高校教育在开放的教育生态环境中面临着被逐渐弱化的问题。因为，在传统教学模式的发展之下，教师是通过跟学生面对面的交流将知识传授给学生。而在这个过程之中，教育工作者也随之将一些良好的品德以及价值观传达给了学生，让学生受到更多的美德以及艺术层面的潜移默化的影响。与此相反的是，在互联网教育中，师生之间以信息的交流为主。学生很容易对以互联网为主体的辅助学习设备形成依赖，忽略教师育人的作用，久而久之，教育的育人功能将被弱化。

其次，互联网环境开放、信息丰富，学习者（尤其是低龄学习者）缺乏较强的辨别力与抵抗力，如果教育工作者没能及时加以引导，这一群体很可能会受到网络上鱼龙混杂的信息影响，从而极易妨碍学生培养美好的道德品质、树立正确的价值观念、形成积极的生活方式，甚至可能养成一目十行、囫囵吞枣等不良习惯，使之很难形成刻苦钻研的品格，也无法磨砺其意志，进而难以掌握新知识、学到真本领，不利于学习者智力的提高、能力的增强和长远的发展。

最后，碎片化的学习方式很可能会降低学生学习的专注度和深度。在互联网的作用下，理论知识可以通过分享、转载、购买等方式实现大范围传播与阅读，这不仅给学习者带来了极大便利，也大大降低了学习门槛，人们可以不再受时间、空间的限制，可以根据自己的需要或兴趣来学习知识与技能。同时，借助互联网的力量，学习者涉猎知识的范围和层次逐渐扩大，不论是否熟悉该领域的内容，都能够获取到相关资料。但与此同时，人们学习的内容和时间都呈现出碎片化的趋势，使其很难给零散的知识点建立完整的框架体系，从而容易降低知识的关联性，无法保证学习者学习的深度和关注度。

那么，在上述情况下，高校教师应当如何帮助学生正确对待互联网中海量的碎片化信息？应当如何引导学生将互联网中零碎的内容加工成有用的知识网络体系？这将是高校教育工作者亟待解决的重要问题，也是本节将探讨的重点课题。

二、"互联网 +"高校教育的冷静应对

面对"互联网 +"时代给教育带来的这些机遇和挑战，高校校园需要冷静应对。

（一）要坚持"教育为体、互联网为用"

首先，这要求高校教师明确并谨记一点，无论互联网的出现给课堂教学工作带来了多少便利，它始终只是一种为高校教育服务的技术手段和工具。尽管高校教师能够借此简化教学流程、提高教学质量，但使用该技术的出发点是为了满足高校教育工作的需求，提升高校课堂教学的效果。因此，可以说，有一定的教学需求和效果是高校教师运用互联网开展课堂教学的前提条件和必要依据。也就是说，高校教师在决定是否使用互联网进行课堂教学之前，必须要想清楚互联网技术需要用在哪个教学环节，它能够起到何种作用，是否可以加强和学生之间的交流，促进学生的思考，激发学生的学习兴趣，带来更优于传统教学方式的效果，以便能够有的放矢地展开相关教学工作。试想一下，高校教师应用互联网技术或设备不是以加强课堂教学为第一要务，而只是为了实现减轻备课负担、减少板书麻烦等带有满足个人利益的目的，这样不仅不能够充分发挥互联网的积极作用，还很可能会因为滥用互联网技术降低课堂教学效率，妨碍后续教学工作计划的有序进行，从而影响高校教学目标的实现。

其次，高校教师如果为了简化教授、解说知识点的步骤，直接让学生观

看网络教学视频或课件，而没有适时引导或加以说明，这或许能够发挥互联网技术一部分教学功用，帮助学生接触、了解到教材范围以外的知识点，但是，如此一来，做的是"换汤不换药"的无用功，因为这样不仅和运用传统教学方式呈现的教学结果并无本质上的差别，也违背了以满足高校教育工作需要为出发点的根本原则。因此，这种做法并不能够完全体现"互联网 +"高校课堂教学的优势，也不值得高校教师学习借鉴。由此不难看出，要想有效发挥互联网技术和设备的辅助作用，促进高校课堂教学工作顺利实施，高校教师必须要保持本心，始终秉承教书育人这一核心目标从事教学活动，围绕"教育为本"这一基本理念开展教学工作，遵循"互联网为用"这一指导原则进行课堂教学，从而避免出现本末倒置、事倍功半的情况，进而确保互联网能够完全发挥促进高校教育变革、提升高校教学质量的积极作用[①]。

最后，这需要高校教师把握好引入互联网进入课堂教学的度，尽最大努力做到不乱用互联网设备，不滥用互联网技术。现阶段，随着互联网的大面积推广应用，大部分高校教师已经意识到互联网可以为教育所用，能够给高校教育发展带来不容忽视的影响，因此，这部分走在时代前端的教师应当试着摒弃陈旧观念，更新教学理念，尽可能将课堂教学与互联网融为一体，将教材理论与网络信息完美结合，进一步优化教学的手段和方法，设置更丰富的教学环节，创造更多师生互动、交流的机会，以便有效活跃高校课堂的气氛，提高学生学习的热情和积极性，进而提升高校课堂教学的效率和质量。

（二）要发挥宏观调控下的市场主体作用

在"互联网 +"时代，为了减少国家政策方面的限制，优化高校课堂教学的生态环境，推进高校教育变革，很有必要充分借助"风口"的作用，顺势发挥宏观调控下市场主体的作用。"互联网 +"时代下，高校教育改革的主力军是新兴互联网教育企业，一方面，要确保这些互联网教育企业的自主地位得到尊重、自主作用得到发挥，从而避免因政府制定过多限制性政策、约束性条例妨碍这一新兴企业发展、壮大，以便为高校教育创造一个自由民主的变革环境，搭建一个双向互动的交流平台，进一步推动高校

---

① 罗来俊，何敏.依托 " '互联网 +'课堂"创新高校教学的探索 [J].教育现代化，2019（87）：278-280.

教学朝着开放、有效的方向发展；另一方面，政府要在此基础上加强引导，并有效把握好宏观调控的度，充当好裁判员或情报员的角色，适时适度提供有关高校教育变革的重要信息，并对高校教育变革做出公正公平的评判，从而减少或避免出现高校和互联网企业等重复建设的现象，缩小或消除育人单位与用人单位之间的交流鸿沟，使之成为教育共同体，促进二者协同发展、进步，进而深化高校教育变革，有效提升高校课堂教学的质量和效率。

（三）高校学校教育要敢于从知识教育向思维教育转变

随着"互联网＋"时代的到来，越来越多的学习者开始通过网络获取教学资源，学习专业及非专业知识与技能，因此，为了更好地承担教育者的责任，充分做好"授人以渔"的工作，高校以及高校教师有必要明确自身职责，厘清高校教学思路，划清高校教育和高校之外的教育的界限，从而实现在明确分工的基础上，简化高校课堂环节，优化高校教学方法与手段，进而实现以理论知识为教学重点向以开放思维为培养重心的方向转变，并在此过程中有效提高高校课堂教学的质量，顺利完成高校及高校教师教书育人的目标。

总之，在面对"互联网＋"的挑战之下，教育不能完全不采取任何措施，不能让互联网占据改革更大的部分，而需要掌握真正的教育变革的需求，抓住互联网技术发展带来的机遇，迎接挑战，让教育事业在"互联网＋"的帮助之下有更大的发展。

第三节 "互联网＋"新型教学模式的探究实践

一、"互联网＋"新型教学模型的构建

"互联网＋"与教育相结合同时也需要构建一个新型的教学模型，而构建新型的教学模型的选择主要有两种，首先是构建一个具有丰富的网络教育特色的高校教学模式，其次是在继续使用现有的远程教育的高校教学模式的前提下，对一些细节的方面进行一些创新。首先对现有的教学模式进

行深入的分析和了解，其次，再以网络教育的一些理论作为基础，并结合构建主义的相关原理和原则，来构建一种具有典型性的，以网络教育为特点的高校教学模式[①]。

"互联网+"新型教学模式可以从"自学—助学—测评"三个方面来看，"互联网+"教学模式是这三个方面互相结合在一起的一个整体。在自主学习理论、认知结构理论以及人本主义理论的指导下，充分发挥学习者的主体性，同时提高学习者的理论知识水平、转变学习者的思想观念，以及提高学习者的实践能力为目标。促进学生提高自学能力，提高学生的综合素质水平，其中的主要包括以下的内容：

（一）自学过程

包含三个必要环节，即制订学生自主学习计划、利用互联网等平台学习和小组合作学习。

1. 制订学生自主学习计划

学生自己制订的学习计划主要包括了个人的课程学习计划以及学生的选课学习计划。在学生自主地制订学习计划的时候，教师要给予学生充分的建议，给学生一定的参考。以此为基础，教师具有指导学生制订自己的学习计划的作用，在这个过程中教师是作为一个指导者的角色，同时教师的指导者的角色还可以延伸到以学生的兴趣爱好为基础来对学生的扩展学习进行指导。让学生清楚地认识自己，按照自己的实际情况来制订计划。

2. 利用互联网等平台学习

在"互联网+"教学模式下，学生进行自主学习的平台以网络平台为主，教材、多媒体等为辅。学生可以以此为基础，并不断地利用网络平台进行自主学习，可以通过网络平台来阅读学习资料、收看学习视频以及其他学习资源等，在网络上，大部分学生都可以实现自主学习。学生可以在网上互动平台下载教学资源，观看教学视频、进行习题练习等。

3. 小组合作学习

小组合作学习同样需要在教师的指导下进行，主要是指学生事先根据

[①] 丁菊霞."互联网+"时代的高校课堂教学改革初探[J].当代教育实践与教学研究，2019（4）：5，65.

自己的兴趣爱好以及学习兴趣等，自行地组成学习小组，或者是由老师指定组成学习小组，一起合作完成难度比较大的作业，小组在不同的学习阶段有不同的任务和目标，要实现不同的目的，在学习的重点和难点的讨论上，在对每一个章节进行总结、与其他学生一起交流学习等方面都可以以小组的形式进行，而在这个学习过程中，教师需要做的就是根据不同的小组需求，来设置不同程度以及不同方面的习题。

首先，"互联网+"教学模式十分注重培养学生的自主学习能力。以高校学生为例，他们都是成年人，有自己的思考方式以及知识的储备基础，并在相关的实践中积累了很多的经验，能够进行自主学习，并且通过自学，可以自行解决很多的问题。其次，"互联网+"教学模式下，网络教学资源十分丰富，可以满足学生多样化、个性化的学习需求。最后，"互联网+"教学模式以网络互动平台为传播媒介，学生可以通过网络互动平台与教师或同学进行沟通交流，及时有效地进行探讨，解决自学中遇到的问题。

"互联网+"教学模式，对教师和学生都提出了更高的要求。对学生的要求：首先，第一个要求在于学生必须自己要转变学习的观念，在接受互联网学习的时候，自己要学会从被动走向主动学习，学生只有具备自己主动学习的积极性以及热情，才能在互联网学习找准自己的定位。其次，学生必须继承之前在传统教学中做笔记的良好学习习惯，俗话说得好，"好记性不如烂笔头"，只有把自己自学的知识点都记下来，才能更好地进行以后的学习。最后，教师在这个时候也要发挥一定的作用，其必须要加强对学生的学习小组的了解，指导学生正确地开展小组讨论等。同时，教师要保持自己随时在线，并向学生提供自己的联系方式，以便在遇到问题的时候，学生可以随时向老师提问，与老师进行交流和讨论[①]。

学生进行自主学习也是学生进一步提高自己的学习积极性和主动性的过程，只有让学生有自主学习的热情和自觉性，才能真正地提高学生的自学能力，对于网络教学之下的学生的学习来说，其是对传统课堂的创新，从以教师为中心变成了以学生为中心。

---

① 蒋博如.互联网背景下高校课堂教学改革探索 [J]. 教育信息化论坛，2021（2）：87-88.

（二）学习时遇到的问题

学生进行学习的时候总会遇到各种问题，而学生在网络上的学习辅助的对象主要包三个方面的内容，即资源支持、学生互助以及教师帮助。

1.资源支持

资源支持即是指学生学习的辅助资源，要求高校校园能够充分地运用互联网技术不断建设和完善网络学习平台以及各种网络资源系统，只有这样才能真正地为学生提供各种方面的支持，让学生有一个自主学习的好的环境，同时还可以开设一些网络信息技术培训，给广大师生普及网络技术，鼓励学生自主报名参加计算机一级或者二级的考试，从而为学生进行学习掌握一定的计算机水平打下基础。只有不断为学生提供合适学生的各种人性化的、丰富的、科学的以及多元化的网络辅助资源，才能为学生的自主学习提供资源保障。

2.学生互助

学生互助主要是指学生与学生之间的合作与学习的过程，有时候，一些问题的难度比较大，在与教师讨论之后仍旧没有相对应的解答思路，这个时候，就可以通过学生之间的互动来促使自己完成那些无法解决的问题，而学生的互助学习主要包括视频教学活动、小组合作学习、BBS 讨论和集中参加课程辅导等方面的内容。

首先是视频教学以及答疑的过程，在这个学习过程中，学生可以加强与对方的互相了解，同时互助的过程中，解决一些问题，有利于开阔学生视野，拓宽学生的知识面，启发学生思维，是生生互助学习的重要表现。高校校园搭建的网络互动平台都可以实现群聊互动，其次网上论坛、贴吧以及微博等都是能够让学生进行自主学习的地方。

其次，要充分发挥小组学习的优势，小组学习也是学生进行自主学习的重要组成部分，在与其他学生进行讨论的过程中，可以让学生开拓自己的思维，同时不断地提高自己的学习效率。学生首先在进行自主独立学习的时候，就已经对知识有了一个很深的了解，而进行小组活动学习的原因主要在于让学生与其他学生一起进行合作解决那些难度系数比较大的问题，同时小组合作学习也能让学生感觉到团队的力量，培养团队合作意识，教师在这个过程中可以引导学生开展小组活动进行学习，并且鼓励学生进行独立思考，解决问题。

最后，对学生进行集中辅导，其中集中辅导主要指在互联网互动平台之上对学生的实时辅导，很多时候学生总会因各种原因，不能完成自己制订的学习计划，以及有很多积压的不会解答的难题，在这种情况下，学生也可以自主选择网络上的一对多的集中辅导，可以通过教师对知识点的再次讲解来深化自己的学习。

3. 教师帮助

教师帮助主要是指学生通过自学的方式，在初步进行了教材的熟悉和学习之后，能够独立地解决一些问题，但是对于教材中一些重点和难点的把握程度还比较差，这时候就需要教师对学生进行指导和帮助了。因为学生进行的自主学习并不是万能的，相反，学生的自主学习还具有一定的问题，教师对学生进行适当的帮助是非常必要的，这样可以加深学生对学习的理解，同时，完成学生学习的整个过程，而教师的帮助又主要包含了教师引导和教师辅导。

一个方面是教师引导，从引导一词我们就可以看出其是指教师通过各种手段来促使学生产生学习的兴趣，进一步转换自己的学习观念，调节自己的学习方式，并且教师引导学生掌握进行自学的方法和技巧。教师之所以要完成对学生的引导，主要的原因还在于学生的年纪还比较小，对网络上的各种资源的辨别能力比较弱，其网络技术能力以及自主学习和自我控制的能力都有待提高，教师引导学生进行自主学习主要包括以下几个方面的内容：首先是进行课程导学，主要是在学生已经掌握了每个单元的基本内容的前提之下帮助学生将课程教学大纲以及课程教学的具体细则进行梳理，将每一个章节的各种信息交流渠道都告知学生，让学生掌握更多的自主学习的方向。指导学生对学习课程的性质、教学模式以及教材的一些特点进行更深入的了解。同时还需要指导学生制订自己的学习计划，因为每个学生的资质是不同的，学习效率也是不同的，教师在指导学生进行自主学习计划制订的时候，必须要学生按照自己的实际情况来进行，而不能盲目地制订计划。其次，教师要激发和保持学生的学习兴趣和学习的积极性。

只有这样,教师才可以将一些优秀学生的自主学习的事迹进行专题收集并且展示,给学生们一定的激励和导向作用。

另一个重要的方面是教师辅导,这种形式主要是在"互联网+"教学模式之下的教师辅导,主要是指网络互动平台的及时互动辅导,一般情况下来说,只能将其安排为计划学时的一部分。这种辅导方式和以往传统的面授式的辅导方式不同,传统的辅导方式能够在固定时间进行面授,而在这个过程中,教师发挥了检测、组织协调和指导的作用。首先是检查学生的自学情况,在进行网络互动辅助中,教师可以根据学生所提出的问题,来了解学生的学习情况,同时也可以检查学生的自学笔记以及查看学生的作业进度,进而去了解学生的学习态度。在这个过程中,教师要及时关注学生的学习动态,及时发现和了解学生在学习过程中存在的问题,进而开展针对性的辅导。其次,重点讲解和答疑。教师依据课程的实际要求,结合学生在自学过程中存在的问题,借助于以互联网为载体的互动平台,对课程中的重点和难点进行详细讲解。再者,多种媒体优化组合。在这个过程中,教师可以充分利用电子教案将文字、视频、录像等各种多媒体资源进行整合优化,并在这个过程中对学生如何利用多媒体进行指导。然后,创设互动情境。教师利用组织对话、角色扮演、小组讨论、分组表演、集体讨论等灵活多样的形式,激发学生的学习兴趣以及思考能力,尤其是协作探讨的能力,全面提高高校学生的专业能力和综合技能,弥补远程学习过程中学生因缺少实践而对实践课题的探索较为匮乏的缺憾。另外,方法指导。这种主要是指教师还应该传授给学生科学的、正确的学习方法,要注重培养学生的自主学习以及探索学习和合作学习的各方面能力。最后,教师还需要布置作业,以及收集学生对于教学的反馈意见,并且及时地对学生的作业进行批阅和修改,在给学生进行辅导的同时,对学生的作业完成情况进行讲解。让学生对自己的学习情况有一个更加全面的了解,同时教师要检查和评价学生的自学、小组学习作业完成情况,对学生的自主学习起引导和帮助作用。

(三)测评过程

测评包括自评+他评、形成性评价和终结性评价。

1. 自评与他评

学生进行自评主要是指，学生通过一些网络上的测试以及网上教师布置的作业等，来了解自己的学习的情况。而学生他评主要是在小组活动中的，在进行小组合作的活动结束之后，学生对这个小组的学习结构进行评价，从而使得小组内的每一个组员都能提出自己的意见，发现自己的不足，在以后的小组活动中不断改善和调整自己的不足。自评就是评价主体针对自身的评价，而他评则是其他人对主体开展的评价。只有将这两种评价结合起来，才能够获得更多的关于学生的信息，这样才能帮助学生真正地认识到自身存在的不足，进而提高他们自身的反思能力。

2. 形成性评价

形成性评价主要是发生在教学设计或者教学的过程中的，主要是为了不断完善教学过程以及教学设计，促使其给学生带来更好的学习体验的一种对学生学习结果进行的评价。进行这一评价的主要目的在于对学生的学习过程进行正确的指导以及科学的管理，能够及时地了解学生的学习情况并改善教学设计，指导学生进行正确的学习，进一步提高学生的综合素质，促进学生的全面发展，具体的操作方式包括作业分析、经常性的测试以及对学生的日常进行观察等。

3. 终结性评价

终结性评价又称事后评价，这种评价主要是在教学活动进行了一段时间之后，对这一段时间的教学成果进行总结和评价。比如，学期末的各种考试等，主要的目的就是测试学生是否真的掌握了这一知识点。总结性的评价同样也是对一段时间内的教师教学状况的最终评价，涉及的内容比较广泛，主要包括学生的结业、毕业、获奖以及教师的职称评定等。

二、"互联网+"教学模式的教学类型

（一）讲授型教学模式

讲授型的教学模式主要是以教师为中心的，通过教师讲授知识以及学生听讲知识的过程，让学生对一个章节的知识有一个了解。这种教学模式

是一种比较经典的教学模式，是传统的教学模式的一种，这种模式因为有其独特的优势，因此，在教学中不能够被完全取代。讲授型的教学模式中也可以加入互联网的因素，教师运用多媒体技术对学生进行知识的讲授，而讲授型模式在网络教学中按教学的时间特性，又可分为同步式讲授与异步式讲授两种形式。

1. 同步式讲授

这种讲授方式主要是指通过网络技术将教师的现场授课的情况同步地传送给远端教师或者学生的电脑上，教师进行网络授课直播，学生在同一时间内进行收听。同时，教师与学生也可以通过各种途径进行交流与互动，这种网络教学中要借助局域网或者其他的系统来实施教学。在同步的讲授教学中，教师要具备多媒体设备，同时也只能在有相同设备的学习教室内进行学习。

2. 异步式讲授

异步式的教学模式是与同步式教学模式相对应的，这种教学模式并不要求学生一定要在同一时间内听课，相反的，学生可以按照自己想要的时间，来进行学习。在这种教学模式当中，教学的整个过程都是在网络上进行的，教师要将教学要求、教学的主要内容以及教学的资源和导航链接等做成网络文件，并发布在特定的互联网平台上，学生可以根据自己的不同需求来下载并进行自主的学习。同时，教师还可以请专业的摄影师将自己的实际讲课过程录制下来，进过剪辑做成视频文件，发布到网络上供大家一起学习。学生在其他的地方听课的时候也能将自己遇到的问题通过发布电子邮件，或者在网络平台上跟教师聊天，向老师提问，教师应该及时地回答，并且，教师还可以做到在自己的教学内容的相关版面上设置一些问题讨论区，供大家一起交流讨论，对于那些提的问题比较多的知识，教师可以重新录制一个视频对其中的重点难点进行讲解。当前，随着多媒体技术的广泛应用，特别是课件在线点播系统的运用，学生可以借助于这些技术重复学习网络课程，还可以在网络上自由地检索学习资料，参加测试。在这种模式之下，教师可以随时开展教学，学生可以根据自己的实际情况，合理地安排自己的学习时间和进度，并且能够随时下载自己所需的学习内容，随时向老师请教问题。

总而言之，基于互联网开展的讲授型教学，组织形式比较简单，同时有统一的学习进程，能够和学校的课程实现同步。因此可以说，这个教学模式是在传统教学模式的基础上，实现教学的多媒体化和网络化。这种模式对教师个人的要求不是很高，对教师而言，他们只需要准备相应的教学内容，而技术人员则负责多媒体方面的技术。当前，大部分的网络教学都是实施的这种模式。这种模式最大的优点就是可以不受人数、时间和地点的限制，能够让学生自由地选择教师。开展网上教学，人数没有上限，在任何可以上网的地方都可以开展教学，同时学生可以在全世界范围内选择适合自己的老师。但是这种教学模式，同样存在一定的缺点。比如这种教学模式，不能够像传统教学模式一样实现学生与教师面对面的互动，同时教学活动的情境性也不够强。这种教学模式比较适用于那种自学能力相对比较强的学生，比如成人教育和高校教育等。同时这种教学模式和传统教学模式相比，也存在一定的共性，其共性大于个性，除了在教学手段方面变化比较大之外，其思想实质和传统教学并无太大差别，仅仅在空间方面表现得更加广阔，时间方面更加灵活。

（二）个别辅导型教学模式

这种教学模式主要是对于讲授型教学模式的重要补充，在教学的过程也占据着非常重要的地位，无论是传统的教学模式还是现阶段的"互联网+"新型教学模式，都具有一个共同的特点，就是比较注重对学生进行因材施教，也就是说应该根据学生的具体的学习情况以及学生的学习需求来采取不同的教学手段，对学生进行个别化的辅导，但是这样的因材施教的形式因为现实生活中教师资源比较缺乏而很难得到实施。但是这种问题随着互联网技术的发展能进一步得到解决，网络上主要包括两种个别辅导的方式，即教师与学生利用网络通信工具进行个别辅导，还有就是利用 CAI 教学课件来进行辅导。

首先是通过网上通信的个别辅导方式，这种方式主要是通过电子邮件以及聊天软件来实现的。通过邮件进行教学的个别辅导的优势主要在于，学生向老师提出问题不会受到时间和空间限制，可以随时地向老师请教，但是这种方式的问题主要在于，学生请教不可能很快就得到教师的答复以及及时地讲解。这种个别辅导的方式也像是教师和学生面对面地进行交流和讨论一样，到学生遇到问题的时候，马上向教师进行提问，也是学生不断发挥主观能动性的重要表现。教师可以根据不同学生的问题进行有针对性的个别指导。在这种个别指导的方式之下，教师能够了解每一个学生的学习特点，在实际的课堂教学中根据这些情况进行因材施教。

而通过 CAI 的教育辅导软件对学生进行个别教育，主要的原因在于 CAI 软件具有一些优势，其具有记录学生的学习情况以及与学生进行交流互动的作用，能表现出一个学习者的自身的学习特点以及发现学生个别的学习环境。CAI 软件可以代替教师的作用对学生进行指导帮助学生完成作业，解答题目。这样的话既可以减轻教师的负担，同时也可以使学生获益。网络环境下运用 CAI 软件其可以为学生提供一个个别化的学习环境，学生通过运用学习软件进行主动的学习，并对一些重点和难点进行模拟练习以及查看软件关于知识点的演示和讲解，对自己不懂的知识有一个更深层次的了解。同时学生也可以根据自己的学习情况和学习能力，来自己设置学习的进度以及问题的难度，从而进一步实现自主性的个别化辅导学习。

像这种个别辅导的模式比较适合学生在课外辅导中进行，如果学校能够指派一些专业的教师进行在线答疑，以及编写更具专业性的软件，这种个别化的辅导模式将更具实用性，能够让学生获得更大的发展空间。现在的教育界存在一个很大的问题就是教师自主创新教学资源等方面还存在着很多方面的不足，教师如果能够编写一些比较优秀的课程软件对于促进学生的个别辅导模式的发展具有重要意义。总的来说，个别辅导模式能够很好地满足学生的各种需求，真正地做到因材施教，在未来的发展过程中，还需要不断提高教师的能力，以促使这种辅导模式获得更长远的发展。

（三）协作型教学模式

协作型的教学模式中协作学习是非常重要的，协作学习对于发展学生的批判思维。创新思维、探索发现精神以及自己团队合作精神具有重要的作用，能够促进学生提高自己的认知能力，并且形成良好的人际关系，促进学生的身心健康发展。

网络技术发展条件下的协作学习主要包括两个方面的内容，第一种是完全借助于网络平台的一种学生之间的协作学习，学生可以通过网络来搜集信息，并且搜集到有着共同问题的学生，并在网络上与学生结成协作团队，共同讨论交流，进而解决一些问题，同时，也可以组成团队一起向相关的专家咨询学习，向教师请教。另一种类型是将网络通信工具作为协作学习的重要工具，学生并不完全地在网络上进行学习，也可以在现实生活中与其他的同学一起交流与和讨论网上的各种问题和资源。

（四）探究型教学模式

探究型的教学模式主要是从学生解决实际问题的方面出发的，要让学生知道对学习的深度理解最终还是需要让学生去解决实际过程中的问题，从而锻炼思维，让学生的学习结果更具实践性。探究型的学习模式主要是指，教师在提出了某个研究课题之后，要求学生根据自己对主题的理解来搜集相关的资源，并提出自己的思路以及进一步得出自己的结论。在这个研究的过程中，学生应该根据教师的指导，进行实地的调查，并且，在网上搜集资料，进行网络问卷调研等，同时与其他学生或者相关学者一起讨论学习，从而综合起来，形成自己的见解和观点。让每个学生都完成这个工作之后，教师再组织学生进行集中讨论，并最终根据全体师生的意见形成总的课题的倾向性意见。总的来说，探究型的教学模式主要分为确定问题（课题）、组织分工、收集信息、整理／分析信息、构建答案／解答、评价与展示等几个环节。因为这种教学模式充分运用了各种互联网上的教学资源，因此对于发挥和提高学生的主观能动性具有重要的作用。

探究型的教学模式非常重视对情景的创设，因为探究型的教学就是要将课程学习的具体内容和目标直接转换成为可以实践操作并完成的具体的目标，而要创设一个好的情境主要包括以下三个方面的内容：首先，是要让学生知道自己将要学习的主要内容；其次，是教师要运用各种手段，通过各种方式让学生对课程的内容产生兴趣；最后，需要为学生建造一种学习的"支架"并适当地引出学习的任务和提出各种学习要求。

探究型的教学模式在互联网上的发展比较广泛，从一些电子邮件到复杂的学习系统中都可以看到探究型教学模式的影子。在实际的教学中，主要都是通过一些教育机构包括学校以及研究机构等，来根据学生的特殊情况制定问题，可以通过网络平台发布出来，让学生进行自主的研究和回答。在发布问题的同时，也提供相关的可以查阅的资料，同时还会请到一些专业的专家对于学生在解答问题中遇到的各种问题提供帮助。当然，可以确定的是，这种帮助并不是给学生一个确定的答案，而是启发性的线索，引导学生进行思考。

（五）案例研习型教学模式

在案例教学模式当中，教师也需要给予学习者一些特定的任务和目标，然后，通过运用计算机来提供真实的情景来解决相类似的一些案例。通过让学习者看到具体的案例中解决问题的步骤和方法，来自主设计方案，并迁移知识技能，帮助学生最大限度地发挥自己的推理技能。同时，案例教学也是一个将实践与理论知识结合在一起的过程，学生能够在分析案例的过程中，再次巩固自己的理论知识，并且能够在相关的案例当中获得一些技能。案例教学的最重要的一个部分就是让学生制订学习目标，同时教师进行案例的选择以及组织学生学习和分析案例，并从中获得知识。

在这一种案例教学当中，可以研究的案例主要包括历史案例、故事描述以及活动模拟等，通过模拟一些真实的案例场景让学生根据自己的学习目标和任务来选定适合自己的案例，尽可能地从多个方面和角度来探讨这个案例所要说明的道理。教师在这个过程中要不断地对学生的行为进行提醒和指导，以启发学生进行多方面的思考。同时，教师还需要对学生的学习结果进行评价，让学生着重地将注意点放在解决问题上去，而不是去简单地看案例的细节。在网络教育中，案例研习模式可以设计为：让学生通过阅览教师事先编辑、存放在服务器的大量案例，或直接浏览互联网上的相应网站，来获得对各种案例的感性认识；然后，学生在教师的指导下，对各种案例进行信息加工，特别是对案例进行分类，寻找各类案例的共性，从而形成新的概念。

（六）讨论型教学模式

这种教学模式能够极大地激发学生的学习思维，对于调动学生的学习积极性具有重要的作用，在传统的教育课堂中的讨论活动，由于在特定教学环境下学生比较胆怯和紧张，因此实施起来比较有难度，但是在网络环境之下，学生可以做到自由地发表自己的见解，毫无拘束，能够增加学生的课堂参与度，增加学生对学习的兴趣。而网络讨论型的教学模式主要包括两种，一种是在线讨论，另外一种是异步讨论，前者的优势是讨论能够实时地显示出来，其不足之处在于，发言的时间比较短，且相对来说没有固定的范式，主要依靠教师对场面进行掌控。后者主要以文章的形式进行，谈论会比较全面一些，但是不具有及时性。

网络环境下的讨论式教学，借助网络教学通信工具的支持，可以扩大讨论群体的范围，拓展讨论问题的角度，集思广益，在讨论中开拓学生的思维，提高学生学习的积极性，激发学生的学习热情。

三、"互联网＋"教学模式的实践策略

随着"互联网＋"的不断发展，各行各业受互联网的影响渐趋加深，而互联网技术与教育深度融合的趋势更不可阻挡。尽管"互联网＋"教育不可能完全取代高校校园课堂教学，但不得不重视的是，"互联网＋"新型教学模式对高校教育的发展有着重要意义。高校校园应正确认识"互联网＋"教育，更新教学观念，对高校教育进行系统规划，积极探索"互联网＋"背景下高校教育的发展路径，大力推动高校教育的网络化、信息化深化发展。

（一）更新高校课程教学理念，改进教学方法

教学理念作为高校教学的指导思想，会直接影响教学方式以及教学模式，从而影响教学活动的开展和教学效果。实现"互联网＋"新型教学模式在高校校园的实践与应用，首先要求高校更新课程教学理念。尽管"互联网＋"教育的理念不断深入高校校园，但大部分高校校园的传统教学理念仍根深蒂固。现今，高校校园教学模式和教学方法较为单一，教师授课仍采用"满堂灌"的方式，高校课堂教学时间分配不合理，教师讲课时间占课堂时间的70%以上，探究式、互动式教学较少。在这种教学模式下，学生处于被动学习状态，其学习主体地位没有得到充分体现，学生也因缺乏自主学习和思考的空间，独立思考能力相对薄弱，实践能力不能得到有效培

养。究其根源，在于这类高校校园教学理念陈旧，没有很好地适应时代发展以及经济社会发展的需求，致使学生的能力不能得到有效提升，教师教学也收效甚微。

1. 要转变教学理念，增强学生的主体地位

首先，要坚持以学生为中心。"互联网 +"教学模式强调"以学生为中心"，教师则是学习的组织者、引导者和促进者。高校教师要转变教学理念，将学生的学习主体地位融入教学设计、课堂教学、学习互动等各个环节，使学生真正成为"学习的主人"，让学生有更多的机会独立思考，提高自身的职业应用能力，促进自主学习能力和专业技能的培养。其次，要增强师生互动。"互联网 +"教学模式重视师生交流，强调互动教学。高校教师要增强与学生的互动交流，变讲授式教学为引导式教学，提升学生的学习积极性和自主学习、思考的能力。

2. 要改进教学方法，提高课堂教学的效率

高校教师要重视"互联网 +"教学模式的优势作用，更新教学理念，丰富教学方法和教学形式，将"互联网 +"教学模式与传统教学模式相结合，提高课堂教学效率，提升学生的学习兴趣。"互联网 +"教学模式要求教师以学生为中心，从如何学的角度出发，围绕教学目标以教学主题为单位，依据学生的学习水平进行课堂设计。这种教学模式强调学生在实践中学习，学习通过自身的体验收获知识以及实现知识的内化。例如，教师可以通过引入微课教学，让学生在课前即进行自主学习。课堂教学则以探究式教学、互动教学为主。这样优化利用了课堂教学时间，也有利于学生有独立的时间和空间进行独立思考。

（二）积极推动信息技术在教育教学过程中的全面应用

"互联网 +"教育以现代信息技术为技术基础，以互动平台为学生学习以及师生交流的在线平台。高校校园要积极推动"互联网 +"教学模式在课程教学中的应用，就需要积极推动信息技术在教育教学中的全面应用。随着经济社会的不断变化发展，高校教学也应顺应时代发展的潮流以及经济发展的需要，不断更新教学技术和教学内容，使高校学生所学知识以及技能可以满足就业需求。互联网具有传播便捷、信息量大、及时互动等特点，而互联网融入高校教育教学则具有教学资源丰富、教学互动快捷、教学内容传播便利等优势，既可以提高教学效率，还能帮助学生扩大知识面，提升专业技能。高校校园要重视信息技术对高校教学实现"互联网＋"教学模式的重要作用，并不断促进信息技术在高校教学中全面应用。

首先，要完善"互联网＋"教学环境。"互联网＋"教学环境是开展教学活动的重要基础，也是推动"互联网＋"教学模式在高校校园应用的重要条件。完备的教学环境便于学生进行学习，也有利于教师教学效率的提升，更有利于高校教育顺应时代需求。因此，高校校园需要全面建设"互联网＋"教学的教学环境，改善教学模式，更新教学方法，建立与时俱进的教学资源库及教学评估体系等。

其次，要搭建教学互动平台。"互联网＋"教学模式强调师生互动，高校校园要积极搭建并完善教学互动平台，为教学活动的开展提供必备的平台基础。有了便捷的互动平台，教师才能将教学资源分享给学生，了解学生的学习动态，掌握学生学习情况；学生才能通过互动平台进行自主学习，与老师或同学进行及时的互动交流，进行疑难解答，获取知识和技能。

最后，要更新教学评估价体系。在传统教学模式下，教师一般通过随堂测试进行教学检验，根据学生的测试成绩了解教学情况。而"互联网＋"教学模式下，教师则可以通过建立完善的教学评估体系了解教学效果。例如，教师可以从教学环境的构建、教学实践的效果、教学互动情况的开展、教学总结与研讨的评价等方面进行综合评估。评价体系的搭建可以让教师了解教学活动开展的优缺点，从而扬长避短。

（三）要审慎选择，认真组织网络课程

"互联网＋"教学模式的重要特点就是引入了网络课程教学，学生可以通过互联网平台进行自主学习。网络教学视频的内容要以特定的教学主题为基础，教师围绕这个教学主题建立相关的教学资源库以及教学辅助资料包；通过对教学内容进行分析展开教学设计并在此基础上开展教学活动，其中教学设计包括教学内容的设计、教学活动的设计、教学资源库的配置等。而教师通过分享网络视频拓宽了知识传播的渠道，还可以了解学生的学习动态和对知识的掌握情况。同时，网络课程的开放性与自由性，可以让其他学者也浏览网络课程，教师不仅可以通过学生的反馈进行教学设计的改进，还可以与其他教师或学者沟通交流，进行经验总结。此外，建立网络教学资源可以为学生学习提供丰富的学习资源，优秀的网络教学课程也可以展示学校的教学优势，形成教学品牌。网络课程之所以取得成功，其最重要的原因就是尽最大努力为学生提供高质量、个性化、适合学生需求的课程。因此，对高校而言，要严格对教师进行选择，教师制作的内容要精心，设计要科学，而不是仅仅将讲学内容复制到网上。通过对当前部分在线课程的分析发现，一些网络课程就是简单的课程录像，并附有简单的PPT，同时课堂的内容依然非常枯燥。在这样的形势下，就要求教师改革传统的课程教学内容，调整教学内容的结构，从而适应网络教学的需要。

（四）加强教师队伍建设，提高教学效率

教师作为整个教学活动中最重要的主体之一，是教学活动的引导者，直接关系到教学质量的高低，因此可以说，教师的教学素质直接关系到高校教育的教学水平和发展程度。高校要重视高校教师队伍的建设，以及教师专业能力的提升，并采取多种措施逐步提高教师的教学水平，并不断完善教师队伍。

1. 要精减教师队伍

当前，我国部分高校的教师来源于文化基础课教师或者其他途径改制，相对于专业教师而言，他们属于准专业教师。由于专业教师在高校中的比例还比较低，所以已经严重影响到高校的快速发展。针对这个方面的问题，高校要不断地增加专业教师的数量，进而对文化课教师进行分流。而教育主管部门，同时也要充分结合高校的发展状况，对专业教师进行专业对口交流，交流到所需学校，从而降低高校的负担，为招聘专业教师留足空间。

2. 要引进专业教师

针对专业教师比较缺乏的状况，高校需用通过多种途径来解决这一问题，比如从企业一线或者相关的科研部门引进教师，从而充实专业教师的队伍，同时这也是高校建设高质量师资队伍的重要环节。教师作为相对比较稳定的职业，由于受到多种因素的影响，他们对市场行情以及企业的发展和运行规律不够了解，同时也难以获得最新信息。因此，通过引荐一线企业工作人员从事教学，传授最新的技术知识，使得学生学到的技能与实践之间无差别，实现与企业的真实对接。学生通过获取最新的信息，掌握最实用的一线技能，才能切实做到真学真用。

3.教师要开展团队合作

在"互联网＋"的形势下，"互联网＋"教育并不是部分教师的独角戏。作为一种全新的思维方法和模式，是各个教育主体之间相互配合的结果，它需要教师、辅导教师、技术专业等各个方面专业人士的共同合作。在课程建设方面，教师要投入大量的精力和时间，对课程的内容进行认真精心的设计和准备。同时高校要通过政策支持，推进课程的团队建设，构建教师积极参与的激励机制，促进教师团队合作的形成和发展。通过搭建智能化、科学化的课程服务体系，促进教师分工的细化，推进集成化形式的管理，从而促使教师由个人努力向团队合作转型。

（五）科学进行课堂设计，提高学生参与程度

"互联网＋"教学模式不仅仅是教学模式的改革，更是通过把各种网络资源和专业领教的名师整合在一起，为学生创造一个能够积极参与、主动开展学习的良好氛围。在这种模式下，学生可以结合自身的学习目标、自身的知识储备和自己的兴趣点，自我组织和开展学习。在学生学习的过程中，教师的参与度和支持度对学生的参与积极性有很大的影响。因此要充分发挥网络技术的优势，加强师生互动、学生互动环节的设计，可通过视频聊天室、在线游戏、网络沙盘及线上论坛等多种形式，加强师生之间的互动交流，而这种形式的互动交流才是整个学习过程的重中之重。这种教学模式，对教师的时间和精力提出了更高的要求，因此这就需要高校在政策和制度方面给予足够的支持，在保障机制和激励机制方面创新教师的师资队伍。开展网络教学，不仅仅是模式的改革，同时还打破了传统教学与科研之间的已有关系，因此高校需要进一步对教学模式和科研政策进行调整，以适应这种教学模式。

（六）创新高等教育管理体制

"互联网＋"模式在给高校教育带来机遇的同时，也给现行的教育制度带来了巨大的冲击，导致现有的学术权力、行政权力关系被打破，从而促进关系的解体以及重构。在现有的高校管理体制下，高校彼此之间的边界非常清晰，彼此之间是一种隔绝封闭的状态，互相之间很少开展教学合作，因此导致课程资源浪费的现象比较严重，传统的教育管理模式和已有的管理制度对互联网教育造成了制约。但是，互联网教育是社会发展的趋势，是一个促进传统教育改革和提升的历史性机遇，因此政府相关部门和高校都应充分认识到这一特点，进而对现有的高校教学模式和管理体制进行改革。

参 考 文 献

[1] 刘紫玉．个性化视角下大学混合式教学模式研究 [M].北京：知识产权出版社，2021.

[2] 张慧丽．大学英语混合式教学评价体系研究 [M].哈尔滨：哈尔滨出版社，2021.

[3] 许敏．"互联网 +"时代的混合式学习大学英语课程中的应用及研究 [M].南昌：江西高校出版社，2021.

[4] 郝卓．基于产出导向日语专业基础阶段混合式培养模式的建构与实践研究 [M].北京：中国书籍出版社，2021.

[5] 潘孝泉．国研文库混合学习空间视域下的大学英语教学研究 [M].北京：光明日报出版社，2021.

[6] 杜明真．新时代高校英语混合式教学实践探究 [M].长春：吉林大学出版社，2020.

[7] 马桂花．面向深度学习的高校英语混合式教学设计、实施与评价 [M].延吉：延边大学出版社，2020.

[8] 隋姗姗．课程质量与网络教学 [M].上海：上海交通大学出版社，2020.

[9] 邢顺福，张会蔚．马克思主义基本原理概论辅学读本 [M].秦皇岛：燕山大学出版社，2020.

[10] 李湛，赵瑛．线上线下混合式教学模式研究与实践 [M].北京：中国水利水电出版社，2020.

[11] 黄振中．整合式批判性思维教学模式 [M].北京：社会科学文献出版社，2020.

[12] 于洪涛，高颖．基于"一平三端"的高校混合式教学实践探索 [M]．长春：吉林大学出版社，2019.

[13] 张娇媛．高校英语混合式教学与信息技术应用 [M]．天津：天津科学技术出版社，2019.

[14] 于明波．当代高校英语教学与混合式学习模式探究 [M]．北京：中国纺织出版社，2019.

[15] 王志和．基于网络环境高校课程混合式教学模式的研究与实践 [M]．延吉：延边大学出版社，2019.

[16] 曾婷．"互联网 +"时代高校外语混合式教学模式的探索与实践 [M]．延吉：延边大学出版社，2019.

[17] 王艺湘．翻转、混合式、慕课、在线开放、智慧课堂"课"不容缓的"互联网 +"视听盛宴 [M]．北京：中国轻工业出版社，2019.

[18] 庾名槐，陈文钦．大学物理混合式教学指导 [M]．长沙：湖南大学出版社，2019.

[19] 王磊．"互联网 +"背景下高校英语有效教学研究 [M]．长春：吉林人民出版社，2019.

[20] 王玉．混合式学习在高校英语教学中的应用 [M]．长春：吉林大学出版社，2018.

[21] 包小丽．混合式学习在高校英语专业教学中的应用研究 [M]．北京：现代出版社，2018.

[22] 何鸣皋，谢志昆．混合式教学设计——基于 MOOC（慕课）的 SPOC 教学改革实践 [M]．昆明：云南大学出版社，2018.

[23] 杜学鑫．英语专业混合式学习模式研究与实践 [M]．南京：东南大学出版社，2018.

[24] 汤海丽．高校英语信息化教学改革与微课教学模式探究 [M]．北京：冶金工业出版社，2018.

[25] 韩利华，苏燕，阮莹．高校计算机教学模式构建与改革创新 [M]．长春：吉林大学出版社，2018.

[26] 尹新，杨平展．融合与创新高校教育信息化探索与实践 [M]．长沙：湖

南科学技术出版社，2018.

[27] 任军，于洪涛，王晶.高校混合式教学改革的理论与实践研究 [M].长春：东北师范大学出版社，2017.

[28] 曾景婷.高校科技英语翻译教学研究 [M].北京：世界图书出版公司，2017.

[29] 李梁，王金伟.高校思想政治理论课教育教学供给侧结构性改革理论研究 [M].上海：上海大学出版社，2017.

[30] 童琳玲，祁春燕.演进与变革网络环境下的英语教学研究 [M].北京：团结出版社，2017.

后　记

　　我多年在高校从事教育教学管理工作，对一线教学有着深入的了解和研究，"新冠"疫情下网络教学的大规模开展，为广大教育教学工作者提供了广泛的研究空间，于是决定以"基于网络环境的高校课程混合式教学模式研究"为题，深入研究，经过辛苦的写作，书稿终于完成。因本书涉及概念多、系统性强，写作过程殊为不易。感谢李佩国副校长为本书作序，感谢教师发展中心王建猛主任、赵华恩副主任，从构思到行文，为我提供了大力的支持和帮助，你们真诚的意见和建议也给了我很大的启发。还有我的同事姜鑫、李聪文、赵敏华为本书提供了相关资料。本书共计约 22 万字，其中，刘欣完成第三章至第九章 17 万余字，姜鑫完成第一章约 2 万字，李聪文完成第二章约 3 万字。在此，对我的领导和同事们在书稿完成过程中提供的大力支持和帮助再次表示衷心的感谢！

　　本书在撰写过程中，参阅了大量相关的文献资料，在此对相关文献资料的作者表示衷心的感谢。由于时间有限，加之水平有限，有些内容考虑得还不够完善，此书出版之后，我们将虚心听取广大教师和同行们的意见和建议进一步修改完善。

刘　欣

2021 年 8 月 26 日